中国近现代史纲要
学习与辅导

（修订版）

林自强　主　编

上海大学出版社
·上海·

图书在版编目(CIP)数据

中国近现代史纲要学习与辅导/林自强主编. —修订本. —上海：上海大学出版社，2016.11(2018.11重印)
ISBN 978 - 7 - 5671 - 2456 - 1

Ⅰ.①中… Ⅱ.①林… Ⅲ.①中国历史-近现代-高等学校-教学参考资料 Ⅳ.①K25

中国版本图书馆 CIP 数据核字(2016)第 182435 号

责任编辑　傅玉芳
助理编辑　刘　强
封面设计　柯国富
技术编辑　金　鑫

中国近现代史纲要学习与辅导(修订版)
林自强　主编
上海大学出版社出版发行
(上海市上大路 99 号　邮政编码 200444)
(http://www.press.shu.edu.cn　发行热线 021—66135112)
出版人：戴骏豪

＊

南京展望文化发展有限公司排版
句容市排印厂印刷　各地新华书店经销
开本 787×960　1/16　印张 15.75　字数 283 千
2016 年 11 月第 1 版　2018 年 11 月第 3 次印刷
ISBN 978 - 7 - 5671 - 2456 - 1/K•151　定价：25.00 元

目录 CONTENTS

上编　从鸦片战争到五四运动前夜(1840—1919)

综　述　风云变幻的八十年 ……………………………… 3
　　内容提要 ………………………………………………… 3
　　习题练习 ………………………………………………… 6
　　参考答案 ………………………………………………… 9
　　延伸阅读 ………………………………………………… 12

第一章　反对外国侵略的斗争 ………………………… 20
　　内容提要 ………………………………………………… 20
　　习题练习 ………………………………………………… 23
　　参考答案 ………………………………………………… 27
　　延伸阅读 ………………………………………………… 30

第二章　对国家出路的早期探索 ……………………… 38
　　内容提要 ………………………………………………… 38
　　习题练习 ………………………………………………… 41
　　参考答案 ………………………………………………… 47
　　延伸阅读 ………………………………………………… 50

第三章　辛亥革命与君主专制制度的终结 ········ 58

内容提要 ········ 58
习题练习 ········ 61
参考答案 ········ 66
延伸阅读 ········ 68

中编　从五四运动到新中国成立
（1919—1949）

综　述　翻天覆地的三十年 ········ 79

内容提要 ········ 79
习题训练 ········ 82
参考答案 ········ 86
延伸阅读 ········ 89

第四章　开天辟地的大事变 ········ 96

内容提要 ········ 96
习题训练 ········ 99
参考答案 ········ 103
延伸阅读 ········ 107

第五章　中国革命的新道路 ········ 115

内容提要 ········ 115
习题训练 ········ 118
参考答案 ········ 122
延伸阅读 ········ 125

第六章　中华民族的抗日战争 ·················· 133
- 内容提要 ·················· 133
- 习题训练 ·················· 139
- 参考答案 ·················· 144
- 延伸阅读 ·················· 147

第七章　为新中国而奋斗 ·················· 152
- 内容提要 ·················· 152
- 习题训练 ·················· 156
- 参考答案 ·················· 161
- 延伸阅读 ·················· 164

下编　从新中国成立到社会主义现代化建设新时期(1949—2015)

综　述　辉煌的历史征程 ·················· 173
- 内容提要 ·················· 173
- 习题练习 ·················· 176
- 参考答案 ·················· 180
- 延伸阅读 ·················· 182

第八章　社会主义基本制度在中国的确立 ·················· 187
- 内容提要 ·················· 187
- 习题练习 ·················· 190
- 参考答案 ·················· 196
- 延伸阅读 ·················· 199

第九章　社会主义建设在探索中曲折发展 …………………… 206
  内容提要 ……………………………………………………… 206
  习题训练 ……………………………………………………… 210
  参考答案 ……………………………………………………… 216
  延伸阅读 ……………………………………………………… 219

第十章　改革开放与现代化建设新时期 …………………… 225
  内容提要 ……………………………………………………… 225
  习题训练 ……………………………………………………… 233
  参考答案 ……………………………………………………… 240
  延伸阅读 ……………………………………………………… 243

后　记 …………………………………………………………… 245

上编　从鸦片战争到五四运动前夜(1840—1919)

综述
风云变幻的八十年

内 容 提 要

上编综述的内容分为三部分,概述鸦片战争前中国社会内部所处的发展状态和外部世界的深刻变化、鸦片战争后中国社会性质的变化和阶级关系的变化、鸦片战争后中国社会的主要矛盾和近代以来中华民族面临的历史任务。通过上编综述的学习,要求学生认识近代中国社会性质发生深刻变化的历史背景和主要原因、近代中国半殖民地半封建社会的基本国情和主要矛盾、近代中国进行反帝反封建的社会革命是实现中华民族伟大复兴的必要前提。

一、鸦片战争前的中国与世界

本部分主要概述1840年以前中国历史发展的概况和世界历史变化的态势。

(一) 中国灿烂的古代文明

(1) 中华民族的历史文化源远流长、绵延发展、传承不绝,表现出顽强的生命力。

(2) 中国古代文明丰富多彩、灿烂辉煌,对人类文明发展作出了杰出贡献。

(3) 中国古代文明对东北亚、东南亚地区及世界其他国家产生了深远的历史影响。

(二) 中国封建社会由昌盛到衰落

(1) 中国封建社会的基本特征。经济上,封建地主土地所有制经济占主导的地位;政治上,实行封建的中央集权君主专制制度;社会结构上,实行族权和政权相结合的封建宗法等级制度;文化思想体系上,以儒家思想为核心。

(2) 中国封建社会的变化趋势。中国封建社会的经济、政治、文化、社会结构,一方面巩固和维系了中国封建社会的稳定和延续,另一方面也使其前进缓慢甚至迟滞,并造成不可克服的周期性的政治经济危机。到了鸦片战争前夜,中国封建社会已经衰相尽显。

(三) 世界资本主义的发展与殖民扩张

(1) 世界资本主义的发展。14 世纪至 15 世纪,在欧洲最早出现了资本主义的萌芽;1640 年的英国资产阶级革命,标志着世界历史开始进入资本主义时代;18 世纪中叶至 19 世纪初,英国等国相继实现工业革命,资本主义制度终于在欧美确立起来。

(2) 西方殖民主义的扩张。在 15 世纪末至 16 世纪初,西方冒险家远渡重洋的环球航行和随之而来的征服掠夺,揭开了近代殖民扩张的序幕;在工业革命以后,西方列强向世界急剧扩张,殖民主义世界体系开始形成;在 19 世纪末之后,殖民主义进一步发展成为由少数帝国主义强国主宰的更完整的世界体系。

二、西方列强入侵与近代中国社会的半殖民地半封建性质

本部分主要概述鸦片战争的发生及其对中国的历史影响、鸦片战争后近代中国社会性质及阶级关系的变化。

(一) 鸦片战争:中国近代史的起点

(1) 战争的发生和结局。19 世纪初,英国在对华贸易上长期处于入超状态,而后便以走私毒品鸦片作为改变贸易逆差的手段。针对中国的禁烟运动,英国于 1840 年发动了鸦片战争,并于 1842 年迫使清政府签订了《南京条约》。

(2) 战争的后果和影响。通过鸦片战争和《南京条约》等一系列不平等条约,英国等西方列强在中国攫取了大量侵略特权。随着外国资本主义的入侵,中国逐步成为半殖民地半封建国家;随着社会主要矛盾的变化,中国逐渐开始了反帝反封建的资产阶级民主革命。

（二）中国社会的半殖民地半封建性质

（1）鸦片战争后中国社会性质的变化。随着资本—帝国主义的入侵，中国社会发生了两个根本性的变化：其一，独立的中国逐步变成半殖民地的中国；其二，封建的中国逐步变成半封建的中国。

（2）近代中国半殖民地半封建社会的基本特征。半殖民地半封建中国的社会性质，体现在近代中国政治、经济、文化和社会各个领域，主要有六个方面的基本特征。

（三）社会阶级关系的变动

（1）旧的阶级的存在。旧的封建统治阶级即地主阶级继续掌握着国家政权，对人民实行专制统治。旧的被统治阶级即农民阶级，仍是近代中国社会人数最多的被剥削阶级。

（2）新的阶级的产生。近代中国诞生的新兴的被压迫阶级是工人阶级，它是近代中国最革命的阶级。中国资产阶级也是近代中国新产生的阶级，分为官僚买办资产阶级和民族资产阶级两部分。

三、近代中国的主要矛盾和历史任务

本部分重点分析近代中国社会的主要矛盾及其相互关系和近代以来中华民族面临的两大历史任务及其内在联系。

（一）两对主要矛盾及其关系

（1）两对主要矛盾。在近代中国半殖民地半封建社会错综复杂的矛盾中，占支配地位的主要矛盾是帝国主义和中华民族的矛盾、封建主义和人民大众的矛盾，其中最主要的是帝国主义和中华民族的矛盾。这两对主要矛盾及其斗争对中国近代社会的发展变化起着决定性的作用。

（2）两对主要矛盾之间的关系。有时民族矛盾特别尖锐，阶级矛盾暂时降到次要和服从的地位；有时阶级矛盾上升为主要矛盾，民族矛盾退居次要地位；有时民族矛盾和阶级矛盾同时占据主要地位。

（二）两大历史任务及其关系

（1）两大历史任务。近代中国社会的性质和主要矛盾决定了近代以来中华民族始终面临着两大历史任务：一是争取民族独立和人民解放；二是实现国家富强和人民富裕。

(2) 两大历史任务之间的关系。前一个任务为后一个任务扫清障碍，创造必要的前提；后一个任务是前一个任务的最终目的与必然要求。因此，首先必须求得民族独立和人民解放，进行反帝反封建的民族民主革命。

习 题 练 习

(一) 单项选择题

1. 从公元前5世纪的战国时代到1840年的鸦片战争前，中国的社会性质是(　　)。
　　A. 奴隶社会　　　　　　　　B. 封建社会
　　C. 半殖民地半封建社会　　　D. 资本主义社会

2. 中国封建社会产生过诸多"盛世"，其中出现在清朝的是(　　)。
　　A. "文景之治"　　　　　　B. "贞观之治"
　　C. "开元盛世"　　　　　　D. "康乾盛世"

3. 标志着世界历史开始进入资本主义时代的是(　　)。
　　A. 英国资产阶级革命　　　　B. 美国资产阶级革命
　　C. 法国资产阶级革命　　　　D. 俄国资产阶级革命

4. 西方列强向世界急剧扩张、殖民主义世界体系开始形成是在(　　)。
　　A. 西方冒险家开始环球航行后　　B. 英国资产阶级革命爆发后
　　C. 欧美列强实现工业革命后　　　D. 资本主义进入帝国主义阶段后

5. 19世纪初，通过大肆向中国走私鸦片谋取暴利的是(　　)。
　　A. 美国　　　　B. 俄国　　　　C. 法国　　　　D. 英国

6. 中国近代史的起点是(　　)。
　　A. 第一次鸦片战争　　　　B. 第二次鸦片战争
　　C. 中日甲午战争　　　　　D. 八国联军侵华战争

7. 中国近代史上的第一个不平等条约是(　　)。
　　A. 中法《黄埔条约》　　　B. 中英《南京条约》
　　C. 中美《望厦条约》　　　D. 中英《虎门条约》

8. 第一次鸦片战争后,清政府被迫与法国签订的不平等条约是( )。
   A.《南京条约》　　　　　　　　B.《虎门条约》
   C.《黄埔条约》　　　　　　　　D.《望厦条约》

9. 第一次鸦片战争后,清政府被迫与美国签订的不平等条约是( )。
   A.《南京条约》　　　　　　　　B.《黄埔条约》
   C.《北京条约》　　　　　　　　D.《望厦条约》

10. 第一次鸦片战争后,中国逐步演变为( )。
    A. 封建主义性质的国家　　　　B. 殖民地性质的国家
    C. 资本主义性质的国家　　　　D. 半殖民地半封建性质的国家

11. 认识中国近代一切社会问题和革命问题的最基本依据是认识( )。
    A. 中国近代社会半殖民地半封建的性质
    B. 中国社会近代化的历史过程
    C. 中国近代民族民主革命的性质
    D. 中国近代社会经济结构的变化过程

12. 近代中国社会人数最多的被剥削阶级是( )。
    A. 农民阶级　　　　　　　　　B. 工人阶级
    C. 城市小资产阶级　　　　　　D. 民族资产阶级

13. 近代中国社会中最革命的阶级是( )。
    A. 农民阶级　　　　　　　　　B. 工人阶级
    C. 城市小资产阶级　　　　　　D. 民族资产阶级

14. 在近代中国,民族资产阶级在政治上的两面性是( )。
    A. 斗争性和进步性　　　　　　B. 买办性和反动性
    C. 革命性和妥协性　　　　　　D. 保守性和软弱性

15. 在近代中国错综复杂的社会矛盾中,最主要的矛盾是( )。
    A. 无产阶级和资产阶级的矛盾　B. 封建主义和人民大众的矛盾
    C. 农民阶级和地主阶级的矛盾　D. 帝国主义和中华民族的矛盾

16. 近代中国人民进行斗争的出发点主要是( )。
    A. 反对帝国主义的侵略　　　　B. 挽救中华民族的危亡
    C. 推翻封建主义的统治　　　　D. 建立人民民主的政权

17. 在近代中国,实现国家富强和人民富裕的前提条件是( )。
    A. 反对帝国主义的侵略　　　　B. 推翻封建主义的统治
    C. 争得民族独立和人民解放　　D. 建立资本主义制度

18. 近代中国的历史表明,要争得民族独立和人民解放,必须首先进行( )。

A. 反对帝国主义侵略的斗争
B. 反对封建主义压迫的斗争
C. 反帝反封建的资产阶级民主革命
D. 反对资产阶级的社会主义革命

(二) 多项选择题

1. 1840年前,中国封建社会的基本特征是( )。
   A. 经济上以封建土地所有制占主导地位
   B. 政治上实行高度中央集权的君主专制制度
   C. 文化上以儒家思想为核心
   D. 社会结构上实行封建宗法等级制度

2. 在第一次鸦片战争前已经确立资本主义制度的国家有( )。
   A. 英国　　　　B. 法国　　　　C. 美国　　　　D. 日本

3. 第一次鸦片战争后,清政府被迫与英国签订的不平等条约有( )。
   A. 《南京条约》　　　　　　B. 《虎门条约》
   C. 《黄埔条约》　　　　　　D. 《望厦条约》

4. 第一次鸦片战争后,清政府被迫分别与法国、美国签订的不平等条约是( )。
   A. 《南京条约》　　　　　　B. 《虎门条约》
   C. 《黄埔条约》　　　　　　D. 《望厦条约》

5. 第一次鸦片战争以后,中国社会发生的两个根本性变化是( )。
   A. 独立的中国逐步变成半殖民地的中国
   B. 独立的中国逐步变成殖民地的中国
   C. 封建的中国逐步变成半封建的中国
   D. 封建的中国逐步变成资本主义的中国

6. 在中国演变为半殖民地半封建社会过程中,新产生的阶级是( )。
   A. 农民阶级　　　　　　　　B. 地主阶级
   C. 工人阶级　　　　　　　　D. 资产阶级

7. 近代中国的资产阶级主要分为( )。
   A. 工业资产阶级　　　　　　B. 商业资产阶级
   C. 民族资产阶级　　　　　　D. 官僚买办资产阶级

8. 在近代中国错综复杂的社会矛盾中,占支配地位的主要矛盾是( )。
   A. 帝国主义和中华民族的矛盾　　B. 无产阶级和资产阶级的矛盾
   C. 封建主义和人民大众的矛盾　　D. 农民阶级和地主阶级的矛盾

9. 1840年后，中华民族面临的两大历史任务是(　　)。
   A. 争得民族独立和人民解放　　B. 反对帝国主义
   C. 实现国家富强和人民富裕　　D. 反对封建主义
10. 1840年后，中华民族要争取民族独立、人民解放就必须进行(　　)。
    A. 反对资产阶级的无产阶级革命　　B. 反对帝国主义的民族革命
    C. 反对地主阶级的农民革命　　D. 反对封建主义的民主革命

（三）辨析题

1. 鸦片战争前后的中国社会性质是相同的。
2. 对中国近代社会发展变化起着决定性作用的是帝国主义与中华民族的矛盾和斗争。
3. 鸦片战争后，中华民族面临的两大历史任务是反帝反封建。
4. 在近代中国，要争取民族独立和人民解放必须首先进行社会改良。

（四）简答题

1. 中国半殖民地半封建社会的主要矛盾及其关系。
2. 近代以来，中华民族必须首先争取民族独立、人民解放的原因。

（五）论述题

1. 鸦片战争是中国近代史的起点。
2. 中国半殖民地半封建社会的基本特征。

参　考　答　案

（一）单项选择题

1. B　2. D　3. A　4. C　5. D　6. A　7. B　8. C　9. D　10. D
11. A　12. A　13. B　14. C　15. D　16. B　17. C　18. C

（二）多项选择题

1. ABCD　2. ABC　3. AB　4. CD　5. AC　6. CD　7. CD　8. AC

9. AC   **10.** BD

（三）辨析题

1. 错误。鸦片战争前后的中国社会性质是不同的。鸦片战争前中国社会的性质是封建社会。鸦片战争以后，随着外国资本—帝国主义的入侵，中国社会发生了两个根本性的变化：其一，独立的中国逐步变成半殖民地的中国；其二，封建的中国逐步变成半封建的中国。

2. 错误。近代中国半殖民地半封建社会的矛盾呈现出错综复杂的状况，其中占支配地位的主要矛盾，是帝国主义和中华民族的矛盾、封建主义和人民大众的矛盾。这两对主要矛盾及其斗争贯穿整个中国半殖民地半封建社会的始终，并对中国近代社会的发展变化起着决定性的作用。

3. 错误。近代中国面临的两大历史任务是争得民族独立和人民解放、实现国家富强和人民富裕。这两大任务是互相区别又紧密联系的，争得民族独立和人民解放，就必须进行反帝反封建的民主革命，它是实现国家富强和人民富裕的前提条件；而实现国家富强和人民富裕，是争取民族独立和人民解放的根本目的。

4. 错误。要争取民族独立和人民解放，必须首先进行反帝反封建的民主革命。因为帝国主义列强决不会自动放弃在中国攫取的特权，封建主义势力也决不肯自动放弃自己控制的政权，以改良的方式是不可能改变帝国主义和封建主义联合统治中国的半殖民地半封建社会制度的。

（四）简答题

1. 中国半殖民地半封建社会的主要矛盾，是帝国主义和中华民族的矛盾、封建主义和人民大众的矛盾。当帝国主义向中国发动侵略战争时，中国内部各阶级能够暂时地团结起来，举行民族战争去反对帝国主义。这时，民族矛盾特别尖锐，阶级矛盾暂时降到次要和服从的地位。当帝国主义与中国的反动统治阶级结成同盟，用战争以外的形式共同压迫中国人民，中国人民往往采取国内战争的形式进行斗争，斗争矛头主要直接地指向中国的封建政权，这时阶级矛盾就上升为主要矛盾，民族矛盾退居次要地位。当国内战争从根本上威胁帝国主义与中国反动阶级的统治时，帝国主义甚至直接出兵镇压中国人民，与中国的反动统治阶级完全公开站在一条线上。

2. 因为不经过反帝反封建的斗争，争取民族独立、人民解放：第一，就不可能推翻帝国主义对中国的反动统治，改变它们控制中国经济财政命脉，利用特权向中国大量倾销商品和资本输出,压迫中国民族工商业发展的局面;第二,就不可能废除封建地主土地所有制和专制政治制度,解放农村生产力,改善农民的生活,扩大民族工商业的国内市场;第三,就不可能达到民族团结,社会的稳定,从而集中力量进行经济、文化、教育等各方面的现代化建设,以实现国家的繁荣富强和人民的富裕幸福。

(五) 论述题

1. 鸦片战争和《南京条约》等一系列不平等条约的签订,为外国资本主义打开了侵入中国的大门,对近代中国社会产生了深刻的影响。鸦片战争前,中国是一个领土完整、主权独立的封建国家;鸦片战争后,中国的领土、领海、关税、司法等主权的完整遭到破坏,受到外国侵略者的干涉和控制。中国从一个独立的封建国家逐渐沦入半殖民地的地位。鸦片战争前,中国是一个经济上自给自足的封建国家;鸦片战争后,一方面,中国封建自然经济逐渐解体,逐渐成为资本主义世界的商品市场和原料供给地;另一方面,外国资本主义的入侵又在客观上促进了中国商品经济的发展,刺激了中国民族资本主义的产生。中国从一个完全的封建社会,转变为半封建的社会。帝国主义和中华民族的矛盾、封建主义与人民大众的矛盾成为中国社会的主要矛盾。随着社会性质和社会主要矛盾的变化,中国逐渐开始了反帝反封建的资产阶级民主革命。正因为如此,鸦片战争就成为中国近代史的起点。

2. 第一,资本—帝国主义侵略势力不但逐步操纵了中国的财政和经济命脉,而且逐步控制了中国的政治,日益成为支配中国的决定性力量。第二,中国的封建势力日益衰败并同外国侵略势力相勾结,成为资本—帝国主义压迫奴役中国的社会基础和统治支柱。第三,中国自然经济的基础虽然遭到破坏,但是封建剥削制度的根基依然在广大地区内保持着,成为中国走向现代化和民主化的严重障碍。第四,中国新兴的民族资本主义经济虽然已经产生,并在政治、文化生活中起了一定的作用,但是在帝国主义和封建主义的压迫下,它的发展很缓慢,力量很软弱,而且与外国资本—帝国主义和本国封建主义都有或多或少的联系。第五,由于近代中国处于资本—帝国主义列强的争夺和间接统治之下,近代中国各地区经济、政治和文化的发展极不平衡。后来,帝国主义国家还分别支持不同的政治势力以分裂中国,使中国处于不统一状态。第六,在资本—帝国主义和封建主义的双重压迫下(后来还加上官僚资本主义),中国的广大人民尤其是农民日益贫困化以至大批地破产,过着饥寒交迫和毫无政治权利的生活。

延伸阅读

（一）

对该难题的解答主要可以归为三种观点。

1. 外部因素说

中国的封建政治制度对科学技术的负面影响主要表现在：第一，中国封建统治者鄙视科学技术，瞧不起科学技术人才，甚至还利用种种手段迫害科学技术人才。在中国历史上科学技术一直被贬为"奇技淫巧"，儒家经典《礼记》上就明确提出"奇技、奇器以疑众，杀"的主张。第二，中国长期的封建统治限制了人们的思想自由，它迫使人们的一言一行、一举一动都要符合儒家伦理规范、封建礼仪，这极大地阻碍了科学技术活动的进行。

中国的自然经济结构对科学技术的阻碍作用主要包括：第一，以农业和家庭手工业相结合的自给自足经济模式严重地抑制了工业和商业的发展，这就使中国的科学技术失去了前进的原动力，因为"社会一旦有技术上的需要，则这种需要就会比十所大学更能把科学推向前进"。反之，如果社会上缺乏对技术的需要，那么科学技术当然就不可能得到发展。第二，中国社会长期实行的"强本抑末，重农抑商"政策进一步加剧了自然经济的封闭性，极大地限制了人们社会实践活动的范围，从而直接减少了人们为科学技术研究活动提供丰富的感性材料的机会。第三，中国传统的男耕女织（解决吃饭穿衣问题）的自然经济形式必然导致"鸡犬之声相闻，民至老死不相往来"（《老子·十八章》），这种与外界缺乏交流的社会结构极大地阻碍了科学技术知识的交流和传播。

中国社会长期推行的八股取士制度对科学技术的消极影响是：第一，从内容上看，八股文题目都出自儒家经典四书五经，阐述问题要以朱熹《四书集注》为准绳，而且所要论述的问题几乎都属于"修身、齐家、治国、平天下"等封建伦理道德范畴，根本不涉及有关自然界的知识或技术。而且它要求考生"代圣贤立言"，"述而不作"，这严重地禁锢了人们的思想。第二，从结果看，八股取士的这种导向作用使科学技术的发展受到致命打击，因为社会上的读书人要想追求功名，就必须把全部精力用来读"圣贤书"，正所谓"万般皆下品，唯有读书高"。这样一来，科学技术也就成了不登大雅之堂、无人问津的"下品"了。第三，从形式上看，八股取士保持形式的一致性、稳定性,缺乏创新性,而科学的发展,求新、求异思想是必不可少的。这导致了中国学者墨守成规的习惯,即使有所创新,也要借助"托故改制"这样的理论借口,否则就是"妖言惑众",其下场可想而知。

2. 内部因素说

持内部因素说的学者认为,中国没有诞生出近代科学技术,而且在近代以来科学技术远远落后于西方的主要原因是"文化基因"造成的。这些"文化基因"包括思维方式、哲学思想、与哲学思想紧密相关的科学方法论及人们的价值取向等。

在古代,哲学和科学几乎是不分家的,只是在文艺复兴后才使科学从自然哲学体系中分化出来。正如大哲学家怀特海所说:"希腊人过于偏重理论。对他们来说,科学仅是哲学的衍生物。"这也意味着,在不同的哲学基质上会产生不同的科学形态,而且科学家的哲学思想决定了其科研活动的方向,为科学家的科研活动提供理论指导。在康德看来,哲学还为科学提供形而上学基础。所以,哲学不仅决定科学的形态,而且还决定科学的发展方向和趋势,没有哲学的支撑,科学将会成为空中楼阁。由此而论,中国从近代以来直到今天在科学技术方面落后的主要原因是由于中国传统思维方式、哲学思想和价值取向与西方科学之间存在着不协调或不匹配。

爱因斯坦认为:"西方科学的发展是以两个伟大的成就为基础,那就是:希腊哲学家发明的形式逻辑体系(在欧几里德几何学中),以及(在文艺复兴时期)发现通过系统的实验有可能找出因果关系。在我看来,中国的贤哲没有走上这两步,那是用不着惊奇的。若是这些发现果然作出了,那倒是令人惊奇的事。"无独有偶,具有中国文化背景、熟知中国传统文化的诺贝尔物理学奖获得者杨振宁也认为,中国没有诞生近代科学和中国在科学技术方面落后于西方的原因主要是中西方之间的"文化基因"不同。他说:"我以为中国古代由于种种原因没有出现欧几里德研究这样具体的几何问题,以及因为研究这类问题而产生出来的逻辑系统,至少是中国没有产生近代科学原因的一半……所以欧几里德几何的影响非常之大,对于近代科学的产生更是大得不得了。"他还指出:"有许多中国的老先生,包括近代现代的,他们既不懂《易经》,又不懂近代科学,到处胡讲一通,要么说《易经》里头有近代科学的种子,要么说《易经》引导出近代科学的发展。我想实事求是地说,西方跟中国的文化传统不一样。那么,这个文化传统不一样里头产生出来的一个重要结果就是——近代科学没有在中国文化中萌芽,而且这个萌芽是经过了很长的时期,是一个很复杂的过程。这个事情要正面看它,不要蒙骗自己,'西学中源'说就是蒙骗自己,而这一蒙骗就是两百多年。"

3. 综合因素说

持综合因素说的学者认为,近代自然科学没有在中国诞生和中国在近代以来科学技术方面落后的原因是多方面的,是非常复杂的,单从经济、政治、地理环境、八股取士或单从哲学、方法论、思维方式、价值取向等方面找原因都是片面的。

美国科学史家席文就持这样的观点。他把经济、政治、地理环境、八股取士等外部因素称之为社会因素,把哲学、方法论、思维方式、价值取向等内部因素称之为智力因素,他在《为什么中国没有发生科学革命》一文中指出,在分析科学革命问题时,如果仅根据非欧文明缺乏欧洲科学革命的某一个重要方面,就认为一切根本变革就不可能在那里发生,这只是一种"武断的假设",因为这种观点并未提供令人信服的证明。科学史家企图就智力或社会经济两个因素之一进行考察,就可说明科学革命问题,这只是一种谬论。如果认为中国未能在近代科学上胜过欧洲是智力因素造成的,或者把中国科学的落后看成是社会经济因素造成的,这两种绝对化的解释都是不恰当的,因为智力因素和社会因素或内部因素和外部因素的区别,并不表现在科学史事件中,而是只表现在科学史家的思维习惯和专业性联想中。很显然,席文倾向于把中国科学技术在近代落后的原因归结为内外两方面因素。我国学者金观涛、樊洪业和刘青峰也认为研究难题应把内部的近代科学技术发展的循环加速规律和外部的文化背景和社会结构相结合,"没有这两者的综合整体研究,要真正理解中国17世纪科学技术落后于西方的原因是不可能的"。

值得指出的是,许多持外部因素说的学者并不完全否认内部因素说的观点,在论述有关具体问题时,为了避免明显的逻辑矛盾和与实际情况的相悖,他们也不得不承认中国古代在科学思想方面存在着严重或致命的缺陷。例如,李约瑟可以说是持外部因素说的代表人物,但在谈到东方的科学技术在16世纪前的近两千年的漫长时间里为什么远远领先于西方,而近代科学反而突然出现在西方的原因时也说:"只有对东方文化和西方文化的社会的和经济的结构进行分析,并且不要忘记思想体系的重大作用,才能最终对这两个问题做出解释。"

这实际上就意味着,对"中国近代以来科学技术落后于西方"这一现象或事实的看法,大家都承认中西思想观念(它是文化的核心)上的差异是其原因之一。所不同的只是,有人认为这不是基本原因或主要原因,更不是唯一原因,而有人则认为,这就是唯一原因,其他原因都是次要的、非本质的、派生的。

——节选自左勇、钱兆华:《"李约瑟难题"研究述评》,《江苏大学学报(社会科学版)》2006年第6期。

（二）

中国于过去两千年中，在远东大陆，一直处于一种独立生长与发展的独立状态下，一直享有了一种"光荣的孤立"，就地理言，东南临大海，西隔高山，北面大漠；就文化言，四周又恰为低级的游牧民族所包围，中国始终是一文化的输出者，绝对的文化出超者。中国过去两千年的古典社会，几乎与世界其他大文化完全隔绝，而近乎一种平衡、稳固及"不变的状态"。在这一状态下，中国人创造了世界上第一流的文化，一直到1800年为止，还有充足的证据可以证明中国在许多方面超过，或至少与西方相等，举例以言，在1750年，中国一地所出版的书籍量就比中国以外整个世界的总量为多，不能否认，中国古典文化在一个农业基础的社会中是相当圆满具足的！在当时的"天下"结构里，中国不知不觉形成了一种华夏第一，中国为天下之"中"的自我影像。莱特（A. F. Wright）对此曾有以下的描述：

由于中国是在相对的孤立状态之中，中国在技术、制度、语言和观念上都发展出一种高度的自我满足感。……这两种看法是中国知识分子的自我影像之基础。第一种看法是以为中国在地理上乃文明生活之中心。第二种看法是以为中国文化在一切方面优于别的一切文化——无论在仪节上和道德上，无论在国家和社会组织上，无论在技术和文学上，无论在人民性格的陶冶以及知识的启发上，都优于其他一切文化。基于后一种看法，中国人以为他们在东亚负有一种"使人归向文明的使命"。这种看法形之于殖民政策和对外政策，就是把中国的一切邻国看做臣服的附庸。第一种看法则结晶为"中国"这个最常使用的名词。第二种看法反映为另一个常用的名词"中华"（位于正中的文化之华）。

——节选自金耀基：《从传统到现代》，第44—45页，中国人民大学出版社，1999年。

（三）

1. "新三大革命高潮"说

有的学者将1840年到1949年110年的历史进程统一起来思考，提出太平天国革命、辛亥革命、共产党领导的新民主主义革命为三大革命高潮，这条主线恰好反映了农民革命让位于资产阶级革命，再让位于无产阶级革命的历史提升。陈旭麓则著文提出了不同于前者的另一种"三大革命高潮"：即资产阶级领导的推翻清朝的辛亥革命、国共合作打倒北洋军阀政府的北伐战争、共产党领导的解放战争，这样承先启后的三次革命高潮应该是中国近代史的发展主线。这两种观点从具体论述上看,似乎有一定差异,也和胡绳的看法有所不同,但在思维方式和价值判断上基本和胡绳一致,都是以革命史观为指导,千方百计去寻求中国近代史上的革命亮点。

2. "四化"说

崔志海在1992年著文提出中国近代史有并行的四条线索,简略为"四化"。他认为经济上的工业化、政治上的民主化、国家的独立化、思想行为的近代化构成了近代中国纷繁复杂的基本内容。这四条线索相互依存,缺一不可。在具体的运作过程中,则变化不定,有时是平行的,有时是单一的,在不同时期有不同的表现。但有一条却始终在起主导作用,这就是工业化,任何时候都左右着中国近代史发展的方向。这实际上是将近代化作为近代史的主线,是从更广阔的领域发挥了李时岳的观点。其难能可贵之处是试图从主观上突破"以点带面"、"以点带线"的思维定势,试图用四条线索代替一条主线,只是论述中又回到了起主导性的一条。

3. "两个过程"说

毛泽东在《中国革命和中国共产党》一书中曾将中国近代史概括为帝国主义与中国封建主义相勾结的过程和中国人民反帝反封建的过程,被一些学者简称为"两个过程"。在中国近代史主线的讨论中,有的学者继承和发挥了毛泽东的这个看法,并批评和驳斥那些坚持资本主义近代化为主线的学者。基本理由是:(1)近代中国的首要任务是反帝反封建,而不是发展资本主义,把发展资本主义视为主线就抹杀或模糊了反帝反封建这个根本任务;(2)近代的资本主义发展有进步的有反动的,只有民族资本主义才可以肯定,像洋务运动就不可列入进步潮流;(3)近代的资本主义经济和与之相关的政治运动并没有救了中国,而是马克思列宁主义救了中国,是社会主义、共产主义的理论和实践救了中国。这些观点显然是在重复和拓展胡绳的看法,但更具"革命性"和"战斗性"。

4. "近代化"说

持这种观点的学者认为近代化或者现代化是世界潮流,是人类社会演进到近代后的发展方向。中国虽然不是英国、美国那样原发性的近代化国家,但在争取民族独立的过程中也必然向近代化也就是现代化迈进。一部中国近代史就是由封建社会逐步向近代社会转型的历史。这既包括反帝反封建,也囊括发展资本主义工商业、政治变革和思想文化的更新。徐泰来撰文提出,中国近代史上的一切重大事件无一不和近代化联系在一起。用近代化作为中国近代史发展的主线,不仅明确说明了社会发展的方向,而且涵盖了政治、经济、思想、文化、对内对外的所有方面。这种观点将李时岳的洋务、维新、革命作了更全面系统的阐述,本质上一致。

5. "民族运动"说

章开沅1984年发表文章,提出中国近代史上的一切活动都是围绕民族独立和社会革新的混合的民族运动而展开的,包括农民起义、兴办工商业、政治改革、武装革命、文化更新、风俗改良等。所以,民族运动是中国近代史的主线。具体而言,可以划分为两个阶段三次高潮,即1900年之前的第一阶段,出现了太平天国和义和团运动两次民族解放高潮;1900年之后的第二阶段,则以更具近代意义的辛亥革命为民族运动高潮。这三次高潮体现了中国近代史发展的进步线索。显而易见,这是沿着胡绳阶级斗争理论的又一种思考,和"三大高潮"说异曲同工。

6. "三维空间"说

在1987年湖南举行的关于中国近代史发展线索的讨论会上,一些学者曾提出基本线索可以是一条,也可以是两条、三条,或多条。持这种观点的学者,认为历史的画面是由多色彩、多线条所组成,所以中国近代史的主线也不可能是一条,应由多条来建构。李双璧在1988年具体提出了"三维空间"说:这就是人民大众的反帝反封建斗争、社会生产力的近代化过程和中国近代政治结构与思想文化的裂变及再生。这三者交错互动,形成了一个起伏不定的"三维空间"。但这三条主线并非始终是平行的,一成不变的,它们往往成交织、耦合状态;任何一条都不是始终居于主导地位,反而是时隐时显,有时在这一阶段是主要的,而在另一阶段则变为次要的。而且,其表现层次也不一定局限于统治阶级和被统治阶级两个方面,而是整体社会。这种多主线论的确别出心裁,超越了胡绳和李时岳,也在一定程度上否定了主线讨论的必要性。

——节选自李喜所:《改革开放以来的中国近代史发展主线研究》,《史学月刊》2009年第3期。

(四)

鸦片战争前的中国封建社会好像是在其内部深处正酝酿着巨大变化的一潭积水,鸦片战争则是投入了一块大石,由此不可避免地引起强烈的连锁反应,而终将使整潭积水激荡起来。封建统治阶级,已经处于十分腐朽的阶段,没有能力对于他们所面临着的历史变局作出灵敏的反应,但他们中有一部分人已模糊地感到,南京条约的订立并不是一件事的结束,而倒是一系列的难以预测的事件的开始。

封建官僚和地主阶级知识分子中有一些人在鸦片战争的刺激下感到为了认

真对付西方来的陌生人,必须对他们有一番切实的了解,因而开始寻求有关世界各国的新知识。

第一个这样做的是林则徐,他在道光十九年到二十年在广州时找人翻译了一些外国书报上的材料,他除利用一部分材料写成了一卷《四洲志》外,又把这些材料给了他的朋友魏源。魏源继续收集材料,在道光二十二年(1842年)出版了一部五十卷的《海国图志》,在道光二十七年(1847年)扩充为六十卷,最后在咸丰二年(1852年)又经补充,成了一部一百卷的大书。差不多同时,在福建的徐继畬也根据他所收集到的外国人出的地图和其他书籍,经过五年的辛勤努力,在道光二十九年(1849年)出版了一部十卷的《瀛环志略》。魏源和徐继畬的著作是在中国系统地介绍世界各国——特别是西方各国的历史和地理情形的最早的两部书。

徐继畬的书说:"欧罗巴诸国,皆善权子母,以商贾为本计,关有税而田无赋,航海贸迁,不辞险远。四海之内,遍设埔头,固由其善于操舟,亦因国计全在于此,不得不尽心力而为之也。"这当然还不能给人以资本主义经济制度的明确概念。书上又说:"英国……都城有公会所(按指议院——引者),内分两所,一曰爵房,一曰乡绅房(按指上议院和下议院)。爵房者,有爵位贵人及耶稣教士处之。乡绅房者,由庶民推择有才识学术者处之。国有大事,王谕相,相告爵房,聚众公议,参照条例,决其可否,复转告乡绅房,必乡绅大众允诺而后行,否则寝其事勿论。……大约刑赏征伐条例诸事,有爵者主议,增减课税,筹办饷饷,则全由乡绅主议。此制欧罗巴诸国皆从同,不独英吉利也。"这算是提供了关于资产阶级的议会民主制度的模糊图画。关于英国,徐继畬说:"四海之内,其帆樯无所不到,凡有土有人之处,无不眸眠相度,思朘削其精华。"这算是接触到了资本主义的殖民地扩张。他的书盛赞欧洲人的船坚炮利,但终究说不明白他们的本领从何而来。"其人性情缜密,善于运思,长于制器,金木之工,精巧不可思议,运用水火,尤为奇妙。……造舟尤极奥妙……越七万里而通于中土,非偶然也。"作者不能从社会经济制度上来说明问题,只能把欧洲人的"船坚炮利"归因于他们似乎具有"性情"和"运思"上的什么特殊才能。

《海国图志》的作者魏源把了解世界情况看成有重大意义的事,他说:"欲制外夷者必先悉夷情,欲悉夷情者必先立译馆,翻夷书。"他又是中国近代史上最早提出向西方学习的口号的人中的一个,用他自己的话来说,叫做"师夷长技以制夷"(学了外国的长处来对付外国)。他所要学的主要是"船坚炮利"。他说:"夷之长技有三:一、战舰,二、火器,三、养兵练兵之法。"因此他主张在广州官办"造船厂"、"火器局"各一所,其余各地,"沿海商民,有自愿仿设厂局以造船械,或自用或出售者听之"。他的书还介绍了一些基本的自然科学知识,如书中刊载了四季寒暑图、日月蚀图等等。他以为只要靠官办一所船厂,一所枪炮厂,就能解决中国海防问题,以为只要一声号召,各地商民就能办起船械厂来制造民用的船舶和机器,这不过是书生的空想。他的呼声在当时条件下没有得到多大的反响。

封建统治阶级,作为一个整体说,只是在鸦片战争的刺激下吃了一惊,并没有认真地从这里接受教训,认真地对付资本主义外国的侵略。在战争结束后,一种使他们感到可以苟安下去的想法在他们中占着上风,这想法就是前面提到过的耆英等人在订南京条约时所说的"该夷……虽系贪得无餍,而其意不过求赏码头,贸易通商而已,尚非潜蓄异谋"。以后不少人发表了类似的说法。例如广东巡抚黄恩彤作《抚夷论》,其中说:"中国之所以控制而羁縻之(指英国)者,惟在通商……其国中一切经费全资商税……其所以兵犯顺者,非谋逆也,图复其通商也"。福建巡抚刘鸿翱说:"臣莅闽四载,略识夷情,今之英吉利不同于前明倭寇。倭寇志在虏掠,英吉利志在通商;该国去中国八万余里,彼断不于八万里以外或有他图。彼亦知即有他图,亦断不能据守。"这些人都自认为对于英国这样的国家的企图有了新的了解,以为它不过是为了"通商",并不像历史上所遇到的入侵者那样,要来进行掠夺,占领地方,直至当中国的皇帝。因此,只要抓住通商这一个题目,就可以加以"羁縻""控制",不致于出什么大乱子了。两广总督徐广缙说:"驭夷之道,不外羁縻"。道光二十九年(1849年)徐广缙能做到使英国人放弃进广州城,这被认为是一件了不起的成功。朝廷和广东官员都认为这一成功完全证明羁縻和抚绥的老办法还是行得通的。

既然这样,对付外国人,似乎也就不是了不起的问题了。

——节选自胡绳:《从鸦片战争到五四运动》(上),第87—91页,人民出版社,1997年。

第一章
反对外国侵略的斗争

内 容 提 要

本章有三节内容,主要梳理了近代中国历史发展的两条基本脉络,即资本—帝国主义的侵略以及中国人民的反侵略。通过本章的学习,要求学生了解资本—帝国主义侵略给中国人民所带来的深重苦难,领会造成近代中国社会落后贫困的根本原因,认识近代中国反侵略斗争的意义,继承、发扬以爱国主义为核心的民族精神,深刻理解殖民主义的"双重使命"问题。

第一节 资本—帝国主义对中国的侵略

本节主要讲述1840年至1919年间外国资本—帝国主义侵略中国的历史及其对中国社会的影响。

一、军事侵略

资本—帝国主义列强对中国的侵略,首先和主要的是进行军事侵略,迫使中国政府签订不平等条约。发动侵略战争,屠杀中国人民;侵占中国领土,划分势力范围;勒索赔款,抢劫财富。

二、政治控制

为了统治中国,帝国主义列强在政治上采取的主要方式,是控制中国政府,操纵中国的内政、外交,把中国当权者变成自己的代理人和驯服工具。控制中国的内政、外交;镇压中国人民的反抗;扶植、收买代理人。

三、经济掠夺

资本—帝国主义列强对中国进行经济侵略的方式,除了强迫中国支付巨额的战争赔款外,主要是利用清政府与之签订的不平等条约赋予的特权,进一步扩大对中国的商品倾销和资本输出,进行掠夺和榨取,逐步把中国卷入资本主义的世界市场。控制中国的通商口岸;剥夺中国的关税自主权;实行商品倾销和资本输出;操纵中国的经济命脉。

四、文化渗透

帝国主义列强在对中国实行军事侵略、政治控制、经济掠夺的同时,还对中国进行文化渗透。其目的是宣扬殖民主义奴化思想,麻醉中国人民的精神,摧毁中国人的民族自尊心和自信心。披着宗教外衣,进行侵略活动;为侵略中国制造舆论。

所以,资本—帝国主义对中国的侵略和本国封建势力对人民的压迫,是近代中国落后、贫困的根本原因。

第二节　抵御外国武装侵略 争取民族独立的斗争

本节主要讲述近代中国人民反侵略战争的历程以及历史意义。

一、反抗外来侵略的斗争历程

(1) 人民群众的反侵略斗争。三元里人民的抗英斗争;太平军多次重创洋枪队;台湾人民坚决反抗侵略者;义和团与八国联军拼死鏖战。

(2) 爱国官兵的反侵略斗争。

二、粉碎瓜分中国的图谋

(1) 边疆危机和瓜分危机。帝国主义侵略中国的最终目的,是要瓜分中国、灭亡中国。19世纪70至90年代,自由竞争的资本主义向垄断资本主义即帝国主义过渡,出现了列强夺取殖民地的狂潮,成为"世界史上最大规模的掠夺领土的时代",帝国主义列强从侵占中国周边邻国发展到蚕食中国边疆地区,使中国陷入"边疆危机"。

中日《马关条约》规定把台湾、澎湖列岛和辽东半岛割让给日本,更大大刺激了帝国主义列强瓜分中国领土的野心并激化了列强争夺中国的矛盾。俄国认为,日本割取辽东半岛损害了俄国在中国的侵略利益,便联合法国和德国共同干涉还辽,迫使日本放弃了割占辽东半岛的要求。日本则以再向中国勒索3 000万两"赎辽费"作为补偿。俄、德、法三国又以干涉还辽"有功"为由,要求租借中国港湾作为报酬。由此,德、俄、英、法、日等国于1898年竞相租借港湾和划分势力范围,掀起了瓜分中国的狂潮。

(2)义和团运动与列强瓜分中国图谋的破产。帝国主义列强并没有能够实现瓜分中国的图谋的原因:首先,帝国主义列强之间的矛盾和互相制约,是一个重要原因。其次,帝国主义列强不能灭亡和瓜分中国,最根本的原因,是中华民族进行的不屈不挠的反侵略斗争。所以,正是包括义和团在内的中华民族为反抗侵略所进行的前仆后继、视死如归的战斗,才从根本上粉碎了帝国主义列强灭亡和瓜分中国的图谋。

第三节　反侵略战争的失败与民族意识的觉醒

本节主要总结反侵略战争失败的原因和经验教训,概述民族觉醒的过程。

一、反侵略战争的失败及其原因

从1840年至1919年的80年间,中国人民对外来侵略进行了英勇顽强的反抗,这些斗争具有重大的历史作用。但是,历次的反侵略战争,都是以中国失败、中国政府被迫签订丧权辱国的条约而告结束,其原因,从中国内部因素来分析,主要有两个方面:一是社会制度的腐败,一是经济技术的落后,而前者是根本的原因。因为正是由于社会制度的腐败,才使得经济技术落后的状况长期得不到改变。

(1)社会制度的腐败。近代中国社会政治制度的腐败和清政府的腐朽无能,是反侵略战争失败的一个重要原因。

(2)经济技术的落后。经济和科学技术的落后,国家综合实力低,是近代中国反侵略战争失败的另一个重要原因。

二、民族意识的觉醒

帝国主义的侵略给中华民族带来了巨大的历史灾难。但是,列强发动的侵华战争以及中国反侵略战争的失败,从反面教育了中国人民,极大地促进了中国人的思考、探索和奋起。鸦片战争以后,先进的中国人开始睁眼看世界了;中日甲午战争以后,中国人民的民族意识开始普遍地觉醒。

(1) 师夷长技以制夷的主张和早期的维新思想。鸦片战争以后,先进的中国人开始痛定思痛,注意了解国际形势,研究外国史地,总结失败教训,寻找救国的道路和御敌的方法。

(2) 救亡图存和振兴中华。甲午战争以后,中华民族面临生死存亡的危机,帝国主义的瓜分狂潮和民族危机的刺激,全民族开始有了普遍的民族意识的觉醒,救亡图存的思想日益高涨。

习 题 练 习

(一) 单项选择题

1. 西方列强对中国的侵略,首先和主要的是( )。
   A. 政治控制　　　　　　B. 军事侵略
   C. 经济掠夺　　　　　　D. 文化渗透

2. 第二次鸦片战争中,掠夺中国领土最多的侵略者是( )。
   A. 美国　　B. 英国　　C. 俄国　　D. 法国

3. 将中国领土台湾割让给日本的不平等条约是( )。
   A.《南京条约》　　　　　B.《北京条约》
   C.《马关条约》　　　　　D.《瑗珲条约》

4. 资本—帝国主义列强在中国设立的最早的租界是在( )。
   A. 广州　　B. 南京　　C. 上海　　D. 重庆

5. 帝国主义列强获得在中国领土驻兵的特权是通过( )。
   A.《南京条约》　　　　　B.《北京条约》
   C.《马关条约》　　　　　D.《辛丑条约》

6. 第二次鸦片战争时,洗劫和烧毁圆明园的是( )。
   A. 日本侵略军　　　　　B. 俄国侵略军
   C. 英法联军　　　　　　D. 八国联军

7. 外国列强通过公使驻京直接向中国政府发号施令是在( )。
   A. 第一次鸦片战争《南京条约》签订后

B. 甲午战争《马关条约》签订后
C. 第二次鸦片战争《天津条约》签订后
D. 中法战争《中法和约》签订后

8. 外国侵略者控制中国政治的重要手段之一是(　　)。
　　A. 赔款　　　　　　　　　　B. 把持中国海关
　　C. 制造舆论　　　　　　　　D. 进行宗教宣传

9. 《马关条约》后在中国投资设立外资大型厂矿最多的国家是(　　)。
　　A. 英国　　　B. 日本　　　C. 德国　　　D. 俄国

10. 外国资本在中国设立的银行,是它们对中国进行资本输出的枢纽。外国资本在中国开设的第一家银行是(　　)。
　　A. 英国汇丰银行　　　　　　B. 英国丽如银行
　　C. 德国德华银行　　　　　　D. 美国花旗银行

11. 基督教在中国设立的最大出版机构广学会发行的报刊是(　　)。
　　A.《中国丛报》　　　　　　 B.《北华捷报》
　　C.《字林西报》　　　　　　 D.《万国公报》

12. 中国近代史上人民群众第一次大规模的反侵略武装斗争是(　　)。
　　A. 三元里人民的抗英斗争　　B. 太平天国的抗击洋枪队斗争
　　C. 台湾高山族人民的抗美斗争　D. 义和团的抗击八国联军斗争

13. 指挥清军在中越边境前线大败法军,取得镇南关大捷的是(　　)。
　　A. 冯子材　　　　　　　　　B. 邓廷桢
　　C. 林则徐　　　　　　　　　D. 李鸿章

14. 帝国主义列强掀起瓜分中国的狂潮是在(　　)。
　　A. 中日甲午战争后　　　　　B. 第一次鸦片战争后
　　C. 八国联军战争后　　　　　D. 第二次鸦片战争后

15. 在近代,帝国主义列强不能灭亡和瓜分中国的最根本原因是(　　)。
　　A. 帝国主义列强之间的矛盾和妥协
　　B. 洋务派开展的"自强"、"求富"运动
　　C. 民族资产阶级发动的民主革命
　　D. 中华民族进行的不屈不挠的反侵略斗争

16. 从1840年至1919年的80年间,中国在历次反侵略战争中失败的根本原因是(　　)。
　　A. 社会制度的腐败　　　　　B. 军事技术的落后
　　C. 西方列强的强大　　　　　D. 经济力量的薄弱

17. "中国不败而败"是指( )。
    A. 中日甲午战争 B. 鸦片战争
    C. 中法战争 D. 第二次鸦片战争
18. 被称为近代中国"睁眼看世界"第一人的是( )。
    A. 林则徐 B. 魏源
    C. 龚自珍 D. 郑观应
19. 1839年组织编写成《四洲志》,向中国人介绍西方情况的是( )。
    A. 林则徐 B. 魏源
    C. 马建忠 D. 郑观应
20. 魏源在《海国图志》中提出的重要思想是( )。
    A. "师夷长技以制夷" B. "中学为体、西学为用"
    C. 救亡图存和"振兴中华" D. "物竞天择"、"适者生存"
21. 在甲午战争后,宣传"物竞天择"、"适者生存"社会进化论思想的是( )。
    A. 严复翻译的《天演论》 B. 郑观应撰写的《盛世危言》
    C. 冯桂芬撰写的《校邠庐抗议》 D. 魏源编撰的《海国图志》
22. 造成近代中国社会贫困落后和一切灾难祸害总根源的是( )。
    A. 帝国主义 B. 封建主义
    C. 官僚资本主义 D. 民族资本主义

(二) 多项选择题

1. 近代列强攻入北京的侵华战争有( )。
    A. 第二次鸦片战争 B. 中日甲午战争
    C. 中法战争 D. 八国联军侵华战争
2. 第二次鸦片战争以后( )。
    A. 中国成立了总理各国事务衙门
    B. 西方侵略者与中国封建统治者加紧了勾结
    C. 中国已经被卷入了资本主义世界市场
    D. 自然经济在中国已不占主体地位
3. 资本—帝国主义列强统治近代中国在政治上采取的主要手段是( )。
    A. 控制中国的内政、外交 B. 镇压中国人民的反抗
    C. 扶植、收买代理人 D. 建立全面控制中国的殖民机构
4. 1842年《南京条约》中规定开放的通商口岸包括( )。
    A. 广州 B. 南京 C. 上海 D. 宁波

5. 资本—帝国主义列强对近代中国进行经济侵略的方式包括(   )。
   A. 强迫中国支付巨额的战争赔款   B. 控制中国的通商口岸
   C. 剥夺中国的关税自主权   D. 实行商品倾销和资本输出

6. 外国资产阶级在中国的通商口岸开设洋行,带垄断性地经营进出口贸易。到19世纪90年代,这一类洋行已达500多家,其中规模较大的有(   )。
   A. 英国的怡和洋行   B. 英国的太古洋行
   C. 英国的沙逊洋行   D. 美国的旗昌洋行

7. 1895年至1913年间新设立的外资大型厂矿有130多家,其中英国最多,其后是(   )。
   A. 日本   B. 德国   C. 俄国   D. 美国

8. 帝国主义列强在对中国实行军事侵略、政治控制、经济掠夺的同时,还对中国进行文化渗透,其目的是(   )。
   A. 宣扬殖民主义奴化思想
   B. 麻醉中国人民的精神
   C. 摧毁中国人的民族自尊心和自信心
   D. 传播西方文明

9. 在第一次鸦片战争期间,为抗击英国的侵略而以身殉国的爱国将领包括(   )。
   A. 关天培   B. 陈化成   C. 海龄   D. 邓世昌

10. 中日《马关条约》签订后,参与干涉还辽的国家有(   )。
    A. 德国   B. 俄国   C. 英国   D. 法国

11. 英法联军统帅瓦德西说,"无论欧美日本各国,皆无此脑力与兵力可以统治此天下生灵四分之一","故瓜分一事,实为下策"。这表明列强(   )。
    A. 瓜分中国的计划破产
    B. 已经放弃灭亡中国的计划
    C. 需要调整侵华政策
    D. 认识到中国人民具有不屈的斗志

12. 19世纪70年代以后,主张学习西方科学技术并吸纳西方政治、经济学说的有(   )。
    A. 王韬   B. 薛福成   C. 马建忠   D. 郑观应

13. 郑观应在所著《盛世危言》中提出的主张有(   )。
    A. 大力发展民族工商业   B. 同西方国家进行"商战"
    C. 设立议院   D. 实行"君民共主"制度

14. 在《海国图志》中,魏源提出的思想有( )。
    A. "师夷长技以制夷"的思想
    B. 主张学习外国先进的军事和科学技术
    C. 大力发展民族工商业
    D. 同西方国家进行"商战"
15. 下列关于林则徐、魏源等倡导新思想的代表人物的评述,正确的是( )。
    A. 都是地主阶级开明知识分子
    B. 其思想都带有鲜明的时代特点
    C. 都主张放眼世界、探索救国之路
    D. 都未能完全冲破封建思想的牢笼

(三) 辨析题

1. 没有林则徐领导的禁烟运动,英国也会寻找其他借口发动侵华战争。
2. 近代中国社会贫穷落后的根源是中国资本主义未能得到充分发展。
3. 帝国主义列强之间的矛盾决定了瓜分中国图谋的破产。
4. 林则徐提出了"师夷长技以制夷"的主张。

(四) 简答题

1. 帝国主义列强没有能够实现瓜分中国图谋的原因。
2. 中国近代历次反侵略战争失败的主要原因。

(五) 论述题

1. 资本—帝国主义的入侵给近代中国造成的历史影响。
2. 近代中国进行反侵略战争的历史意义。

参 考 答 案

(一) 单项选择题

1. B 2. C 3. C 4. C 5. D 6. C 7. C 8. B 9. A 10. B
11. D 12. A 13. A 14. A 15. D 16. A 17. C 18. A 19. A

20. A 21. A 22. A

(二) 多项选择题

1. AD 2. ABC 3. ABC 4. ACD 5. ABCD 6. ABCD 7. ABCD
8. ABC 9. ABC 10. ABD 11. ABCD 12. ABCD 13. ABCD 14. AB
15. ABCD

(三) 辨析题

1. 正确。因为对外侵略是一切帝国主义的本质特征,掠夺是一切资产阶级的生存原则。在西方资本主义发展时期,中国清政府实行闭关自守政策,西方资产阶级为了寻找更为广阔的殖民地市场,必然要寻找各种借口发动侵略战争,以便打开掠夺中国的大门。战争是帝国主义政策的继续。

2. 错误。因为近代中国社会贫穷落后的根源是帝国主义和封建主义的统治和压迫。帝国主义和封建主义的相互勾结,残酷地镇压人民的反抗斗争,完全剥夺了中国人民的民主自由权利,严重阻碍了中国社会的进步;帝国主义和封建主义的压迫,阻碍了中国民族资本主义的发展,使中国未能走上独立发展资本主义的道路;帝国主义和封建主义的残酷压迫和剥削也窒息了人民发展生产的可能性。

3. 错误。帝国主义列强之间的矛盾和互相制约,只是瓜分中国图谋破产的一个重要原因。帝国主义列强不能灭亡和瓜分中国,最根本的原因,是中华民族进行的不屈不挠的反侵略斗争。在义和团反帝爱国运动时期,中国人民以其不畏强暴、敢与敌人血战到底的英雄气概,打击和教训了帝国主义者,使它们不敢为所欲为地瓜分中国。所以,正是包括义和团在内的中华民族为反抗侵略所进行的前赴后继、视死如归的战斗,才从根本上粉碎了帝国主义列强灭亡和瓜分中国的图谋。

4. 错误。魏源在1843年1月编成《海国图志》,提出了"师夷长技以制夷"的思想,主张学习外国先进的军事和科学技术,以期富国强兵,抵御外国侵略,开创了中国近代向西方学习的新风。

(四) 简答题

1. 首先,一个重要原因是帝国主义列强之间的矛盾和互相制约。列强经过反复争吵、协商,最后认定,还是暂缓瓜分中国,而采取保全清政府为其共同的统治工具,实行"以华治华",对自己更为有利。"三国干涉还辽"即是很好的明证。

其次，帝国主义列强不能灭亡和瓜分中国，最根本的原因，是中华民族进行的不屈不挠的反侵略斗争。在义和团反帝爱国运动时期，中国人民以其不畏强暴、敢与敌人血战到底的英雄气概，打击和教训了帝国主义者，使它们不敢为所欲为地瓜分中国。所以，正是包括义和团在内的中华民族为反抗侵略所进行的前赴后继、视死如归的战斗，才从根本上粉碎了帝国主义列强灭亡和瓜分中国的图谋。

2. 第一，社会制度的腐败。近代中国社会政治制度的腐败和清政府的腐朽无能，是反侵略战争失败的一个重要原因。第二，经济技术的落后。经济和科学技术的落后，国家综合实力低，是近代中国反侵略战争失败的另一重要原因。

（五）论述题

1. 第一，军事侵略。资本—帝国主义列强对中国的侵略，首先和主要的是进行军事侵略，迫使中国政府签订不平等条约。发动侵略战争，屠杀中国人民；侵占中国领土，划分势力范围；勒索赔款，抢劫财富。第二，政治控制。为了统治中国，帝国主义列强在政治上采取的主要方式是，控制中国政府，操纵中国的内政、外交，把中国当权者变成自己的代理人和驯服工具。资本—帝国主义列强通过军事侵略和不平等条约，控制中国的内政、外交，享有领事裁判权，把持中国海关，镇压中国人民的反抗，扶植、收买代理人。第三，经济掠夺。外国列强控制中国通商口岸、剥夺中国关税自主权、对华倾销商品和资本输出，并逐渐操纵中国的经济命脉。第四，文化渗透。外国列强利用宗教进行侵略活动，鼓吹"侵略有功论"、"种族优劣论"，为侵华制造舆论。所以，资本—帝国主义对中国的侵略和本国封建势力对人民的压迫，是近代中国落后、贫困的根本原因。

虽然，列强在侵华的时候也充当了"历史的不自觉的工具"，把西方资本主义的机器技术带入中国，刺激了中国资本主义的发生。但是，其主观上并不希望中国成为独立、自主、富强的近代化国家，因此总是千方百计地压制中国民族资本主义的发展，阻挠和破坏中国社会的进步。历史证明，只有推翻帝国主义和封建主义在中国的统治，中国才有可能走上独立富强的道路。

2. 中国近代史就是一部资本主义列强侵略中国与中国人民反侵略、争取民族解放的斗争史。第一，近代中国人民的反侵略战争，沉重打击了帝国主义的侵华野心，粉碎了他们瓜分中国和把中国变成完全殖民地的图谋。帝国主义列强一次次对中国发动侵略战争，但每一次侵略都遭到中国人民的反抗。中国人民的英勇斗争，表现了中国人民不屈不挠的爱国主义斗争精神。外国侵略者虽然可以强迫清政府签订一个又一个不平等条约，但是却始终无法把中国变成他们的完全殖民地。尤其是甲午战争以后，在瓜分危机的严重关头，中国各阶层人民救亡图存的努力探索和奋起抗争，使侵略者看到了中国人民中所隐含的不甘屈服的伟大力量，不得不放弃了瓜分中国的政策。第二，近代中国人民的反侵略战争，教育了中国人民，激励中国人民奋起直追，促进了中国人民族觉醒的意识。帝国主义的侵略给中华民族带来了巨大灾难，但没有哪一次巨大的历史灾难不是以历史的进步作为补偿的。列强发动的侵华战争以及中国人民反侵略战争的失败，从反面教育了中国人民，极大地促进了中国人的思考、探索和奋起直追。

延 伸 阅 读

（一）

如何看待近代反侵略战争中的"主和派"

长期以来，我们一直是把林则徐、冯子材等坚持反侵略斗争的人物作为爱国者加以赞颂，而把琦善、李鸿章等坚持妥协投降的人物作为卖国贼加以谴责的。对此，有些同志提出了不同的意见。有的同志认为，在近代，由于我国经济、技术落后于西方，在对外战争中失败是必然的、不可避免的，因而，当时一些人主张妥协投降是有道理的，不应加以指责。有的同志甚至认为，在敌我力量悬殊的情况下，反对抵抗才是实事求是的负责态度，是真正的"爱国"，而主张抵抗则是不负责任的"蛮干"。

这里，首先要讨论一个问题：中国经济技术落后能决定中国在反侵略战争中必败吗？不可否认，经济技术水平在战争中的作用是十分重要的，但是，绝不能把它夸大为决定战争胜负的唯一因素。战争不是单纯的经济技术水平的竞赛，而是包括人力、物力在内的各种实力的综合较量。仅就物力而言，一个国家物力雄厚与否也不仅决定于经济技术水平（虽然经济技术水平是很重要的因素），它还与国家大小、自然资源条件以及财政经济制度等等有密切关系。而且，战争的胜负并不是机械地取决于双方实力的对比，还在很大程度上取决于双方的实力发挥得如何。而实力发挥的状况则取决于人心的向背、政治领导和军事领导是否正确和强有力等等因素。美国独立战争时，美国的人力、物力远不如英国，但是，争取独立的正义事业激发了美国人民极大的积极性，使美国的实力发挥得比英国好得多，从而弥补了实力本身的不足。美国军队和民兵虽然装备很差，供应困难，有时甚至不得不赤足在冰天雪地里行军作战，但他们以革命军队特有的勇敢和主动精神,灵活地运用游击战和散兵战术,击败了数量庞大、装备优良的英国侵略军。拉丁美洲的海地进行反对法国殖民者的独立战争时,双方实力更是极为悬殊:一方是刚挣脱奴隶制的、只有几十万人口的落后小国,另一方则是在拿破仑统治下正称雄于欧洲、拥有两千多万人口的资本主义大国。但是,海地人民经过艰苦奋战,终于击败了实力雄厚的数万法国远征军,赢得了独立。近代中国虽然在经济技术方面落后于资本主义侵略者,但其差距远没有当年海地与法国之间的差距那样大。而且,中国不是海地那样的小国,而是拥有几亿人口和辽阔领土的大国。中国的实力并非全面地处于劣势。至于中国人民反侵略斗争的精神,也并不比海地和美国人民逊色。海地和美国人民能打败强大的侵略者,为什么中国就注定要失败呢?事实上,在中国近代历次反侵略战争中,也不乏用落后武器打败侵略者的战例。特别是在中法战争中,冯子材、刘永福、刘铭传等都曾多次打败法军。中国在近代历次反侵略战争中的失败,根本原因并不在于经济技术的落后,而在于统治集团的反动腐朽。林则徐等有胆有识的抵抗派遭到排挤、打击,他们提出的"师夷之长技以制夷"、"民心可用"等克敌制胜的正确方针被当权者摒弃。群众自发的反侵略斗争受到统治者压制。甚至连冯子材等浴血奋战取得的军事胜利也被慈禧、李鸿章之流当作屈膝求和的资本。当然,应该对丧权辱国承担罪责的反动集团中,除了投降派以外还有空谈抵抗而不务实际的顽固派。只谴责投降派而忽略了顽固派是不对的,只谴责顽固派而为投降派开脱也是不对的。

——节选自林华国:《评中国近代史研究中的一些重大分歧》,《高校理论战线》2006 年第 3 期。

(二)

由于在 18 世纪内,西方火炮样式并无重大变化,至 19 世纪鸦片战争时,与英军相比,清军火炮在样式及机制原理上大体相同,两者的差别在于制造工艺引起的质量问题上,表现在以下几个方面:

一、铁质差。工业革命使英国的冶炼技术改观,铁质大为提高,为铸造高质量的火炮提供了良好的原料。清朝的冶炼技术落后,炉温低,铁水无法提纯,含杂质多,铸造出来的火炮十分粗糙,气孔气泡多,演放时很容易炸裂,自伤射手。清军针对此问题主要采用两策。一是加厚火炮的管壁,使清军的火炮极为笨重,数千斤巨炮,威力反不如西方的小炮。二是使用铜作为铸炮材料。由于当时铜资源缺乏,铜炮十分罕见,视为利器。此外,对于已经铸成气孔气泡较多、容易炸裂的火炮,清军则减少火药填量,这又降低了火炮的威力。

二、铸炮工艺落后。英国此时在铸造上已采用铁模等工艺,并使用镗床对炮膛内部切削加工,使之更为光洁。清朝此时仍沿用落后的泥模工艺,铸件毛糙,又未对炮膛进行深入的加工,致使炮弹射出后,弹道紊乱,降低了射击精度。英方此时因科学的进步,对火药燃烧、弹道、初速度等方面已进行研究,火炮的各种尺寸比例和火门的设计,比较合理。而清方对火炮只是仿制,不懂得身管/口径比例,以及火门位置在火药燃烧中的实际意义,结果,许多火炮的比例不合,绝大多数火炮的火门口开得太前、太大。

三、炮架(炮车)和瞄准器具不全或不完善。炮架(炮车)是调整火炮射击方向和高低夹角的器具。清军对此不甚重视。至鸦片战争时,清军的许多火炮没有炮架,只是固定的。一些炮架只能调整高低夹角而不能左右活转,限制了射击范围。已设的炮架,大多用粗劣木料制成,演放后,炮架震松,难以使用。让人吃惊的是,清军的许多火炮竟无瞄准器具,或只有"星斗"(用以确定射击方面)而没有"炮规"(用以确定高低夹角),士兵们主要靠经验来瞄准。

四、炮弹种类少,质量差。英军此期使用的炮弹有实心弹、霰弹、爆破弹等品种;而清军只有效能最差的实心弹一种,且有弹体粗糙或弹径偏小的缺陷。

此外,清军火炮在管理上亦同鸟枪,并无定期造换制度。由于平常并不使用,许多露天搁置在炮台、城垛等处的火炮,日晒雨淋,炮身锈蚀。至鸦片战争,这些火炮的使用年限大多已经很长,清初铸造的比比皆是,有的甚至是前明遗物。若不蒸洗试放,谁也不知能否使用。

由此,我们可以得出结论,尽管中英火炮样式大体相同,但因质量的差距,使之具有射程近、射击速度慢、射击范围小、射击精度差、射中后炮弹威力弱等缺陷。这些缺陷中,哪一项不是致命伤?

——节选自茅海建:《天朝的崩溃》,第36—37页,生活·读书·新知三联书店,1995年。

(三)

日本明治维新后的历史走向和国家目标可以用"脱亚入欧"来概括。因此,从长时段的历史眼光来看,日本的"脱亚入欧"是其发动甲午中日战争的更深层次的历史动因。

日本的"脱亚入欧"包有文化"欧化主义"和"军国侵略主义"的双重内涵。作为历史进程和对外关系,它又含有"脱亚"和"入欧"两个互联并互动的层次。明治初年,伊藤博文在《奉命使节》中明确主张采法欧美,将其"文明之风"移于日本,以"迅速进步至同等化域"。到19世纪80年代,伊藤博文竭力支持外相井上馨所提出的"欧化主义政策",即主张化日本国为"欧洲帝国","能与泰西各国齐跻于同等地位"。伊藤和井上的主张包含了从文化上进而从国际关系上实现"脱亚入欧"的思想,都是对"脱亚入欧"论的一种表述。但"脱亚入欧"论作为一种特定的"国权主义"思想,它是由"脱亚论"演绎而来。历史表明,至19世纪80年代中期,日本"国权扩张论"甚嚣尘上。一时,各种主张趁中法战争之际,"迅速派遣充足的兵力,占领朝鲜的京城",以及"干涉朝鲜内政,务必加以并略"并"希望"不惜因此同中国战争的意见,不一而足。1885年3月16日,也开始转向国权论的福泽谕吉在《时事新报》上发表《脱亚论》一文,说:"为今日计,我国不应犹豫等待邻国之开明而共同振兴亚细亚,不如脱离其行列与西方文明之国共进退;对待支那、朝鲜之法,亦不能因其为邻国而给予特别关照,唯有按西洋人对待彼等之法处理之。"明治维新后面对西方列强侵略的危机,日本统治集团逐渐形成一面屈从、一面侵略的二重性政治品格,妄图用以邻为壑的办法来改变和增强日本的国际地位。在外张"国权"的鼓噪声中涌现的"脱亚论"表现出一种害邻利己的本质和露骨的侵华、夺亚思想,是日本明治以来对外思想的一种总结和折变。此后,日本明治政府加紧扩军备战,为实现"脱亚"目标打一场侵略邻国中国和朝鲜的战争。

甲午中日战争是日本从明确的"脱亚入欧"目的出发采用"西洋人"的"办法"对待邻国中国和朝鲜的一次侵略战争。它通过这次战争强迫清政府签订空前屈辱的《马关条约》,勒索巨额赔款,割占中国领土台湾,控制和奴役朝鲜,初步实现其脱离亚洲国家"行列"的"脱亚"的目标。《马关条约》的苛刻条款远胜于以前西方列强对华的不平等条约。从赔款来说是空前的,赔偿军费加上"赎辽费",计库平银2.3亿两(威海卫占领军军费库平银350万两还未计算在内),约占清政府三年的收入。从割地来说,尽管辽南由于"三国干涉"被清政府"赎回",但当时台湾生息着三百几十万炎黄子孙,它是中国东南海防"枢纽"和晚清"最先进的一省",台湾被日本割占,使中国蒙受近代以来最严重的裂疆失土的民族伤痛。日本却因此开始"脱亚",如同欧美列强一样,"获得了殖民地帝国的地位"。

"甲辰之役"导因于"甲午之役"结束时俄、德、法三国干涉还辽事件。1895年三国事件发生时,明治天皇对首相伊藤博文说,"用不着急于夺取辽东半岛",不久将会"再发生战争,那时再夺取也不为晚"。以后,日本在不到十年的时间里发动又一次战争,也与日本加快"脱亚入欧"进程有关。

"甲辰之役"是日本在"脱亚入欧"历程中对中国造成的又一次民族大伤害。这是一场争夺中国东北和朝鲜的帝国主义战争。战争爆发后,日本政府蛮横地要求清政府局外中立。软弱无能的清政府不敢也无力制止这个强盗战争在中国土地上发生，它屈辱地顺应日本要求，宣布划辽河以东地区供日俄做战场。战争前后打了一年半，除作为尾声的日本海海战外，主要战场在中国辽东，先后经过鸭绿江会战、辽阳会战、旅顺攻防战、沙河会战和奉天会战，其中仅在1905年2月下旬至3月上旬的奉天会战中，日俄总兵力达60万，共死伤17万人。双方都强征中国当地的人力，拆毁所有妨碍其军事行动的城堡、桥梁、民房等。这不仅把当时中国残存的国家主权践踏殆尽，而且对东北人民的生命财产造成了惨重的损失。战争结束后，日本迫使清政府根据日俄和约，于1905年12月签订《中日东三省事宜条约》，日本不仅取代了沙俄在中国东北南部的侵略地位，还攫得了许多新的侵略特权。1905年11月，日本还强迫朝鲜签订《日韩保护条约》，使朝鲜沦为日本保护国。从此，日本"假同洲同种之谊，怀吞噬中原之心"，"此则真为东亚祸源唯一之主要原因"。

"甲辰之役"后又十年，日本武力进取的刀锋南移，发动了与德"构衅"，夺占中国青岛及其他山东地区的"甲寅之役"。这表明日本自认为"入欧"地位已经巩固，在"中国问题"上强化"攻势"姿态，向谋求"掌握中国大陆的霸权"的方向发展。

日本发动"三甲之役"固然是其推行大陆政策的结果，但从更深层次的历史动因上考察，这是近代日本"脱亚入欧"历程及其折变所致。日本明治维新以来的"脱亚入欧"是一个两重性历史概念，其效法西方近代文明在文化追求上不失为一种历史进步，但由此形成的长期"重欧轻亚"、"崇欧蔑亚"的文化理念，至今仍是妨碍其正确解读与邻国战争历史的心理障碍。至于"脱亚入欧"作为近代日本历史走向和国家目标，其始终与"军国政策"、"军国侵略主义"结伴而行，就此来说，它又是一种"战争崛起"的同义语。其结果加深了中国和亚洲的民族苦难，并使中国和朝鲜等邻国留下了"黄人待黄人，比白人待黄人还要残狠十倍"的历史记忆。

"三甲纪念"的历史记忆也是两重性的。"甲午之役"和"甲寅之役"是这样的两极：一极是日本的国家地位由开始"脱亚"而迅速的"入欧"；一极是除朝鲜沦亡外，中国一再遭受裂疆失土丧权的民族大伤痛。"甲寅之役"及其"后幅文章"也是两重性的：一极是显示出日本的国家目标开始从当年的"脱亚入欧"向"独力并吞中国"的方向折变，而这种折变到20世纪30年代终于酿成妄图"亡华霸亚"的十五年战争；一极是中国民族的大伤痛激起了民族的大觉醒，经过因"山东问题"而激发的五四运动，正如日本学者所说，"过去把日本当作亚洲先觉而予以尊敬的中国民族革命家，开始认识到日本是比欧美帝国主义更为残酷的帝国主义"。这种民族觉醒到30年代，终于在"中华民族到了最危险的时候，每个人被迫发出最后的吼声"。

——节选自刘学照：《日本的"脱亚入欧"与中国的"三甲纪念"》，《华东师范大学学报(哲学社会科学版)》2005年第1期。

（四）

关于殖民主义"双重使命"的理论问题

有人曾说："鸦片战争一声炮响，给中国带来了近代文明"，也有人说："殖民主义在世界范围推动了现代化进程"，还有人甚至说："没有西方的殖民侵略，东方将永远沉沦"。这些人往往还以马克思论述英国在印度的殖民统治"充当了历史的不自觉的工具"和殖民主义具有"双重使命"的提法，作为自己的理论根据。

那么如何用理论与历史统一的方法去看待这个历史问题？怎样正确理解马克思关于殖民主义具有"双重使命"的论断呢？

首先让我们回顾一下殖民主义的历史。15世纪，西方冒险家远渡重洋的环球旅行和随之而来的征服、掠夺，揭开了近代殖民扩张的序幕，宣告了殖民主义的产生。在资本原始积累时期，殖民主义者主要是通过海盗式的土地、财物掠夺、欺诈性的贸易和奴隶贩卖等方式，从美洲、非洲、亚洲、大洋洲的许多国家和地区攫取巨额财富。而在西方实现工业革命以后，由于资产阶级要求更广阔的国外市场和原料供应地，推动了西方列强向世界急剧扩张，殖民主义世界体系开始形成。在资本主义制度确立之后，殖民主义者运用各种手段对一些国家和地区进行了军事、政治、经济、文化等方面的侵略，使它们在不同程度上沦为列强的殖民地和半殖民地，成为其垄断的商品倾销市场、原料供应基地和投资场所。而在19世纪末西方资本主义国家进入帝国主义阶段以后，资本输出成为殖民剥削的重要形式，瓜分世界的狂潮出现，殖民主义进一步发展成为一个由少数帝国主义强国主宰世界的更完整的体系。可见，殖民主义的历史就是一部资本—帝国主义侵略和掠夺压迫包括印度和中国在内的广大殖民地、半殖民地国家的"血与火的历史"。

我们再来读读马克思的几段话，领会其精神和内涵。马克思在《不列颠在印度的统治》一文中谈到殖民主义充当了"历史的不自觉的工具"。他说："的确，英国在印度斯坦造成社会革命完全是受极卑鄙的利益所驱使，而且谋取这些利益的方式也很愚蠢。……它造成这个革命毕竟是充当了历史的不自觉的工具"。马克思在《不列颠在印度统治的未来结果》一文中则谈到了殖民主义的"双重使命"。他说："英国在印度要完成双重的使命：一个是破坏的使命，即消灭旧的亚洲式的社会；另一个是重建的使命，即在亚洲为西方式的社会奠定物质基础。"马克思在这篇文章中还指出:"英国资产阶级将被迫在印度实行的一切,既不会使人民群众得到解放,也不会根本改善他们的社会状况,因为这两者不仅仅决定于生产力的发展,而且还决定于生产力是否归人民所有。但是,有一点他们是一定能够做到的,这就是为这两者创造物质前提。难道资产阶级做过更多的事情吗?难道它不使个人和整个民族遭受流血与污秽、蒙受苦难与屈辱就实现过什么进步吗?"

——节选自王晓秋:《资本—帝国主义的侵略究竟给中国带来了什么》,《思想理论教育导刊》2006年第10期。

(五)

马克思指出,统治阶级的思想在每一时代都是占统治地位的思想。而那些没有精神生产资料的人的思想,一般地是隶属这个阶级的。资本主义文化因资本主义先进的生产力创造了全世界占统治地位的物质力量而处于精神力量的统治地位。资产阶级利用先进的生产力和坚船大炮冲开了东方国家的大门,在那里推行所谓的文明,迫使他们也采用那种追求资本利润无休止增长的资本主义文化,按照它们的意志主宰世界。为了更好地对东方国家进行统治,西方资产阶级是断然不会将先进的生产力或资本主义的生产方式完全地移植在东方社会"土壤"之中的。"推行所谓的文明",其实质是指西方帝国主义侵略东方社会所进行的野蛮的、悲惨的殖民统治,而不是根本上推行资本主义民主、文明的现代制度。马克思指出:"当我们把目光从资产阶级文明的故乡转向殖民地的时候,资产阶级文明的极端伪善和它的野蛮本性就赤裸裸地呈现在我们面前,它在故乡还装出一副体面的样子,而在殖民地它就丝毫不加掩饰了。"

马克思晚年对西方列强对东方殖民统治的文化进步性影响的局限性和有限性进行了阐述。马克思晚年修正了自己对西方殖民统治的所起的进步作用,已不再认为英国等西欧列强对东方国家的殖民侵略是促使东方社会发生深刻变革的巨大推动力量。他多次以古代罗马享有公民权和选举权的"平民"的命运为例来说明这一点。古罗马平民的沦落没有变成资本主义的雇佣工人,而成为"游民",同时得到发展的是奴隶占有制,并没有出现资本主义的生产方式和生产关系。相反,他强烈地谴责了这种侵略以及其造成的对农村公社的破坏和奢侈之风的盛行。1881年2月,马克思在《给维·伊·查苏利奇的复信》[初稿]中就谴责了俄国靠牺牲农民培植起来的西方资本主义制度的一些职能部门,不但不发展农业生产能力,还促使不从事生产的剥削阶层更容易、更迅速地窃取它的果实,这些新资本主义寄生虫合谋杀死给他们下金蛋的母鸡(指农民)。马克思晚年在人类学笔记《马·柯瓦列夫斯基〈公社土地占有制,其解体的原因、进程和结果〉一书摘要》中就资本主义文化对印度的危害进行了阐述。他发现,英国殖民主义者对印度的公社土地占有制进行了私有化改造,却没有在农业中采用资本主义先进的生产方式或生产工具,反而促进了高利贷的发展和奢侈之风的盛行。

——节选自胡芳:《西方殖民主义对东方社会的文化影响及各国文化选择》,《中共青岛市委党校 青岛行政学院学报》2014年第1期。

第二章
对国家出路的早期探索

内 容 提 要

本章有三节内容,主要叙述随着中国民族危机和社会危机日益加深,农民阶级、地主阶级洋务派、资产阶级维新派从各自的阶级立场出发,先后提出自己的主张和方案。太平天国农民战争、部分清朝统治者实行的洋务运动以及资产阶级的戊戌维新,都是近代不同阶级及其代表人物对国家出路的探索。通过本章的学习,要求学生能够科学分析上述探索运动的历史作用与局限性,认识这些探索最终都不能为实现中国的独立和富强找到出路的根本原因。

第一节 农民群众斗争风暴的起落

本节主要概述太平天国农民战争的起落过程、历史意义和局限性。

一、太平天国农民战争

(1) 金田起义和太平天国的建立。鸦片战争以后,残酷的剥削和压迫迫使广大人民尤其是农民群众走上反抗斗争的道路。1851年,洪秀全率领拜上帝教教众在广西省桂平县金田村发动起义,1853年3月,定都南京(改名天京),达到军事上的全盛时期。1856年9月,由于内部潜在的矛盾和弱点日益激化,发生了天京事变,成为其由盛转衰的分水岭。1864年7月,天京被湘军攻破,太平天国起义失败。

(2)《天朝田亩制度》和《资政新篇》。《天朝田亩制度》是最能体现太平天国社会理想和这次农民起义特色的纲领性文件,是起义农民提出的一个以解决土地问题为中心的比较完整的社会改革方案,但它并未超出农民小生产者的狭隘眼界,具有不切实际的空想的性质。《资政新篇》是太平天国后期颁布的社会发展方案,是一个具有鲜明资本主义色彩的方案,但由于它不是农民战争实践的直接产物,又限于当时的历史条件,未能付诸实施。

(3) 从天京事变到太平天国败亡。太平天国起义者们想要建立一个以"天王"为首的农民政权。但是,在以小农业和家庭手工业相结合的分散的小生产的基础上,虽然可以建立暂时的劳动者的政权,但它最终还是会向封建专制政权演变的。1856年9月,发生了太平天国内部自相残杀的天京事变。1864年,洪秀全病故。同年7月,天京被湘军攻破。太平天国起义失败。

二、农民战争的意义和局限

(1) 太平天国起义的历史意义。太平天国起义沉重打击了封建统治阶级,强烈撼动了清政府的统治根基;太平天国是中国旧式农民战争的最高峰;太平天国起义冲击了孔子和儒家经典的正统权威,这在一定程度上削弱了封建统治的精神支柱;太平天国起义还有力地打击了外国侵略势力;在19世纪中叶的亚洲民族解放运动中,太平天国起义是其中时间最久、规模最大、影响最深的一次,它和其他亚洲国家的民族解放运动汇合在一起,冲击了西方殖民主义者在亚洲的统治。

(2) 太平天国起义失败的原因和教训。农民阶级不是新的生产力和生产关系的代表,他们无法克服小生产者所固有的阶级局限性,因而无法从根本上提出完整的、正确的政治纲领和社会改革方案;无法制止和克服领导集团自身腐败现象的滋长;也无法长期保持领导集团的团结;无法提出正确的科学的思想理论。太平天国起义及其失败表明,在半殖民地半封建的中国,农民具有伟大的革命潜力;但它自身不能担负起领导反帝反封建斗争取得胜利的重任。单纯的农民战争不可能完成争取民族独立和人民解放的历史任务。

第二节 洋务运动的兴衰

本节主要概述洋务运动的兴起及主要事业、历史作用和失败原因。

一、洋务事业的兴办

19世纪60年代初到90年代,为了挽救清政府的统治危机,封建统治阶级中的部分成员如奕䜣、曾国藩、李鸿章、左宗棠、张之洞等,主张学习西方先进的科学技术,仿造西方的武器装备,兴办洋务。其兴办的事业主要有:兴办近代工业;建立新式海陆军;创办新式学堂,派遣留学生。

二、洋务运动的历史作用及其失败

(1) 洋务运动的历史作用。洋务运动在客观上对中国的早期工业和民族资本主义的发展起了某些促进作用;洋务运动时期,培养新式人才,开办新式学堂,派出了最早的官派留学生,这是中国近代教育的开始,与此同时,京师同文馆、江南制造总局附设的翻译馆还翻译了一批西学书籍,给当时的中国带来了新的知识,使人们打开了眼界;此时,传统的"重本抑末"等观念受到冲击,社会风气和价值观念开始变化,工商业者的地位上升。这一切,都有利于资本主义经济的发展,也有利于社会风气的改变。

(2) 洋务运动失败的原因。洋务运动历时三十多年。甲午战争一役,洋务派经营多年的北洋海军全军覆没,标志着以"自强"、"求富"为目标的洋务运动的失败。主要原因是:首先,洋务运动具有封建性。其次,洋务运动对西方列强具有依赖性。再次,洋务企业具有腐朽性。因此,洋务运动不可能为中国摆脱贫弱找到出路,也不可能避免最终失败的命运。

第三节 维新运动的兴起和夭折

本节主要概述戊戌变法维新运动兴起和夭折的过程、历史意义与失败原因及教训。

一、戊戌维新运动的开展

(1) 维新派倡导救亡和变法的活动。甲午战争的惨败,造成了新的民族危机,激发了新的民族觉醒。以康有为、梁启超为首的维新派以各种方式宣传变法主张,制造维新舆论,而重点是争取光绪皇帝及其帝党官员的支持,希望通过他们自上而下地实行变法主张。

(2) 维新派和守旧派的论战。其间维新派与守旧派之间展开了一场激烈论战。论战主要围绕以下三个问题展开:第一,要不要变法。第二,要不要兴民权、设议院,实行君主立宪。第三,要不要废八股、改科举和兴西学。维新派与守旧派的这场论战,实质上是资产阶级思想与封建主义思想在中国的第一次正面交锋。

(3) 昙花一现的百日维新。1898 年 6 月 11 日,光绪皇帝颁布诏书,宣布开始变法。在此后的 103 天中,他接连发布了一系列推行新政的政令,如政治方面,改革行政机构,澄清吏治;经济方面,保护、奖励农工商业和交通采矿业;军事方面,裁减旧式绿营兵,改练新式陆军;文化教育方面,创设京师大学堂,提倡西学,废除八股,史称"百日维新"。守旧势力于同年9月21日发动政变,"百日维新"宣告失败。

二、戊戌维新运动的意义及教训

（1）戊戌维新运动的意义。第一,戊戌维新运动是一次爱国救亡运动。第二,戊戌维新运动是一场资产阶级性质的政治改革运动。第三,戊戌维新运动更是一场思想启蒙运动。

（2）戊戌维新运动失败的原因和教训。戊戌维新运动的失败,主要是由于维新派自身的局限和以慈禧太后为首的强大的守旧势力的反对。当时民族资本主义经济力量还十分微弱,民族资产阶级的社会基础相当狭窄。而民族资产阶级的政治代表维新派的势力更是非常弱小,很多人自身还没有完全摆脱封建士大夫的痕迹,他们既没有严密的组织,也不掌握军队,更没有去发动群众。这样,他们就只能把自己实行改革的全部希望寄托在一个没有实权的光绪皇帝身上。维新派本身的弱点突出地表现在以下三个方面:首先,不敢否定封建主义。其次,对帝国主义抱有幻想。再次,害怕人民群众。

戊戌维新的失败,暴露了这个阶级的软弱性,同时也说明在半殖民地半封建的旧中国,企图通过统治者走自上而下的改良的道路是根本行不通的。要想争取国家的独立、民主、富强,必须用革命的手段,推翻帝国主义、封建主义联合统治的半殖民地半封建的社会制度。戊戌维新的失败再次暴露出清朝统治集团的腐朽与顽固。

习 题 练 习

（一）单项选择题

1. 太平天国农民起义爆发的时间是(　　)。
   A. 1851年　　　　B. 1853年　　　　C. 1856年　　　　D. 1864年
2. 太平天国正式建立与清政府对峙的政权是在(　　)。
   A. 金田起义后　　　　　　　　　B. 洪秀全自称"天王"后
   C. 永安建制后　　　　　　　　　D. 定都天京后

3. 太平天国由盛而衰的转折点是（　　）。
  A. 永安建制　　　　　　　　　　B. 北伐失利
  C. 天京事变　　　　　　　　　　D. 洪秀全病逝

4. 太平天国在 1853 年冬颁布的纲领性文件是（　　）。
  A.《天朝田亩制度》　　　　　　　B.《十款天条》
  C.《原道醒世训》　　　　　　　　D.《原道觉世训》

5. 太平天国在《天朝田亩制度》中提出的社会改革方案是（　　）。
  A. 以解决土地问题为中心　　　　B. 以发展资本主义为中心
  C. 以反对封建的等级制度为中心　D. 以废除儒学的纲常伦理为中心

6. 太平天国后期，提出《资政新篇》这一具有资本主义色彩改革方案的是（　　）。
  A. 洪秀全　　B. 杨秀清　　C. 洪仁玕　　D. 石达开

7. "天京事变"的发生，说明了（　　）。
  A. 农民阶级的领袖缺乏革命的进取心
  B. 农民政权内部的斗争不可避免
  C. 农民阶级绝对不是一个先进的阶级
  D. 小农经济的分散性决定了农民阶级不能形成坚强的领导核心

8. 太平天国运动失败的根本原因是（　　）。
  A. 旧式农民战争的局限性　　　　B. 拜上帝教不符合中国国情
  C. 在军事策略上屡犯错误　　　　D. 对封建王朝打击空前沉重

9. 中国旧式农民战争的最高峰是（　　）。
  A. 义和团运动　　　　　　　　　B. 三元里人民抗英斗争
  C. 太平天国起义　　　　　　　　D. 反教会斗争

10. 太平天国之所以是中国农民战争的最高峰，最主要是因为（　　）。
  A. 其规模和延续时间均属空前　　B. 建立了与清政府对峙的政权
  C. 制定了比较完整的革命纲领　　D. 对封建王朝的打击空前沉重

11. 最早对兴办洋务的指导思想做出完整表述的人是（　　）。
  A. 冯桂芬　　B. 马建忠　　C. 王韬　　　D. 郑观应

12. 19 世纪 60 年代后，封建统治阶级中的洋务派开展洋务运动的指导思想是（　　）。
  A. 中学为体、西学为用　　　　　B. 师夷长技以制夷
  C. 物竞天择、适者生存　　　　　D. 变法维新、救亡图存

13. 从 19 世纪 60 年代到 90 年代，洋务派兴办洋务事业的主要目的是（　　）。
  A. 发展中国的资本主义经济

B. 维护和巩固清王朝的封建统治

C. 学习西方资本主义的制度

D. 捍卫国家的主权独立和民族尊严

14. 洋务运动时期,洋务派首先兴办的洋务事业是( )。

A. 军用工业　　　　　　　　B. 民用企业

C. 新式军队　　　　　　　　D. 新式学堂

15. 洋务派创办的第一个规模较大的近代军事工业是( )。

A. 江南制造总局　　　　　　B. 马尾船政局

C. 天津机器局　　　　　　　D. 湖北枪炮厂

16. 近代中国派遣第一批留学生是在( )。

A. 洋务运动时期　　　　　　B. 戊戌维新时期

C. 清末"新政"时期　　　　　D. 辛亥革命时期

17. 洋务运动时期最早创办的翻译学堂是( )。

A. 同文馆　　　B. 广方言馆　　　C. 译书局　　　D. 译书馆

18. 洋务运动破产的标志是( )。

A. 福建水师的覆没　　　　　B. 北洋水师全军覆灭

C. "经远"、"定远"、"致远"号被摧毁　　D. 《辛丑条约》的签订

19. 洋务运动之所以没有达到"求强,求富"的目的,是因为( )。

A. 沿用了传统的生产管理方式　　B. 局限于引进西方先进科技

C. 外国资本的束缚　　　　　　D. 没有相对稳定的"和平环境"

20. 在下列关于洋务运动的论述中,不正确的是( )。

A. 洋务运动是一场封建统治者的自救运动

B. 洋务运动客观上促进了中国资本主义的发展

C. 洋务运动是一场资产阶级性质的政治改革运动

D. 洋务运动失败是必然的

21. 维新运动兴起的时代背景是( )。

A. 中法战争、福建水师的覆没

B. 甲午战争惨败,《马关条约》的签订

C. 帝国主义列强劫掠圆明园

D. 《辛丑条约》的签订

22. 谭嗣同在戊戌维新时期撰写的宣传变法维新主张的著作是( )。

A. 《新学伪经考》　　　　　　B. 《变法通义》

C. 《日本变政考》　　　　　　D. 《仁学》

23. 在甲午战争后,通过翻译《天演论》为戊戌维新运动提供理论根据的是(　　)。
    A. 严复　　　　　B. 康有为　　　　C. 梁启超　　　　D. 谭嗣同
24. 戊戌维新时期,维新派在上海创办的影响较大的报刊是(　　)。
    A.《时务报》　　　　　　　　　B.《国闻报》
    C.《湘报》　　　　　　　　　　D.《万国公报》
25. 康有为把西方资本主义的政治学说同传统的儒家思想结合,宣传维新变法的道理。这反映出的根本问题是(　　)。
    A. 中国的封建顽固势力相当强大　　B. 中国民族资产阶级具有软弱性
    C. 中国的封建传统思想根深蒂固　　D. 中国民族资产阶级日趋成熟
26. 1898年发表《劝学篇》一文,对抗维新变法的洋务派官僚是(　　)。
    A. 李鸿章　　　　B. 左宗棠　　　　C. 张之洞　　　　D. 刘坤一
27. 在近代中国资产阶级思想与封建主义思想的第一次正面交锋是(　　)。
    A. 维新派与守旧派的论战　　　　B. 洋务派与顽固派的论战
    C. 改良派与革命派的论战　　　　D. 革命派与洋务派的论战
28. 维新变法运动开始的标志是(　　)。
    A. 维新派与守旧派的论战　　　　B. 公车上书
    C. "中体西用"思想的提出　　　　D. "明定国是"诏书的颁布
29. 中国民族资产阶级登上政治舞台的第一次表演是(　　)。
    A. 戊戌维新运动　　　　　　　　B. 洋务运动
    C. 辛亥革命　　　　　　　　　　D. 太平天国革命
30. 在下列关于戊戌维新运动论述中,不正确的是(　　)。
    A. 戊戌维新运动是一次爱国救亡运动
    B. 戊戌维新运动是一场资产阶级性质的政治改革运动
    C. 戊戌维新运动是一场思想启蒙运动
    D. 戊戌维新运动的目的是为了推翻清政府的统治
31. 戊戌变法运动最为突出的历史功绩在于(　　)。
    A. 挽救民族危亡　　　　　　　　B. 推行了资本主义的政治改革
    C. 促进思想启蒙　　　　　　　　D. 极大发展资本主义经济

(二)多项选择题

1. 导致太平天国运动爆发的原因有(　　)。
   A. 封建统治者的腐朽　　　　　　B. 外国资本主义的侵略
   C. 自然灾害严重　　　　　　　　D. 鸦片战争后阶级矛盾的激化

2. 洪秀全据以指导太平天国农民革命斗争的理论著作有( )。
   A.《原道救世歌》   B.《新学伪经考》
   C.《原道醒世训》   D.《原道觉世训》
3. 太平天国起义在定都天京后先后颁布的主要纲领是( )。
   A.《天朝田亩制度》   B.《资政新篇》
   C.《校颁庐抗议》   D.《明定国是》
4. 太平天国失败的原因主要在于( )。
   A. 农民阶级不是新生产力的代表者   B. 没有科学的指导思想
   C. 对侵略者本质认识不清   D. 领导集团内部的腐败
5. 太平天国运动和义和团运动对中国社会发展所起的积极作用是( )。
   A. 直接推动了中国近代化的进程
   B. 客观上促进了清政府的变化和改革
   C. 沉重地打击了封建统治者
   D. 打击了西方殖民势力
6. 与以往的农民战争相比,太平天国运动新的特点表现在( )。
   A. 运动规模空前巨大   B. 反封建同时反侵略
   C.《天朝田亩制度》的平均主义理想   D.《资政新篇》的资本主义色彩
7. 洋务派在清朝地方官吏中的主要代表人物有( )。
   A. 奕䜣   B. 李鸿章   C. 左宗棠   D. 张之洞
8. 洋务运动的主要内容是( )。
   A. 兴办近代军事工业   B. 兴办民用企业
   C. 编练新式海陆军   D. 创办新式学堂
9. 从19世纪60年代到90年代,洋务派举办的洋务事业主要包括( )。
   A. 兴办近代工业   B. 建立新式海陆军
   C. 创办新式学堂   D. 派遣留学生
10. 洋务派创办的军用工业企业有( )。
    A. 江南制造总局   B. 金陵机器局
    C. 福州船政局   D. 天津机器局
11. 洋务运动失败的原因主要有( )。
    A. 具有封建性
    B. 对外国具有依赖性
    C. 管理具有腐朽性
    D. 触动了封建体制,遭到顽固派的反对

12. 维新变法运动的代表人物有（　　）。
　　A. 康有为　　　　　　　　　　B. 梁启超
　　C. 谭嗣同　　　　　　　　　　D. 严复

13. 资产阶级维新派创办的报纸有（　　）。
　　A.《民报》　　　　　　　　　　B.《时务报》
　　C.《国闻报》　　　　　　　　　D.《湘报》

14. 资产阶级维新派宣传维新变法的著作有（　　）。
　　A.《新学伪经考》　　　　　　　B.《孔子改制考》
　　C.《仁学》　　　　　　　　　　D.《变法通议》

15. 19世纪90年代，资产阶级维新派与封建守旧派激烈论战主要问题是（　　）。
　　A. 要不要变法　　　　　　　　B. 要不要实行民主共和
　　C. 要不要废科举和兴西学　　　D. 要不要实行君主立宪

16. 戊戌维新运动在中国近代史上的重大历史意义，主要体现在戊戌维新运动是（　　）。
　　A. 一场反帝反封建的革命运动
　　B. 一场爱国救亡运动
　　C. 一场资产阶级性质的政治改革运动
　　D. 一场思想启蒙运动

17. 1895年，康有为联合在京参加会试的举人共同发起的"公车上书"要求（　　）。
　　A. 拒和　　　B. 迁都　　　C. 变法　　　D. 练兵

（三）辨析题

1. 《天朝田亩制度》是中国近代历史上第一个比较系统的发展资本主义的方案。
2. 《资政新篇》是最能体现太平天国农民战争社会理想的纲领性文件。
3. 义和团运动是中国旧式农民战争的最高峰。
4. 在近代中国，资产阶级与封建主义在思想上的首次正面交锋是改良派与革命派的论战。
5. 因为戊戌维新运动迅速失败了，因而在中国近代史上不具有重大意义。

（四）简答题

1. 太平天国的历史意义和失败教训。
2. 洋务运动失败的原因和教训。

3. 戊戌维新运动时期维新派与守旧派论战的主要问题及其意义。

(五) 论述题

1. 全面评价洋务运动。
2. "百日维新"的主要内容及其评价。
3. 戊戌维新运动失败的原因和历史教训。

参 考 答 案

(一) 单项选择题

1. A   2. D   3. C   4. A   5. A   6. C   7. D   8. A   9. C   10. C
11. A   12. A   13. B   14. A   15. A   16. A   17. A   18. B   19. B   20. C
21. B   22. D   23. A   24. A   25. C   26. C   27. A   28. B   29. A   30. D
31. C

(二) 多项选择题

1. ABCD   2. ACD   3. AB   4. ABCD   5. BCD   6. BD   7. BCD
8. ABCD   9. ABCD   10. ABCD   11. ABC   12. ABC   13. BCD
14. ABCD   15. ACD   16. BCD   17. ABCD

(三) 辨析题

1. 错误。太平天国定都天京后提出的《天朝田亩制度》,是一个以解决土地问题为中心的比较完整的社会改革方案。太平天国后期有洪仁玕提出的《资政新篇》,是中国近代历史上第一个比较系统的发展资本主义的方案,它反映了太平天国领导人在后期试图通过发展资本主义来寻求出路的一种新努力。

2. 错误。《天朝田亩制度》是最能体现太平天国社会理想和这次农民起义特色的纲领性文件。《天朝田亩制度》的主张,从根本上否定了封建社会的基础即封建地主的土地所有制,表现了广大农民要求平均分配土地的强烈愿望。而《资政新篇》是太平天国后期颁布的社会发展方案。

3. 错误。太平天国是中国旧式农民战争的最高峰。它把千百年来农民对拥有土地的渴望在《天朝田亩制度》中比较完整地表达了出来。《资政新篇》则是中国近代历史上第一个比较系统的发展资本主义的方案,这反映了太平天国领导人洪秀全等在后期试图通过发展资本主义来寻求出路的一种新努力。因此,太平天国起义具有了不同于以往农民战争的新的历史特点。

4. 错误。在近代中国,资产阶级与封建主义在思想上的首次正面交锋是资产阶级维新派与封建守旧派的论战。论战主要围绕三个问题展开:要不要变法;要不要兴民权、设议院,实行君主立宪;要不要废八股、改科举和兴西学。通过论战,西方资产阶级社会政治学说得到进一步的传播,维新变法政治运动的帷幕随之拉开。

5. 错误。资产阶级维新派领导发动的戊戌维新运动虽然迅速失败了,但这场运动在中国近代史上仍然有着重大的历史意义:第一,戊戌维新运动是一次爱国救亡运动。第二,戊戌维新运动是一场资产阶级性质的政治改革运动。第三,戊戌维新运动更是一场思想启蒙运动。

(四) 简答题

1. 第一,历史意义:太平天国起义沉重打击了封建统治阶级,强烈撼动了清政府的统治根基;它是中国旧式农民战争的最高峰;它冲击了孔子和儒家经典的正统权威;它有力地打击了外国侵略势力;它和其他亚洲国家的民族解放运动汇合在一起,冲击了西方殖民主义者在亚洲的统治。第二,历史教训:在半殖民地半封建的中国,农民具有伟大的革命潜力;但它自身不能担负起领导反帝反封建斗争取得胜利的重任;单纯的农民战争不可能完成争取民族独立和人民解放的历史任务。

2. 第一,洋务运动具有封建性。洋务运动的指导思想是"中学为体,西学为用",即在封建主义思想的指导下,在维持封建的上层建筑、经济基础的条件下发展一些近代企业,为维持清朝的封建统治服务。这就决定了它必然失败的命运。第二,洋务运动对西方列强具有依赖性。而西方列强则从政治、经济等各方面加紧对中国的侵略和控制,它们并不希望中国真正富强起来。第三,洋务企业具有腐朽性。洋务派所创办的新式企业虽然具有一定的资本主义性质,但其管理却仍是封建衙门式的。

3. 维新派与守旧派之间的论战主要围绕着以下三个问题展开的:第一,要不要变法。第二,要不要兴民权、设议院,实行君主立宪。第三,要不要废八股、改科举和兴西学。维新派与守旧派的这场论战,实质上是资产阶级思想与封建主义思想在中国的第一次正面交锋。论战所涉及的领域十分广泛,进一步开阔了新型知识分子的眼界,解放了人们长期受到束缚的思想。通过论战,西方资产阶级社会政治学说在中国得到进一步的传播,维新变法政治运动的帷幕随之拉开。

(五)论述题

1. 第一,洋务运动开展于19世纪60至90年代。其推动者是一批清政府官僚,代表人物有奕䜣、曾国藩、李鸿章、左宗棠、张之洞等;其宗旨是"中学为体,西学为用";其目的是通过"师夷长技以自强"来维护清王朝的封建统治。第二,洋务派以"自强"、"求富"为旗号,采用西方先进生产技术,兴办了一批近代军事工业和民用工业。第三,洋务派创办京师同文馆(后为北大)、福州船政学堂等一些新式学堂,培养翻译人才、军事人才和科技人才,又选派几批留学生出国深造。第四,洋务运动没有使中国走上富强的道路,中日甲午战争的失败宣告了洋务运动的破产。洋务运动失败的原因主要是,洋务运动具有封建性;对外国具有依赖性;洋务企业的管理具有腐朽性。第五,洋务运动在客观上促进了中国早期工业和民族资本主义的发展;成为中国近代教育的开端;传播了新知识,打开了人们的眼界;引起了社会风气和价值观念的变化。

2. 其主要内容有以下几个方面:政治方面:改革行政机构,裁撤闲散、重叠机构,撤销湖北、广东、云南三省"督抚同城"的巡抚;裁汰冗员,澄清吏治,提倡廉政等。经济方面:保护、奖励农工商业和交通采矿业,中央设立农工商总局与铁路矿务总局,各省设立商务局;提倡开办实业,奖励发明创造;改革财政,编制国家预决算等。军事方面:裁减旧式绿营兵,改练新式陆军;采用西洋兵制,练洋操,习洋枪等。文化教育方面:创设京师大学堂,各省书院改为高等学堂,在各地设立中、小学堂;提倡西学,废除八股;设立译书局,翻译外国书籍,派人出国留学;准许自由组织学会等。

"百日维新"中颁布的各项政令大多是接受了维新派的建议而制定的,旨在开放一定程度的言论、出版、结社自由,使资产阶级享受一定程度的政治权利,促进资本主义工商业的发展,因此,戊戌维新是一场资产阶级性质的改良运动。但是,在光绪皇帝发布的新政诏令中,并没有采纳维新派多次提出的开国会、制宪法等政治主张。这些政令和措施并未触及封建制度的根本,所要推行的是一种十分温和的不彻底的改革方案。

3. 戊戌维新运动的失败,主要是由于维新派自身的局限和以慈禧太后为首的强大的守旧势力的反对。维新派本身的局限性突出地表现在以下三个方面:首先,不敢否定封建主义。他们在政治上不敢根本否定封建君主制度;在经济上，他们虽然要求发展民族资本主义，却未触及封建主义的经济基础——封建土地所有制；在思想上，他们虽然提倡学习西学，却仍要打着孔子的旗号，借古代圣贤之名"托古改制"。其次，对帝国主义抱有幻想。他们虽然大声疾呼救亡图存，却又幻想西方列强能帮助自己变法维新。再次，惧怕人民群众。维新派的活动基本上局限于官僚士大夫和知识分子的小圈子。他们不但脱离人民群众，而且惧怕甚至仇视人民群众。

戊戌维新的失败，不但暴露了中国民族资产阶级的软弱性，同时也说明在半殖民地半封建的旧中国，企图通过统治者走自上而下的改良的道路，是根本行不通的。要想争取国家的独立、民主、富强，必须用革命的手段，推翻帝国主义、封建主义联合统治的半殖民地半封建的社会制度。

延 伸 阅 读

（一）

关于太平天国性质的讨论

太平天国是中国进入近代以后爆发的一次伟大的农民战争，也是中国历史上一次带有新的时代特点、规模最为巨大的农民战争。太平天国农民战争推动历史进步的作用是明显的。1949年以后，我国学术界对太平天国历史的研究不断掀起高潮，同时对太平天国的评价也有拔高的现象，尤其在"文化大革命"中，这种拔高现象更为明显，这样在太平天国历史的研究中就出现了违背历史事实的现象。"文化大革命"结束以后，历史学界拨乱反正，逐渐纠正了太平天国研究中不正确地拔高太平天国的不良学风。同时，太平天国的研究，也逐渐走向退潮。这本来也是学术发展的正常现象。

20世纪80年代末，出现了极力贬低太平天国的情况。北京大学哲学系著名教授冯友兰出版《中国哲学史新编》第六卷，把太平天国贬为"神权政治"，认为这种"神权政治"是历史的反动和倒退；认为太平天国如果成功，中国将会退到中世纪的黑暗时代，曾国藩率领湘军打败了太平天国，避免了中国倒退到"神权政治"的黑暗时代，是挽救了中国的命运。中国社会科学院近代史研究所朱东安研究员曾著文商榷。近年来，否定太平天国地位和历史作用的声音又有升高。2000年百花文艺出版社出版的复旦大学中文系教授潘旭澜著《太平杂说》，2001

年史式发表的《让太平天国恢复本来面目》,这一书一文是一个标志。潘旭澜指斥洪秀全是"暴君"、"邪教主",认为……洪秀全"为了当天王而造反,他的邪说和暴政,造成了一场旷日持久的大劫难,就应当恰如其分地称之为邪教主和暴君。"史式则拿当今评价"邪教"的标准与太平天国相比附,认为"太平天国正是不折不扣的邪教"。这是拿现实政治中某些现象与历史上类似的现象相比附的结果,而这种比附是不恰当的。

对于这种彻底否定太平天国的见解,学术界许多人发表了不同意见。南京大学历史系方之光教授提出的观点具有一定代表性。方之光认为,应当坚持马克思主义关于人民群众是历史创造者的唯物史观,从史实与史观结合的大历史范畴,实事求是地评价农民战争中的平均主义、宗教观,分析中国封建社会中推动历史前进的动力。他还指出:对造成"中华民族史无前例大灾难"的,究竟是帝国主义和封建主义还是人民的反侵略反封建起义和革命是一个大是大非问题,在这个问题上也应当坚持人民群众是历史创造者的唯物史观,批判帝王将相创造历史的唯心史观。

中国社会科学院研究员夏春涛在新著《天国的陨落——太平天国宗教再研究》,写了《太平天国宗教"邪教"说辩正》作为结语。作者研究了中国历史上有关"邪教"定义的渊源,认为宗教上的正邪之争自古有之,"邪教"成为官方贬斥民间宗教的代名词。民间宗教是社会矛盾日益激化的产物,本质上反映了封建时代被压迫者的意识形态和社会组织。夏春涛认为:尽管民间宗教是一种落后的斗争武器,带有与生俱来的封建色彩,无力或无法最终超越封建统治秩序,建立起一个真正公平合理的社会,但它反抗封建暴政斗争的正义性与合理性是不容否认的。因此对于历史上民间教门反社会、反政府的行为,既不能一概肯定,也不能一概否定,必须做出具体分析。民间宗教也是一种宗教,它与传统宗教并无所谓正与邪之分。这与当今冒着宗教名义建立的祸国殃民的非法组织是不同的。至于太平天国的上帝教,夏春涛认为,它是一种典型的民间宗教组织,这种组织在西方基督教的渗透下,又具有与以往迥然不同的特点。与基督教相比,上帝教具有鲜明的形而下色彩,它从属于世俗的政治斗争,是太平天国的指导思想和理论基础。

——节选自张海鹏:《近年来中国近代史若干问题的讨论》,《思想理论教育导刊》2008年第6期。

(二)

凡一军典分田二,典刑法二,典钱谷二,典入二,典出二,俱一正一副,即以师帅、旅帅兼摄。当其任者掌其事,不当其事者亦赞其事。凡一军一切生死黜陟等事,军帅详监军,监军详钦命总制,钦命总制次详将军、侍卫、指挥、检点、丞相,丞相禀军师,军师奏天王,天王降旨,军师遵行。功勋等臣世食天禄,其后来归从者,每军每家设一人为伍卒,有警则首领统之为兵,杀敌捕贼,无事则首领督之为农,耕田奉尚。

凡田分九等:其田一亩,早晚二季可出一千二百斤者为尚尚田,可出一千一百斤者为尚中田,可出一千斤者为尚下田,可出九百斤者为中尚田,可出八百斤者为中中田,可出七百斤者为中下田,可出六百斤者为下尚田,可出五百斤者为下中田,可出四百斤者为下下田。尚尚田一亩,当尚中田一亩一分,当尚下田一亩二分,当中尚田一亩三分五厘,当中中田一亩五分,当中下田一亩七分五厘,当下尚田二亩,当下中田二亩四分,当下下田三亩。凡分田照人口,不论男妇,算其家口多寡,人多则分多,人寡则分寡,杂以九等。如一家六人,分三人好田,分三人丑田,好丑各一半。凡天下田,天下人同耕,此处不足则迁彼处,彼处不足则迁此处。凡天下田,丰荒相通,此处荒,则移彼丰处以赈此荒处,彼处荒,则移此丰处以赈彼荒处。务使天下共享天父上主皇上帝大福,有田同耕,有饭同食,有衣同穿,有钱同使,无处不均匀,无人不饱暖也。

凡男妇每一人自十六岁以尚,受田多逾十五岁以下一半。如十六岁以尚分尚尚田一亩,则十五岁以下减其半,分尚尚田五分,又如十六岁以尚分下下田三亩,则十五岁以下减其半,分下下田一亩五分。

凡天下官民,总遵守十款天条及遵命令尽忠报国者则为忠,由卑升至高,世其官。官或违犯十款天条及逆命令受贿弄弊者则为奸,由高贬至卑,黜为农。民能遵条命及力农者则为贤为良,或举或赏。民或违条命及惰农者则为恶为顽,或诛或罚。

——节选自《天朝田亩制度(1853年11月)》,扬州师范学院中文系编:《洪秀全选集》,中华书局,1976年。

(三)

小弟仁玕跪在我真圣主万岁万岁万万岁陛下,奏为条陈款列,善铺国政,以新民德,并跪请圣安事:缘小弟自粤来京,不避艰险,非图爵禄之荣,实欲备陈方策,以广圣闻,以报圣主知遇之恩也。夫事有常变,理有穷通,故事有今不可行而可豫定者,为后之福;有今可行而不可永定者,为后之祸。其理在于审时度势,与本末强弱耳。然本(末)之强弱适均,视乎时势之变通为律,则自今而至后,自小而至大,自省而至国,自国而至万邦,亦无不可行矣。其要在于因时制宜,审势而行而已。兹谨将所见闻者条陈于后，以广圣闻，以备圣裁，以资国政，庶有小补云尔。

一要自大至小，由上而下，权归于一，内外适均而敷于众也。又由众下而达于上位，则上下情通，中无壅塞弄弊者，莫善于准卖新闻篇或暗柜也。法式见下：

一兴车马之利，以利便轻捷为妙。倘有能造如外邦火轮车，一日夜能行七八千里者，准自专其利，限满准他人仿做。若彼愿公于世，亦禀准遵行，免生别弊。先于二十一省通二十一条大路，以为全国之脉络，通则国家无病焉。通省者阔三丈，通郡者阔二丈五尺，通县及市镇者阔二丈，通大乡村者阔丈余。差役时领犯人修葺崩破之处。二十里立一书信馆，愿为者请饷而设，以为四方耳目之便，不致上下梗塞，君民不通也。信资计文书轻重，每二十里该钱若干而收。其书要在某处交递者，车上车下各先束成一捆，至即互相交讫，不能停车俄顷。因用火用气用风之力大猛也，虽三四千里之遥，亦可朝发夕至，纵有小寇窃发，岂能漏网乎！

一兴舟楫之利，以坚固轻便捷巧为妙。或用火用气用力用风，任乎智者自创。首创至巧者，赏以自专其利，限满准他人仿做。若愿公于世，亦禀明发行。兹有火船气船，一日夜能行二千余里者，大商则搭客运货，国家则战守缉捕，皆不数日而成功，甚有裨于国焉。若天国兴此技，黄河可疏通其沙而流入于海，江淮可通有无而缓急相济，要隘可以防患，凶旱水溢可以救荒，国内可保无虞，外国可通和好，利莫大焉。

一兴银行。倘有百万家财者，先将家赀契式禀报入库，然后准颁一百五十万银纸，刻以精细花草，盖以国印图章，或银货相易，或纸银相易，皆准每两取息三厘。或三四富民共请立，或一人请立，均无不可也。此举大利于商贾士民，出入便于携带，身有万金而人不觉，沉于江河则损于一己而益于银行，财宝仍在也。即遇贼劫，亦难骤然拿去也。

此皆为邦大略，小弟于此类凡涉时势二字，极深思索，故于古所无者兴之，恶者禁之，是者损益之。大率法外辅之以法而入于德，刑外化之以德而省于刑也。因又揣知圣心图治大急，得策则行，小弟诚恐前后致有不符之迹，故恭录己所窥见之治法，为前古罕有者，汇成小卷，以资圣治，以广圣闻。恳自今而后，可断则断，不宜断者付小弟掌率六部等议定再献，不致自负其咎，皆所以重尊严之圣体也。或更立一无情面之谏议在侧，以辅圣聪不逮。诸凡可否，有宜于后，不宜于今者，恳留为圣鉴，准以时势二字惟行，则顶起天父、天兄纲常，太平一统，江山万万年矣。

——节选自洪仁玕：《资政新篇（1859年冬）》，南京太平天国历史博物馆编：《太平天国印书》（第16册），江苏古籍出版社，1961年。

（四）

昔楚庄王之霸也，以民生在勤箴其民，以日讨军实儆其军，以祸至无日训其国人。夫楚当春秋鲁文、宣之际，土方辟，兵方强，国势方张，齐、晋、秦、宋无敢抗颜行，谁能祸楚者？何为而急迫震惧如是之皇皇耶？君子曰：不知其祸，则辱至矣，知其祸，则福至矣。今日之世变，岂特春秋所未有，抑秦、汉以至元、明所未有也。语其祸，则共工之狂，辛有之痛不足喻也。庙堂旰食，乾惕震厉，方将改弦以调琴瑟，异等以储将相。学堂建，特科设，海内志士，发愤搤挽，于是图救时者言新学，虑害道者守旧学，莫衷于一。旧者因噎而食废，新者歧多而羊亡。旧者不知通，新者不知本。不知通则无应敌制变之术，不知本则有菲薄名教之心。夫如是，则旧者愈病新，新者愈厌旧，交相为愈，而恢诡倾危乱名改作之流遂杂出其说以荡众心。学者摇摇，中无所主，邪说暴行，横流天下。敌既至，无与战，敌未至，无与安。吾恐中国之祸，不在四海之外，而在九州之内矣。

窃惟古来世运之明晦，人才之盛衰，其表在政，其里在学。不佞承乏两湖，与有教士化民之责，夙夜兢兢，思有所以裨助之者。乃规时势，综本末，著论二十四篇，以告两湖之士，海内君子，与我同志，亦所不隐。《内篇》务本，以正人心，《外篇》务通，以开风气。

《内篇》九：

曰《同心》。明保国、保教、保种为一义。手足利则头目康，血气盛则心志刚，贤才众多国势自昌也。

曰《教忠》。陈述本朝德泽深厚，使薄海臣民咸怀忠良，以保国也。

曰《明纲》。三纲为中国神圣相传之至教，礼政之原本，人禽之大防，以保教也。

曰《知类》。闵神明之胄裔，无论胥以亡，以保种也。

曰《宗经》。周秦诸子，瑜不掩瑕，取节则可，破道勿听，必折衷于圣也。

曰《正权》。辨上下，定民志，斥民权之乱政也。

曰《循序》。先入者为主，讲西学必先通中学，乃不忘其祖也。

曰《守约》。喜新者甘，好古者苦，欲存中学，宜治要而约取也。

曰《去毒》。洋药涤染，我民斯活，绝之使无萌蘖也。

《外篇》十五：

曰《益智》。昧者来攻，迷者有凶也。

曰《游学》。明时势，长志气，扩见闻，增才智，非游历外国不为功也。

曰《设学》。广立学堂，储为时用，为习帖括者击蒙也。

曰《学制》。西国之强，强以学校，师有定程，弟有适从，授方任能，皆出其中，我宜择善而从也。

曰《广译》。从西师之益有限，译西书之益无方也。

曰《阅报》。眉睫难见，苦药难尝，知内弊而速去，知外患而豫防也。

曰《变法》。专已袭常，不能自存也。

曰《变科举》。所习所用，事必相因也。

曰《农工商学》。保民在养，养民在教，教农工商，利乃可兴也。

曰《兵学》。教士卒不如教将领，教兵易练，教将难成也。

曰《矿学》。兴地利也。

曰《铁路》。通血气也。

曰《会通》。知西学之精意，通于中学，以晓固蔽也。

曰《非弭兵》。恶教逸欲而自毙也。

曰《非攻教》。恶逞小忿而败大计也。

二十四篇之义，括之以五知：一知耻，耻不如日本，耻不如土耳其，耻不如暹罗，耻不如古巴。二知惧，惧为印度，惧为越南、缅甸、朝鲜，惧为埃及，惧为波兰。三知变，不变其习不能立法，不变其法不能变器。四知要，中学考古非要，致用为要；西学亦有别，西艺非要，西政为要。五知本，在海外不忘国，见异俗不忘亲，多智巧不忘圣。

凡此所说，窃尝考诸《中庸》而有合焉。鲁，弱国也，哀公问政而孔子告之曰："好学近乎知，力行近乎仁，知耻近乎勇。"终之曰："果能此道矣，虽愚必明，虽柔必强。"兹《内篇》所言，皆求仁之事也，《外篇》所言，皆求智求勇之事也。夫中庸之书，岂特原心杪忽校理分寸而已哉？孔子以鲁秉礼而积弱，齐、邾、吴、越皆得以兵侮之，故为此言，以破鲁国臣民之聋聩，起鲁国诸儒之废疾，望鲁国幡然有为，以复文、武之盛。然则无学、无力、无耻则愚且柔，有学、有力、有耻则明且强。在鲁且然，况以七十万方里之广，四百兆人民之众者哉？

吾恐海内士大夫狃于晏安而不知祸之将及也，故举楚事。吾又恐甘于暴弃而不复求强也，故举鲁事。易曰："其亡其亡，系于苞桑。"惟知亡，则知强矣。

光绪二十四年三月南皮张之洞书。

——节选自张之洞：《劝学篇》，第1—6页，吉林出版集团有限责任公司，2011年。

（五）

印度大地最古之国也，守旧不变，夷为英藩矣。突厥地跨三洲，立国历千年，而守旧不变,为六大国执其权分其地矣。波兰为欧西名国,政事不修,内讧日起,俄、普、奥相约,择其肉而食矣。……今夫日本幕府专政,诸藩力征,受俄、德、美大创,国几不国,自明治维新,改弦更张,不三十年,而……割我台湾也。……《记》曰:"不知来,视诸往。"又曰:"前车覆,后车戒。"大地万国,上下百年间,强盛弱亡之故,不爽累黍,盖其几之可畏如此也!

……法弊如此,虽敌国外患,晏然无闻,君子犹或忧之,况于以一羊处群虎之间,抱火厝之积薪之下而寝其上者乎?

天下之为说者,动曰一劳永逸,此误人家国之言也。今夫人一日三食,苟有持说者曰一食永饱,虽愚者犹知其不能也。以饱之后历数时而必饥,饥而必更求食也。今夫立法以治天下,则亦若是矣。法行十年,或数十年,或百年,而必敝。敝而必更求变,天之道也。故一食而求永饱者必死,一劳而求永逸者必亡。今之为不变之说者,实则非真有见于新法之为民害也。

要而论之,法者天下之公器也,变者天下之公理也。大地既通,万国蒸蒸,日趋于上,大势相迫,非可阏制。变亦变,不变亦变。变而变者,变之权操诸己,可以保国,可以保种,可以保教。不变而变者,变之权让诸人,束缚之,驰骤之。呜呼,则非吾之所敢言矣!是故变之途有四:其一,如日本,自变者也;其二,如突厥,他人执其权而代变者也;其三,如印度,见并于一国而代变者也;其四,如波兰,见分于诸国而代变者也。吉凶之故,去就之间,其何择焉?

今之言变法者,其荦荦大端,必曰练兵也,开矿也,通商也。斯固然矣。然将率不由学校,能知兵乎?选兵不用医生,任意招募,半属流丐,体之羸壮所不知,识字与否所不计,能用命乎?……图学不兴,厄塞不知,能制胜乎?船械不能自造,仰息他人,能如志乎?如是,则练兵如不练。矿务学堂不兴,矿师乏绝,重金延聘西人,尚不可信,能尽利乎?机器不备,化分不精,能无弃材乎?道路不通,从矿地运至海口,其运费视原价或至数倍,能有利乎?如是,则开矿如不开。……然师学不讲,教习乏人,能育才乎?科举不改,聪明之士,皆务习帖括以取富贵,趋舍异路,能俯就乎?官制不改,学成而无所用,投闲置散,如前者出洋学生故事,奇才异能,能自安乎?……如是,则兴学如不兴。自余庶政,若铁路,若轮船,若银行,若邮政,若农务,若制造,莫不类是。盖事事皆有相因而至之端,而万事皆同出于一本原之地。不挈其领而握其枢,犹治丝而棼之,故百举而无一效也。

今之言变法者,其蔽有二:其一欲以震古烁今之事,责成于肉食官吏之手;其二则以为黄种之人,无一可语,委心异族,有终焉之志。夫当急则治标之时,吾固非谓西人之必不当用。虽然,则乌可以久也!中国之行新政也,用西人者,其事多成；不用西人者，其事多败。询其故？则曰：西人明达，华人固陋；西人奉法，华人营私也。吾闻之日本变法之始，客卿之多，过于中国也。十年以后按年裁减，至今一切省署，皆日人自任其事，欧洲之人，百不一存矣。今中国之言变法，亦既数十年，而犹然借材异地，乃能图成，其可耻孰甚也！

  吾今为一言以蔽之曰：变法之本，在育人才；人才之兴，在开学校；学校之立，在变科举；而一切要其大成，在变官制。

  ——节选自梁启超：《变法通议》，第72—82页，翦伯赞、郑天挺主编：《中国通史参考资料·近代部分》（下册），中华书局，1965年。

第三章
辛亥革命与君主专制制度的终结

内 容 提 要

本章有三节内容,叙述20世纪初以孙中山为代表的资产阶级革命派的发展壮大、在三民主义纲领指导下通过武装起义推翻清王朝统治、建立中华民国的斗争经历及其历史结局。通过本章的学习,要求学生认识资产阶级革命派形成的社会历史条件和用革命手段推翻清王朝腐朽政权的必要性;认识资产阶级革命派三民主义学说的思想内容和建立资产阶级民主共和国的实施方案;认识辛亥革命在中国近代史上的历史作用和历史影响;认识辛亥革命失败的主要原因和中国民族资产阶级领导的旧民主主义革命让位于无产阶级领导的新民主主义革命的历史必然性。

第一节 举起近代民族民主革命的旗帜

本节主要讲述辛亥革命发生的历史背景,革命派的斗争活动与政治主张。

一、辛亥革命爆发的历史条件

(1)民族危机加深,社会矛盾激化。20世纪初,在中外反动派的严重压迫下,各阶层人民的斗争风起云涌,遍及全国。随着晚清政局的演变,人民群众已经不能照旧生活下去了。

(2)清末"新政"及其破产。清政府在1901年宣布实行"新政",又于1906年宣布"预备仿行宪政"。预备立宪并没有能够挽救清王朝,反而激化了社会矛盾,加重了危机。事实表明,清政府已陷入无法照旧统治下去的境地,革命已无法避免。

(3) 资产阶级革命派的阶级基础和骨干力量。19世纪末20世纪初,民族资产阶级及与它相联系的社会力量有了明显的发展。这正是资产阶级革命派形成的阶级基础。资产阶级革命派的骨干是一批资产阶级、小资产阶级知识分子,青年知识分子成为辛亥革命的中坚力量。

二、资产阶级革命派的活动

(1) 孙中山与资产阶级民主革命的开始。1894年,孙中山到檀香山组织兴中会,提出了"驱除鞑虏,恢复中华,创立合众政府"的革命纲领,并筹划发动反清起义。

(2) 资产阶级革命派的宣传与组织工作。20世纪初,资产阶级民主革命思想广泛传播,章炳麟发表了《驳康有为论革命书》,邹容写了《革命军》,陈天华写了《警世钟》、《猛回头》。与此同时,华兴会、科学补习所、光复会、岳王会等资产阶级革命团体也在各地成立。1905年8月,孙中山和黄兴、宋教仁等人成立了近代中国第一个资产阶级革命政党——中国同盟会,以《民报》为机关报,并制定了明确的革命纲领。

三、三民主义学说和资产阶级共和国方案

同盟会的政治纲领是"驱除鞑虏,恢复中华,创立民国,平均地权"。1905年11月,在《民报》发刊词中,孙中山将同盟会的纲领概括为三大主义:

(1) 民族主义。包括"驱除鞑虏,恢复中华"两项内容。

(2) 民权主义。内容是"创立民国",即推翻封建专制制度,建立资产阶级民主共和国。

(3) 民生主义。在当时指的是"平均地权",也就是孙中山所说的社会革命。

孙中山的三民主义学说,是一个比较完整而明确的资产阶级民主革命纲领。但是,它没有明确提出反对帝国主义的主张,也没有彻底的土地革命纲领。

四、关于革命与改良的辩论

1905年至1907年间,资产阶级革命派与改良派展开了一场大论战。

(1) 要不要以革命手段推翻清王朝。这是双方论战的焦点。

(2) 要不要推翻帝制,实行共和。

(3) 要不要社会革命。

通过这场论战,划清了革命与改良的界限,传播了民主革命思想,促进了革命形势的发展。但这场论战也暴露了革命派在思想理论方面的弱点。

第二节　辛亥革命与建立民国

本节主要概述辛亥革命爆发的历史过程和历史意义。

一、封建帝制的覆灭

(1) 武装起义与保路风潮。孙中山领导的同盟会先后发动了多次武装起义。其中影响最大的是1911年4月27日举行的广州起义,史称"黄花岗起义"。1911年5月,清政府借"国有"名义把铁路利权出卖给帝国主义,同时借此"劫夺"商股。这激起了湖北、湖南、广东、四川四省的保路风潮,其中以四川为最烈。清政府在铁路利权问题上采取的政策,加速了革命的爆发。

(2) 武昌首义与各地响应。由于革命形势已经成熟,湖北新军中的共进会和文学社两个革命团体决定联合行动,在武昌举行武装起义。1911年10月10日晚,革命党人打响了起义的第一枪。武昌起义掀起了辛亥革命的高潮,打开了清王朝统治的缺口,大江南北、长城内外,到处燃起革命的烈火。1912年2月12日,清帝被迫退位。在中国延续了两千年的封建帝制终于覆灭。

二、中华民国的建立

(1) 中华民国临时政府宣告成立。1912年1月1日,孙中山在南京宣誓就职临时大总统,改国号为"中华民国",定1912年为民国元年,并成立了中华民国临时政府。南京临时政府是一个资产阶级共和国性质的革命政权。南京临时政府也有它的局限性。

(2) 中华民国临时约法。1912年3月,临时参议院颁布《中华民国临时约法》。这是中国历史上第一部具有资产阶级共和国宪法性质的法典。

(3) 辛亥革命的历史意义。辛亥革命是资产阶级领导的以反对君主专制制度、建立资产阶级共和国为目的的革命,是一次比较完全意义上的资产阶级民主革命。在近代历史上,辛亥革命是中国人民为救亡图存、振兴中华而奋起革命的一个里程碑,它使中国发生了历史性的巨变,具有伟大的历史意义。

第三节　辛亥革命的失败

本节主要概述辛亥革命的失败及其历史原因和教训。

一、封建军阀专制统治的形成

（1）袁世凯窃国，辛亥革命流产。南京临时政府只存在了三个月便夭折了。北洋军阀首领袁世凯在帝国主义和国内反动势力以及附从革命的旧官僚、立宪派的共同支持下，窃夺了辛亥革命的果实。1912年3月10日，袁世凯在北京就任临时大总统。

（2）封建军阀的专制统治。袁世凯窃夺辛亥革命的果实之后，建立了代表大地主和买办资产阶级利益的北洋军阀反动政权。北洋军阀政府从政治上、经济上和文化思想上对辛亥革命进行了全面的反攻倒算。中国重新落入黑暗的深渊。资产阶级革命派在中国建立一个独立、民主的资产阶级共和国的梦想破灭了。

二、旧民主主义革命的失败

（1）挽救共和的努力及其受挫。1913年宋教仁被刺后，孙中山毅然发动武装反袁的"二次革命"，结果只坚持了两个月就失败了。1915年，蔡锷等在云南组织"护国军"，宣布独立，很快形成席卷半个中国的护国运动。次年3月，袁世凯在全国人民的反对声中被迫取消帝制，不久忧惧而死。1917年，孙中山举起了"护法"的旗帜，但以失败告终。孙中山并没有找到中国的真正出路。中国旧民主主义革命已经陷入绝境，中国民族资产阶级再也不能领导中国革命前进了。

（2）辛亥革命失败的原因和教训。从根本上说，是因为在帝国主义时代，在半殖民地半封建的中国，资本主义的建国方案是行不通的。从客观方面来说，帝国主义与以袁世凯为代表的大地主大买办势力以及旧官僚、立宪派一起勾结起来，从外部和内部绞杀了这场革命。从主观方面来说，这场革命失败的根本原因，在于它的领导者资产阶级革命派本身存在着许多弱点和错误。辛亥革命的失败表明，资产阶级共和国的方案没有能够救中国，先进的中国人需要进行新的探索，为中国谋求新的出路。

习 题 练 习

（一）单项选择题

1. 清末"新政"未能挽救清朝灭亡命运的根本原因是（   ）。

A. "新政"只是骗局,从来没有真正实行
B. 清政府借"新政"之名增加税收,引起人民反抗
C. 列强反对中国实行"新政",制造障碍
D. "新政"不能解决当时的各种社会矛盾

2. 清政府的"预备立宪"之所以是一场骗局,主要是因为(　　)。
   A. 借"预备"之名拖延立宪　　　　B. 载沣任摄政王总揽大权
   C. 不能满足立宪派的要求　　　　D. 极力维护君主专制权力

3. 孙中山在1894年领导建立的资产阶级革命团体是(　　)。
   A. 同盟会　　　B. 华兴会　　　C. 兴中会　　　D. 光复会

4. 1903年在《驳康有为论革命书》中歌颂革命为"启迪民智,除旧布新"良药的是(　　)。
   A. 邹容　　　B. 章炳麟　　　C. 陈天华　　　D. 严复

5. 将清政府称为"洋人的朝廷",号召人民奋起革命的是(　　)。
   A. 章炳麟的《驳康有为论革命书》　B. 邹容的《革命军》
   C. 陈天华的《警世钟》《猛回头》　D. 孙中山的《中国问题的真解决》

6. 标志着资产阶级革命派初步形成的事件是(　　)。
   A. 兴中会成立　　　　　　　　B. 1895年广州起义
   C. 三民主义的提出　　　　　　D. 华兴会的成立

7. 近代中国第一个资产阶级革命政党是(　　)。
   A. 中国同盟会　　　　　　　　B. 中华革命党
   C. 兴中会　　　　　　　　　　D. 光复会

8. 1905年11月,孙中山在《民报》发刊词中将中国同盟会的政治纲领概括为(　　)。
   A. 创立民国、平均地权
   B. 驱除鞑虏、恢复中华、创立合众政府
   C. 民族主义、民权主义、民生主义
   D. 联俄、联共、扶助农工

9. 提出"驱除鞑虏,恢复中华,建立民国,平均地权"的政治纲领的是(　　)。
   A. 兴中会　　　B. 华兴会　　　C. 光复会　　　D. 同盟会

10. 孙中山三民主义思想的核心是(　　)。
    A. 民族主义　　　　　　　　　B. 民生主义
    C. 民权主义　　　　　　　　　D. 平均地权

11. 孙中山领导辛亥革命的指导思想是(　　)。

A. 民族主义、民权主义、民生主义　　B. 驱除鞑虏、恢复中华
C. 建立民国、平均地权　　　　　　D. 联俄、联共、扶助农工

12. 中国同盟会的成立标志着中国资产阶级民主革命进入了一个新阶段。这里的"新阶段"主要是指（　　）。
A. 资产阶级革命派开始正式形成　　B. 开始与保皇派展开激烈论战
C. 革命派开始积极发动武装起义　　D. 革命有了统一的领导和纲领

13. 1905年至1907年间，围绕中国究竟是采用革命手段还是改良方式这个问题，革命派与改良派进行论战的舆论阵地是（　　）。
A.《民报》　　　　　　　　　　　B.《新民丛报》
C.《时务报》　　　　　　　　　　D.《国闻报》

14. 在辛亥革命爆发前，孙中山领导中国同盟会发动的武装起义中影响最大的是（　　）。
A. 黄花岗起义　　　　　　　　　　B. 惠州起义
C. 萍浏醴起义　　　　　　　　　　D. 镇南关起义

15. 武昌起义前夕，在保路运动中规模最大、斗争最激烈的省份是（　　）。
A. 湖南　　　　B. 湖北　　　　C. 广东　　　　D. 四川

16. 武昌起义成功后，建立的政权是（　　）。
A. 湖北军政府　　　　　　　　　　B. 湖北谘议局
C. 中华民国政府　　　　　　　　　D. 南京临时政府

17. 武昌起义爆发后，控制大部分地方政权的是（　　）。
A. 革命党人　　　　　　　　　　　B. 北洋军阀和旧官僚
C. 袁世凯的亲信　　　　　　　　　D. 立宪派和旧官僚

18. 中国历史上第一部具有资产阶级共和国宪法性质的法典是（　　）。
A.《钦定宪法大纲》　　　　　　　B.《中华民国临时约法》
C.《中华民国约法》　　　　　　　D.《训政纲领》

19. 在1840年至1919年期间，比较完全意义上的资产阶级民主革命是（　　）。
A. 辛亥革命　　　　　　　　　　　B. 戊戌维新运动
C. 太平天国革命　　　　　　　　　D. 义和团运动

20. 袁世凯公然进行帝制复辟活动，下令称为"中华帝国洪宪元年"的是（　　）。
A. 1913年　　　B. 1914年　　　C. 1915年　　　D. 1916年

21. 为反对袁世凯刺杀宋教仁和"善后大借款"，孙中山在1913年领导革命党人发动了（　　）。
A. 二次革命　　　　　　　　　　　B. 护国战争

C. 护法战争　　　　　　　　　D. 北伐战争

22. 标志着整个中国民族资产阶级领导的旧民主主义革命终结的是(　　)。
A. 二次革命的失败　　　　　　B. 护国运动的失败
C. 护法运动的失败　　　　　　D. 保路风潮的失败

23. 民国初年两次帝制复辟失败的共同原因是(　　)。
A. 资产阶级力量强大
B. 孙中山高举反复辟旗帜
C. 北洋军阀内部矛盾激化
D. 经过辛亥革命,民主共和的观念深入人心

24. 近代中国首先提出"振兴中华"口号的是(　　)。
A. 康有为　　　B. 洪秀全　　　C. 林则徐　　　D. 孙中山

25. 辛亥革命失败的根本原因是(　　)。
A. 帝国主义的破坏　　　　　　B. 南京临时政府的涣散和软弱
C. 袁世凯的政治欺骗和军事压力　D. 资产阶级的软弱性和妥协性

26. 辛亥革命最伟大的功绩是(　　)。
A. 推翻了清王朝　　　　　　　B. 结束了封建帝制
C. 促进了思想解放　　　　　　D. 促进了民族资本主义的发展

27. 1913年,"二次革命"的导火线是(　　)。
A. 宋教仁被刺　　　　　　　　B. 段祺瑞拒绝恢复《临时约法》
C. 袁世凯称帝　　　　　　　　D. 张勋复辟闹剧

(二) 多项选择题

1. 1902年至1911年,在我国发生的爱国运动主要有(　　)。
A. 拒俄运动　　　　　　　　　B. 收回利权运动
C. 保路运动　　　　　　　　　D. 抵制美货运动

2. 20世纪初,在民主革命思想传播过程中建立的资产阶级革命团体有(　　)。
A. 华兴会　　　B. 光复会　　　C. 兴中会　　　D. 岳王会

3. 20世纪初,传播民主革命思想的书籍纷纷涌现,其中包括(　　)。
A. 《革命军》　　　　　　　　B. 《警世钟》
C. 《变法通议》　　　　　　　D. 《驳康有为论革命书》

4. 1905年至1907年间,资产阶级革命派与改良派论战的主要议题是(　　)。
A. 要不要以革命手段推翻清王朝　B. 要不要推翻帝制和实行民主共和
C. 要不要社会革命　　　　　　D. 要不要废科举和兴西学

5. 辛亥革命的失败是指（   ）。
   A. 没有完成反帝反封建的任务　　B. 没有推翻清政府的统治
   C. 没有打击帝国主义的在华势力　D. 没有促进中国革命的向前发展
6. 1911年，直接参与领导武昌起义的革命组织是（   ）。
   A. 共进会　　　　　　　　　　　B. 文学社
   C. 中华革命党　　　　　　　　　D. 中国国民党
7. 辛亥革命失败后，资产阶级革命派为挽救革命成果而进行的斗争主要有（   ）。
   A. 二次革命　　　　　　　　　　B. 护国运动
   C. 护法运动　　　　　　　　　　D. 保路风潮
8. 下列关于二次革命、护国运动和护法运动的表述，正确的是（   ）。
   A. 都属孙中山直接领导的　　　　B. 都是为了维护辛亥革命成果
   C. 都反对北洋军阀的反动统治　　D. 最终都未取得成功
9. 在下列关于辛亥革命历史功绩的叙述中，正确的是（   ）。
   A. 推翻了清朝的统治
   B. 建立了第一个资产阶级共和国政府
   C. 中国共产党功不可没
   D. 为民族资本主义的发展创造了一定的条件
10. 辛亥革命在比较完整的意义上开始了中国的资产阶级民主革命，是因为资产阶级革命派（   ）。
    A. 颁布了《临时约法》　　　　　B. 提出了比较系统的纲领
    C. 同农民结成了联盟　　　　　　D. 建立了中华民国
11. 辛亥革命取得的最大成果是（   ）。
    A. 结束了中国两千年的封建君主专制制度，推翻了清王朝统治
    B. 建立起了资产阶级共和国
    C. 颁布了具有资产阶级共和国宪法性质的《中华民国临时约法》
    D. 完成了资产阶级革命的任务，改变了中国半殖民地半封建社会的性质

（三）辨析题

1. 新三民主义学说是中国同盟会的革命纲领。
2. 《中华民国约法》是中国历史上第一部具有资产阶级共和国宪法性质的法典。
3. 辛亥革命是一次比较完全意义上的资产阶级民主革命。
4. 帝国主义与袁世凯反动势力的联合绞杀是辛亥革命失败的根本原因。

（四）简答题

1. 孙中山提出的三民主义的主要内容及其意义。
2. 资产阶级革命派与改良派论战的主要内容及意义。
3. 辛亥革命失败的原因和教训。

（五）论述题

1. 中华民国临时政府的性质。
2. 辛亥革命的历史意义。

参 考 答 案

（一）单项选择题

1. D 2. D 3. C 4. B 5. C 6. A 7. A 8. C 9. D 10. C
11. A 12. D 13. A 14. A 15. D 16. A 17. D 18. B 19. A
20. D 21. A 22. C 23. D 24. D 25. D 26. B 27. A

（二）多项选择题

1. ABCD 2. ABD 3. ABD 4. ABC 5. AC 6. AB 7. ABC
8. BCD 9. ABD 10. ABD 11. ABC

（三）辨析题

1. 错误。三民主义学说是中国同盟会的政治纲领：民族主义包括"驱除鞑虏,恢复中华"两项内容；民权主义的内容是"创立民国"，即推翻封建专制制度，建立资产阶级民主共和国，也就是孙中山所说的政治革命；民生主义在当时指的是"平均地权"，也就是孙中山所说的社会革命。

2. 错误。南京临时政府1912年颁布的《中华民国临时约法》，是中国历史上第一部具有资产阶级共和国宪法性质的法典。它以根本大法的形式废除了两千年来的封建君主专制制度，确认了资产阶级共和国的政治制度。而《中华民国约法》，是袁世凯在1914年公然撕毁《中华民国临时约法》时所炮制的一个产物。

3. 正确。辛亥革命推翻了清王朝的统治,沉重打击了中外反动势力;结束了统治中国两千多年的封建君主专制制度,使民主共和的观念开始深入人心;激发了人民的爱国热情和民族觉醒,打开了思想进步的闸门;促使社会经济、思想习惯和社会风俗等方面发生了新的积极变化;推动了亚洲各国民族解放运动的高涨。

4. 错误。帝国主义与袁世凯反动势力的联合绞杀是辛亥革命失败的重要原因。但是辛亥革命失败的根本原因,在于资产阶级革命派本身存在着许多弱点和错误,主要是:第一,没有提出彻底的反帝反封建的革命纲领;第二,不能充分发动和依靠人民群众。第三,不能建立坚强的革命政党,作为团结一切革命力量的强有力的核心。

(四)简答题

1. 内容:民族主义包括"驱除鞑虏,恢复中华"两项内容。一是要以革命手段推翻清朝政府;二是追求独立,建立"民族独立的国家"。民权主义的内容是"创立民国",即推翻封建专制制度,建立资产阶级民主共和国。这就是孙中山所说的政治革命。民生主义在当时指的是"平均地权",也就是孙中山所说的社会革命。意义:孙中山的三民主义学说,初步描绘出中国还不曾有过的资产阶级共和国方案,是一个比较完整而明确的资产阶级民主革命纲领。它的提出,对推动革命的发展产生了重大而积极的影响。

2. 1905年至1907年间,围绕中国究竟是采取革命手段还是改良方式这个问题,革命派与改良派各自分别以《民报》、《新民丛报》为主要舆论阵地,展开了一场大论战。论战主要围绕三个问题展开:要不要以革命手段推翻清王朝;要不要推翻帝制,实行共和;要不要社会革命。这场论战具有重大的意义。通过这场论战,划清了革命与改良的界限,传播了民主革命思想,促进了革命形势的发展。但这场论战也暴露了革命派在思想理论方面的弱点。一些理论和认识的局限不可避免地会影响辛亥革命的进程和结局。

3. 原因:从客观上说,帝国主义与以袁世凯为代表的大地主大买办势力以及旧官僚、立宪派一起勾结起来,从外部和内部绞杀了这场革命。从主观方面来说,这场革命失败的根本原因,在于它的领导者资产阶级革命派本身存在着许多弱点和错误。主要是:第一,没有提出彻底的反帝反封建的革命纲领;第二,不能充分发动和依靠人民群众;第三,不能建立坚强的革命政党,作为团结一切革命力量的强有力的核心。教训:辛亥革命的失败表明,资产阶级共和国的方案没有能够救中国,先进的中国人需要进行新的探索,为中国谋求新的出路。

（五）论述题

1. 中华民国临时政府是一个资产阶级共和国性质的革命政权。第一，在人员构成上，资产阶级革命派控制着这个政权。革命党人和中国同盟会会员担任着政府重要部门的主要职务。第二，在实行的各项政治经济文化和社会政策措施上，集中体现了中国民族资产阶级的愿望和利益，在相当程度上也符合广大中国人民的利益。第三，南京临时政府内政外交方面的局限性。一是承认清政府与列强所定的一切不平等条约和所欠的一切外债。二是没有提出可以满足农民土地要求的政策和措施。

2. 辛亥革命是资产阶级领导的以反对君主专制制度、建立资产阶级共和国为目的的革命，是一次比较完全意义上的资产阶级民主革命。在近代历史上，辛亥革命是中国人民为救亡图存、振兴中华而奋起革命的一个里程碑，它使中国发生了历史性的巨变，具有伟大的历史意义：第一，辛亥革命推翻了封建势力的政治代表、帝国主义在中国的代理人清王朝的统治，沉重打击了中外反动势力，使中国反动统治者在政治上乱了阵脚。第二，辛亥革命结束了统治中国两千多年的封建君主专制制度，建立了中国历史上第一个资产阶级共和政府，使民主共和的观念开始深入人心，并在中国形成了"敢有帝制自为者，天下共击之"的民主主义观念。第三，辛亥革命推动了中国人民的思想解放，激发了人民的爱国热情和民族觉醒，打开了禁锢思想进步的闸门。第四，辛亥革命促使社会经济、思想习惯和社会风俗等方面发生了新的积极变化，不仅改变了社会风气，也有助于人们的精神解放。第五，辛亥革命不仅在一定程度上打击了帝国主义的侵略势力，而且推动了亚洲各国民族解放运动的高涨。

延 伸 阅 读

（一）

革命是不得不作出的选择

漫漫长夜，中国的出路在哪里？在十九世纪后半个世纪里，中国人已经做过多种试验，但都救不了中国。当历史进入二十世纪的时候，中华民族面对的现实更加严峻。国家民族的生死存亡已处在千钧一发的关头。正如陈天华在《警世钟》中所说:"要革命的,这时可以革了,过了这时没有命了!"

中国人已实在没有其他路可走,只能义无反顾地投身到近代民族民主革命中去。这是现实迫使他们作出的选择。

谁都知道,革命需要付出巨大的代价,对革命志士来说必须准备抛头颅、洒热血。下这个决心,自然极不容易。如果那时的清王朝真是一心为中国谋出路,甚至只是民众还对它抱有一点儿希望,大多数人总是宁可采取温和的态度推动它进行改革,而不会断然采取革命行动的。

孙中山和革命派中的不少骨干分子,一开始也曾试图通过和平手段来促使清政府改革。1894年孙中山上书李鸿章,提出一整套改良方案,也是因为他对李鸿章还抱有希望。孙中山的好友陈少白说:"孙先生所以要上李鸿章书,就因为李鸿章在当时算为识时务之大员,如果能够听他的话,办起来,也未尝不可挽救当时的中国。"然而事实却很无情,孙中山的热切愿望换来的却是李鸿章冰冷的回答,连见都没见他,于是孙中山"知和平之法无可复施",才最终坚定了革命的决心。

二十世纪初所以会有越来越多的知识分子奋不顾身地走上革命道路,都是他们对清王朝进行长期观察后作出的抉择。八国联军战争结束后,清政府的腐败祸国更加暴露无遗。他们标榜实行新政,他们采取的奖励设厂和废科举、兴学堂等措施,虽然多少也起过积极作用,但始终拒绝实行任何根本的变革。人们的失望、不满和愤怒越来越强烈,最后得出一个结论:不用革命的手段推翻这个专制、腐朽的祸国政府,中国是一点希望也没有了。连温和的曾反对革命的君主立宪派最后都感到绝望了。清王朝宣布"预备立宪"时,立宪派曾大喜过望。但清政府公布的《钦定宪法大纲》规定:"君主神圣不可侵犯";"凡法律虽经议院议决,而未奉诏批准颁布者,不能见诸实行";用人、军事、外交等大事,议院都不得干预。这个《大纲》无非是把君主专制制度以成文的法律形式肯定下来,并加以强化。立宪派发动了颇具规模的请愿运动,要求清政府速开国会和成立责任内阁,尽快转入君主立宪的轨道。但清王朝不能容忍自己专制权力的任何削弱和丧失,一次又一次拒绝了这种请愿要求。到立宪派准备进行第四次请愿时,清政府竟严令禁止,并变本加厉地加强集权统治,成立"皇族内阁"。这使立宪派大为愤怒,梁启超在报刊上撰文痛斥清政府是"祸国殃民之政府"、"妖孽之政府"。清政府的倒行逆施,将越来越多的立宪派人士推向革命方面。

再看二十世纪初清王朝统治下的中国社会:百业凋敝,民不聊生。一个御史在给朝廷的奏折中写道:"士为四民之首,近已绝无生路,农、工终岁勤动,难谋一饱,商贾资本缺乏,揭借者多,获利维艰,倒闭相望。城市村落,十室九空,无业游民居其大半,弱者转于沟壑,强者流为盗贼,土匪蠢动,此灭彼兴,民不聊生,何堪搜括。加以各省水旱蝗蝻,哀鸿遍野,徐、海饥民数百万,遮蔽江、淮,困苦流离,生无所赖。万一揭竿并起,滋蔓难图……大患岂堪设想。"民众无法生活下去,抗捐抗税、抢米风潮、会党与农民起义等遍布全国城乡,连绵不断。据不完全统计,1902年到1911年,全国各地彼伏此起的民变多达1 300余起。它削弱了清政府的统治,为辛亥革命的爆发创造了客观的社会环境和群众基础。当时有人指出:"是故革命之主义,非党人所能造也,由于平民所身受之疾苦而发生者也。……使平民之疾苦日深一日,则革命之主义日炽一日,而革命党之实力亦日盛一日。"

人心向背决定一切。到辛亥革命前夕,人们对清王朝的这种不满和愤怒已发展到不加掩饰的地步。这连外国人也看出来了。长沙关税务司伟克非给总税务司安格联的信中写道:"毫无疑问,大多数老百姓是希望换个政府的,不能说他们是革命党,但是他们对推翻清朝的尝试是衷心赞成的。""我看在不久的将来,一场革命是免不了的。现在已是公开鼓吹革命,并且获得普遍的同情,而政府并没有采取任何预防措施,却尽在瞎胡闹。"

这是当年中国历史画卷中最鲜明最突出的内容,其他什么都无法同它相比。不充分地看到这一点,便谈不上历史的真实。

由此可见,辛亥革命的发生,是客观形势使然。当时的清政府,正如孙中山所形容的,"可以比作一座即将倒塌的房屋,整个结构已从根本上彻底地腐朽了,难道有人只要用几根小柱子斜撑住外墙就能够使那座房屋免于倾倒吗?"革命形势已经成熟。以孙中山为代表的革命派起而推翻清政府,走向共和,正是代表广大民众的意愿,顺应历史发展的必然趋势。

推翻帝制为中国的进步打开闸门

毛泽东同志在《纪念孙中山先生》这篇文章中说:"纪念他在辛亥革命时期,领导人民推翻帝制,建立共和国的丰功伟绩。"

"共和国"的建立,是中国历史上的一次巨大变化。孙中山在中国同盟会建立时就指出:"中国数千年来都是君主专制政体,这种政体,不是平等自由的国民所堪受的",革命要将"中国数千年来君主专制之治一扫而空",新的"国家为人民之公产,凡人民之事,人民公理之"。1912年南京临时政府成立后颁布的《临时约法》,破天荒地明确宣告:"中华民国之主权,属于国民全体。"普通老百姓至少在法理上从"子民"、"蚁民"一下子被承认为国家的主人,这是一个了不起的变化。

走向共和,可以说是革命民主主义同君主专制主义的对立和斗争。这是一场生死搏斗。不是说对历史人物要"以他在中国近代历史中起到的推动作用来评判"吗?在慈禧当政下,"大清帝国"江河日下,成为社会前进的障碍。只有推翻他们的统治,民族才有希望,社会才能进步。当然,慈禧也好,袁世凯也好,为了维护和巩固他们的统治,也做过一点儿在历史上起积极作用的事情,但这并不能改变他们在总体上代表中国社会中的腐朽力量、是民族罪人的本质。

在严重的民族危机面前,不同阶级的代表人物所想的并不是一回事,探寻的也是不同的出路。不管慈禧是否像有些人想象的那样"慈祥"、"温馨"、有"高雅情趣",作为封建专制主义的总代表,她只能是共和的对立物。不管把袁世凯说得怎样"开明"、"进步",他在必要时可以抛弃清朝政府,但他追求的依然是君主专制,而不是民主共和。这里用得着鲁迅在《二心集》里的一句话:"某一种人,一定只有这某一种人的思想和眼光,不能越出他本阶级之外。说起来,好像又在提倡什么犯讳的阶级了,然而事实是如此的。"

在清朝统治者眼里,孙中山等革命者是大逆不道、犯上作乱的"叛贼"、"乱党"。如果以为追求共和主义的革命者和维护君主专制制度的封建统治者都在为救中国"找出路",一道"走向共和",岂不荒唐?!要是那样的话,革命岂不是多余的?包括秋瑾、黄花岗七十二烈士等在内的先烈们的流血牺牲岂不毫无价值?

辛亥革命的历史功绩是不可磨灭的。它带来的直接后果至少有两个:

第一,它使中国的反动统治秩序再也无法稳定下来。中国封建社会本来有个头,那就是皇帝。他是大权独揽的绝对权威,是反动统治秩序赖以保持稳定的重心。辛亥革命突然把这个头砍掉了,整个反动统治就乱了套。这以后,从北洋军阀到南京政府,像走马灯似的一个接着一个登场,但始终不能建立起一个统一的稳定的统治秩序。辛亥革命在这里所起的巨大作用是无法抹杀的,它为中国的进步打开了闸门,为中国人民革命的胜利开辟了道路。

第二,它使中国人民在思想上获得一次大解放。皇帝在过去是至高无上、神圣不可侵犯的,如今都可以打倒,那么,还有什么陈腐的东西不可以打破?思想闸门一经打开,这股汹涌澎湃的思想解放潮流就奔腾向前,不可阻挡了。尽管辛亥革命后,政治形势还十分险恶,但人们已开始大胆地寻求新的救中国的出路,不久便迎来了五四运动和马克思主义的传播,开始了中国历史的新纪元。

袁世凯在清王朝崩溃之局已成的情况下,表示"矢忠"共和,并且当了"民国总统",但他的目的却是为了借革命之手取清朝皇帝而代之。一旦他自以为站稳了脚跟,便立刻宣布取消共和,恢复君主专制制度,自己做起皇帝来。但历史不会倒转,袁世凯的称帝很快在全国人民反对下失败了。革命所带来的已经发生了的变化,任谁也无法再把它全部抹杀掉。

当然，辛亥革命取得的成功毕竟有限。帝国主义和封建势力在中国的统治实在根深蒂固，并不是一两次冲击就能推倒的。辛亥革命没有能改变中国半殖民地半封建社会的性质，孙中山期盼的"共和"受到挫折，人民的悲惨境遇依然如故。1921年以后，中国共产党继承孙中山未竟的事业，又向前迈进，领导中国人民在新民主主义的旗帜下进行了长期的不屈不挠的革命斗争，终于推翻了压在中国人民头上的三座大山，响亮地宣告"中国人从此站立起来了"，建立起中华人民共和国，这才是真正的人民共和国。

——节选自金冲及、龚书铎、李文海：《中国是怎样走向共和的？》，《光明日报》2003年8月12日。

（二）

近时杂志之作者亦夥矣。姱词以为美，嚣听而无所终，摭埴索涂不获，则反复其词而自惑。求其斟时弊以立言，如古人所谓对症发药者，已不可见，而况夫孤怀宏识、远瞩将来者乎？夫缮群之道，与群俱进，而择别取舍，惟其最宜。此群之历史既与彼群殊，则所以披而进之之阶级，不无后先进止之别。由之不贰，此所以为舆论之母也。

余维欧美之进化，凡以三大主义：曰民族，曰民权，曰民生。罗马之亡，民族主义兴，而欧洲各国以独立。洎自帝其国，威行专制，在下者不堪其苦，则民权主义起。十八世纪之末，十九世纪之初，专制仆而立宪政体殖焉。世界开化，人智益蒸，物质发舒，百年锐于千载，经济问题继政治问题之后，则民生主义跃跃然动，二十世纪不得不为民生主义之擅场时代也。是三大主义皆基本于民，递嬗变易，而欧美之人种胥冶化焉。其他旋维于小己大群之间而成为故说者，皆此三者之充满发挥而旁及者耳。

今者中国以千年专制之毒而不解，异种残之，外邦逼之，民族主义、民权主义殆不可以须臾缓。而民生主义，欧美所虑积重难返者，中国独受病未深，而去之易。是故或于人为既往之陈迹，或于我为方来之大患，要为缮吾群所有事，则不可不并时而驰张之。嗟夫！所陟卑者其所视不远，游五都之市，见美服而求之，忘其身之未称也，又但以当前者为至美。近时志士舌敝唇枯，惟企强中国以比欧美。然而欧美强矣，其民实困，观大同盟罢工与无政府党、社会党之日炽，社会革命其将不远。吾国纵能媲迹于欧美，犹不能免于第二次之革命，而况追逐于人已然之末轨者之终无成耶！夫欧美社会之祸，伏之数十年，及今而后发见之，又不能使之遽去。吾国治民生主义者，发达最先，睹其祸害于未萌，诚可举政治革命、社会革命毕其功于一役。还视欧美，彼且瞠乎后也。

翳我祖国，以最大之民族，聪明强力，超绝等伦，而沈梦不起，万事堕坏；幸为风潮所激，醒其渴睡，旦夕之间，奋发振强，励精不已，则半事倍功，良非夸嫚。惟夫一群之中，有少数最良之心理能策其群而进之，使最宜之治法适应于吾群，吾群之进步适应于世界，此先知先觉之天职，而吾《民报》所为作也。抑非常革新之学说，其理想输灌于人心而化为常识，则其去实行也近。吾于《民报》之出世觇之。

——孙中山：《〈民报〉发刊词（1905年10月20日）》，《孙中山全集》（第1卷），第288—289页，中华书局，1981年。

（三）

纪念伟大的革命先行者孙中山先生！

纪念他在中国民主革命准备时期，以鲜明的中国革命民主派立场，同中国改良派作了尖锐的斗争。他在这一场斗争中是中国革命民主派的旗帜。

纪念他在辛亥革命时期，领导人民推翻帝制、建立共和国的丰功伟绩。

纪念他在第一次国共合作时期，把旧三民主义发展为新三民主义的丰功伟绩。

他在政治思想方面留给我们许多有益的东西。

现代中国人，除了一小撮反动分子以外，都是孙先生革命事业的继承者。

我们完成了孙先生没有完成的民主革命，并且把这个革命发展为社会主义革命。我们正在完成这个革命。

事物总是发展的。一九一一年的革命，即辛亥革命，到今年，不过四十五年，中国的面目完全变了。再过四十五年，就是二千零一年，也就是进到二十一世纪的时候，中国的面目更要大变。中国将变为一个强大的社会主义工业国。中国应当这样。因为中国是一个具有九百六十万平方公里土地和六万万人口的国家，中国应当对于人类有较大的贡献。而这种贡献，在过去一个长时期内，则是太少了。这使我们感到惭愧。

但是要谦虚。不但现在应当这样，四十五年之后也应当这样，永远应当这样。中国人在国际交往方面，应当坚决、彻底、干净、全部地消灭大国主义。

孙先生是一个谦虚的人。我听过他多次讲演，感到他有一种宏伟的气魄。从他注意研究中国历史情况和当前社会情况方面，又从他注意研究包括苏联在内的外国情况方面，知道他是很虚心的。

他全心全意地为了改造中国而耗费了毕生的精力，真是鞠躬尽瘁，死而后已。

像很多站在正面指导时代潮流的伟大历史人物大都有他们的缺点一样,孙先生也有他的缺点方面。这是要从历史条件加以说明,使人理解,不可以苛求于前人的。

——毛泽东:《纪念孙中山先生(1956年11月12日)》,中共中央文献研究室编:《建国以来重要文献选编》(第9册),第348—349页,中国文献出版社,2011年。

(四)

自从一八四〇年鸦片战争失败那时起,先进的中国人,经过千辛万苦,向西方国家寻找真理。洪秀全、康有为、严复和孙中山,代表了在中国共产党出世以前向西方寻找真理的一派人物。那时,求进步的中国人,只要是西方的新道理,什么书也看。向日本、英国、美国、法国、德国派遣留学生之多,达到了惊人的程度。国内废科举,兴学校,好像雨后春笋,努力学习西方。我自己在青年时期,学的也是这些东西。这些是西方资产阶级民主主义的文化,即所谓新学,包括那时的社会学说和自然科学,和中国封建主义的文化即所谓旧学是对立的。学了这些新学的人们,在很长的时期内产生了一种信心,认为这些很可以救中国,除了旧学派,新学派自己表示怀疑的很少。要救国,只有维新,要维新,只有学外国。那时的外国只有西方资本主义国家是进步的,它们成功地建设了资产阶级的现代国家。日本人向西方学习有成效,中国人也想向日本人学。在那时的中国人看来,俄国是落后的,很少人想学俄国。这就是十九世纪四十年代至二十世纪初期中国人学习外国的情形。

帝国主义的侵略打破了中国人学西方的迷梦。很奇怪,为什么先生老是侵略学生呢?中国人向西方学得很不少,但是行不通,理想总是不能实现。多次奋斗,包括辛亥革命那样全国规模的运动,都失败了。国家的情况一天一天坏,环境迫使人们活不下去。怀疑产生了,增长了,发展了。第一次世界大战震动了全世界。俄国人举行了十月革命,创立了世界上第一个社会主义国家。过去蕴藏在地下为外国人所看不见的伟大的俄国无产阶级和劳动人民的革命精力,在列宁、斯大林领导之下,像火山一样突然爆发出来了,中国人和全人类对俄国人都另眼相看了。这时,也只是在这时,中国人从思想到生活,才出现了一个崭新的时期。中国人找到了马克思列宁主义这个放之四海而皆准的普遍真理,中国的面目就起了变化了。

中国人找到马克思主义,是经过俄国人介绍的。在十月革命以前,中国人不但不知道列宁、斯大林,也不知道马克思、恩格斯。十月革命一声炮响,给我们送来了马克思列宁主义。十月革命帮助了全世界的也帮助了中国的先进分子,用无产阶级的宇宙观作为观察国家命运的工具,重新考虑自己的问题。走俄国人的路——这就是结论。一九一九年,中国发生了五四运动。一九二一年,中国共产党成立。孙中山在绝望里,遇到了十月革命和中国共产党。孙中山欢迎十月革命,欢迎俄国人对中国人的帮助,欢迎中国共产党同他合作。孙中山死了,蒋介石起来。在二十二年的长时间内,蒋介石把中国拖到了绝境。在这个时期中,以苏联为主力军的反法西斯的第二次世界大战,打倒了三个帝国主义大国,两个帝国主义大国在战争中被削弱了,世界上只剩下一个帝国主义大国即美国没有受损失。而美国的国内危机是很深重的。它要奴役全世界,它用武器帮助蒋介石杀戮了几百万中国人。中国人民在中国共产党领导之下,在驱逐日本帝国主义之后,进行了三年的人民解放战争,取得了基本的胜利。

就是这样,西方资产阶级的文明,资产阶级的民主主义,资产阶级共和国的方案,在中国人民的心目中,一齐破了产。资产阶级的民主主义让位给工人阶级领导的人民民主主义,资产阶级共和国让位给人民共和国。这样就造成了一种可能性:经过人民共和国到达社会主义和共产主义,到达阶级的消灭和世界的大同。康有为写了《大同书》,他没有也不可能找到一条到达大同的路。资产阶级的共和国,外国有过的,中国不能有,因为中国是受帝国主义压迫的国家。唯一的路是经过工人阶级领导的人民共和国。

一切别的东西都试过了,都失败了。曾经留恋过别的东西的人们,有些人倒下去了,有些人觉悟过来了,有些人正在换脑筋。事变是发展得这样快,以至使很多人感到突然,感到要重新学习。人们的这种心情是可以理解的,我们欢迎这种善良的要求重新学习的态度。

——节选自毛泽东:《论人民民主专政》,第3—7页,人民出版社,1975年。

(五)

同志们,朋友们:

100年前,以孙中山先生为代表的革命党人发动了震惊世界的辛亥革命,开启了中国前所未有的社会变革。今天,我们隆重纪念辛亥革命100周年,深切缅怀孙中山先生等辛亥革命先驱的历史功勋,就是要学习和弘扬他们为振兴中华而矢志不渝的崇高精神,激励海内外中华儿女为实现中华民族伟大复兴而共同奋斗。

1840年鸦片战争以后,中国逐步成为半殖民地半封建社会,西方列强野蛮入侵,封建统治腐朽无能,国家战乱不已,人民饥寒交迫,中国人民和中华民族遭受了世所罕见的深重苦难。在那个内忧外患接踵而至的年代,一切关心国家和民族前途命运的人们无不痛切感到,要实现民族独立、人民解放和国家富强、人民富裕,就必须推翻封建专制统治,对中国社会进行根本变革。辛亥革命的爆发,是当时中国人民争取民族独立、振兴中华深切愿望的集中反映,也是当时中国人民为救亡图存而前赴后继顽强斗争的集中体现。

孙中山先生是伟大的民族英雄、伟大的爱国主义者、中国民主革命的伟大先驱。孙中山先生站在时代前列,"适乎世界之潮流,合乎人群之需要",大声疾呼"亟拯斯民于水火,切扶大厦之将倾",高扬反对封建专制统治的斗争旗帜,提出民族、民权、民生的三民主义政治纲领,率先发出"振兴中华"的呐喊,希望推动中华民族摆脱封建专制统治和外国列强侵略,推动中国跟上世界发展进步的步伐、跻身世界先进行列。孙中山先生以自己的模范行动实现了"吾志所向,一往无前,愈挫愈奋,再接再厉"的誓言。在他领导和影响下,大批革命党人和无数爱国志士集聚在振兴中华旗帜之下,广泛传播革命思想,积极兴起进步浪潮,连续发动武装起义,有力推动了革命大势的形成。

辛亥革命推翻了清王朝统治,结束了统治中国几千年的君主专制制度,传播了民主共和的理念,以巨大的震撼力和深刻的影响力推动了近代中国社会变革。虽然由于历史进程和社会条件的制约,辛亥革命没有改变旧中国半殖民地半封建的社会性质,没有改变中国人民的悲惨境遇,没有完成实现民族独立、人民解放的历史任务,但它开创了完全意义上的近代民族民主革命,极大推动了中华民族的思想解放,打开了中国进步潮流的闸门,为中华民族发展进步探索了道路。

孙中山先生和辛亥革命先驱为中华民族建立的历史功绩彪炳史册!在辛亥革命中英勇奋斗和壮烈牺牲的志士们永远值得中国人民尊敬和纪念!辛亥革命永远是中华民族伟大复兴征程上一座巍然屹立的里程碑!

——节选自胡锦涛:《在纪念辛亥革命100周年大会上的讲话(2011年10月9日)》,《求是》2011年第20期。

中编　从五四运动到新中国成立
(1919—1949)

综述
翻天覆地的三十年

内 容 提 要

中编综述的内容分为三部分,概述从五四运动到新中国成立以前这一历史时期,时代条件和国际环境的变化及其对中国的影响、"三座大山"重压下的中国社会经济的境况和中国人民的遭遇、中国各种阶级力量在事关国家前途命运这一关键问题上的政治主张及其较量结果。通过中编综述的学习,要求学生认识到:在1919年五四运动至1949年新中国成立前期间,中国社会历史的跌宕起伏与国际局势的风云变幻紧密相连;中国革命斗争的艰难前行与时代环境的深刻变迁息息相关;中国人民进行推翻"三座大山"的新民主主义革命是历史的需要、建立工人阶级领导的人民共和国是历史的选择。

一、中国所处的时代和国际环境

本部分主要概述两次世界大战造成的国际格局的变化、俄国十月社会主义革命的成功及其对中国社会和中国革命产生的深刻影响。

(一)第一次世界大战和俄国十月革命后的世界

(1)第一次世界大战。1914年至1918年第一次世界大战的后果之一,是欧洲走向衰落和美国、日本作为世界大国的兴起。战后,继英国侵华势力卷土重来后,日本侵略势力日益成为对中国的主要威胁。

(2)俄国十月社会主义革命。1917年十月革命的胜利,建立了一条反对世界帝国主义的革命战线。此后,中国反帝反封建的民主革命成了世界无产阶级社会主义革命的一部分。

(二) 世界反法西斯战争及其胜利

(1) 第二次世界大战的爆发。20世纪30年代,意大利、德国、日本先后确立法西斯统治,成为欧洲和亚洲的战争策源地。日本在1931年9月开始侵华战争,在1937年7月发动全面侵华战争;德国在1939年9月入侵波兰,第二次世界大战全面开始。

(2) 反法西斯战争的胜利。中国是首先进行反法西斯战争的国家。1945年5月,德国签署无条件投降书,欧洲战场的反法西斯战争胜利结束。1945年9月,日本签署无条件投降书,中国人民抗日战争和世界反法西斯战争胜利结束。

(三) 反法西斯战争胜利后国际格局的深刻变化

(1) 战后世界政治形势出现的新情况。第一,德、意、日被彻底打败;英、法被严重削弱;美国则成为资本主义世界的霸主。第二,苏联成为足以与美国抗衡的世界一流强国;社会主义在多国赢得胜利。第三,亚、非、拉及南太平洋地区,民族解放运动蓬勃兴起,殖民主义体系急剧瓦解;在资本主义国家,共产党的影响显著增长,工人运动有了新发展。

(2) 战后国际格局的重大变化。原来以维持欧洲大国均势为中心的国际格局被美、苏两极格局所取代。在此基础上,逐步形成分别以美、苏为首的帝国主义和社会主义两个阵营的对立。美国竭力向全世界扩张,并将控制中国作为其全球战略的重要组成部分。

二、"三座大山"的重压

本部分主要概述帝国主义、本国封建主义和官僚资本主义这"三座大山"对中国人民的残酷压迫与剥削,以及中国新民主主义革命推翻"三座大山"的必要性。

(一) 外国垄断资本的在华扩张

(1) 外国侵略势力的不断扩张。北洋政府为了维护自身的统治,不惜出卖国家利权,从而使外国侵略势力在中国得到进一步的伸展。国民党政府,为外国侵略势力深入中国进一步敞开了大门。

(2) 反对帝国主义,打破外国垄断资本的控制是中国新民主主义革命的首要任务。

(二) 占优势地位的中国封建经济

(1) 封建经济的优势地位。在北洋政府和国民党政府统治下,封建地主占有大量土地,广大农民既遭受苛重的地租剥削,又遭受政府当局苛重的赋税掠夺。在残酷的封建压迫和剥削下,中国农村的经济日益陷入绝境,并从根本上严重限制了中国工业的发展。

(2) 反对封建主义,进行土地制度的彻底改革,是中国新民主主义革命的一项基本任务。

(三) 官僚资本的急剧膨胀

(1) 官僚资本的膨胀和性质。1927年,国民党在全国的统治建立以后,官僚买办资本急剧膨胀,买办资产阶级发展成为官僚资产阶级,控制了全国政权。官僚资本是和国家政权结合在一起,又是同外国帝国主义、本国地主阶级和旧式富农密切结合着的买办的封建的国家垄断资本。

(2) 中国新民主主义革命的一项重要任务是反对官僚资本主义、没收官僚资本归新民主主义国家所有。

(四) 民族资本主义经济的状况及其艰难处境

(1) 中国民族资本主义经济的处境和特点。中国民族资本主义经济的发展受到的主要阻碍:外国资本的压迫,官僚资本的排挤,封建生产关系的束缚,军阀官僚政府的压榨。由此,中国民族资本主义经济具有五个主要特点。

(2) 中国民族资产阶级的政治特点。他们带有两重性,这就决定了他们在一定时期中和一定程度上能够参加反帝反封建的革命,成为无产阶级的同盟军;而在另一个时期,就有跟在买办资产阶级后面,成为它的助手的危险。

三、两个中国之命运

本部分主要概述中国社会变化过程中形成的三种主要政治力量在建国问题上所提出的不同主张,以及在这一问题上长期斗争较量的历史结局。

(一) 三种政治力量,三种建国方案

(1) 三种政治力量。在中国共产党诞生至新中国成立以前的时期,中国存在着三种主要的政治力量:一是地主阶级和买办性的大资产阶级,二是民族资

产阶级,三是工人阶级、农民阶级和城市小资产阶级。

(2) 三种建国方案。一是地主阶级与买办性的大资产阶级的方案,二是民族资产阶级的方案,三是工人阶级和其他进步势力的方案。

(二) 两种基本的选择,两个中国之命运

(1) 两种基本的选择。从根本上说,由于资产阶级共和国的方案并不具备现实性,可供中国人民选择的方案主要是两个:或者是继续半殖民地半封建的旧中国,或者是创建新民主主义的新中国。

(2) 两个中国之命运斗争。地主、买办资产阶级的方案由于违背中国人民的根本利益,遭到了广大中国人民的唾弃,它们的反动统治也在根本上被推翻了。只有中国共产党提出的关于建立人民共和国的方案,成为中国最广大人民群众的共同选择。

习 题 训 练

(一) 单项选择题

1. 在五四运动至新中国成立前,中国的社会性质是( )。
   A. 封建主义社会　　　　　　B. 半殖民地社会
   C. 资本主义社会　　　　　　D. 半殖民地半封建社会

2. 从五四运动到新中国成立前,中国反帝反封建的革命性质是( )。
   A. 无产阶级社会主义革命　　B. 农民阶级革命
   C. 资产阶级民主主义革命　　D. 小资产阶级革命

3. 从五四运动到新中国成立前,中国反帝反封建的革命处于( )。
   A. 旧民主主义革命时期
   B. 新民主主义革命时期
   C. 旧民主主义向新民主主义过渡时期
   D. 新民主主义向社会主义过渡时期

4. 在五四运动至新中国成立前,中国反帝反封建斗争的主力是( )。
   A. 工人阶级　　　　　　　　B. 农民阶级
   C. 城市小资产阶级　　　　　D. 民族资产阶级

5. 在五四运动至新中国成立前,成为中国民主革命领导力量的是( )。
   A. 工人阶级　　　　　　　　　B. 农民阶级
   C. 城市小资产阶级　　　　　　D. 民族资产阶级
6. 19世纪末20世纪初,在外国侵华势力中占主要地位的是( )。
   A. 英国　　　B. 法国　　　C. 日本　　　D. 美国
7. 1914年至1918年第一次世界大战的根源是( )。
   A. 英国和法国之间的矛盾
   B. 德国和美国之间的矛盾
   C. 资本主义列强之间争夺世界的矛盾
   D. 资本主义列强与殖民地国家之间的矛盾
8. 1917年发生的开辟人类历史新纪元的重大事件是( )。
   A. 第一次世界大战　　　　　　B. 俄国的十月社会主义革命
   C. 资本主义世界性经济危机　　D. 中国的五四运动
9. 在第二次世界大战中,首先进行反法西斯战争的国家是( )。
   A. 波兰　　　B. 苏联　　　C. 中国　　　D. 美国
10. 标志世界反法西斯战争发生根本性转折的战役是( )。
    A. 缅印战役　　　　　　　　　B. 斯大林格勒战役
    C. 诺曼底战役　　　　　　　　D. 中途岛战役
11. 第二次世界大战结束后,在外国垄断资本对华扩张中取得优势地位的是( )。
    A. 英国　　　B. 法国　　　C. 德国　　　D. 美国
12. 中国新民主主义革命的首要任务是( )。
    A. 反对帝国主义　　　　　　　B. 反对封建主义
    C. 反对官僚资本主义　　　　　D. 反对民族资本主义
13. 从五四运动至新中国成立前,在中国社会经济生活中占优势地位的是( )。
    A. 外国垄断资本　　　　　　　B. 官僚垄断资本
    C. 封建经济　　　　　　　　　D. 民族资本主义经济
14. 反对封建主义,进行土地制度的彻底改革是中国新民主主义革命的( )。
    A. 唯一任务　　　　　　　　　B. 首要任务
    C. 基本任务　　　　　　　　　D. 重要任务
15. 1927年国民党在全国统治建立后,官僚资本的垄断活动首先和主要是( )。
    A. 从金融业方面开始的　　　　B. 从商业方面开始的
    C. 从重工业方面开始的　　　　D. 从交通业方面开始的

16. 在近代中国,由于经济地位决定了其在政治上带有两重性的阶级是( )。
    A. 工人阶级   B. 农民阶级
    C. 城市小资产阶级   D. 民族资产阶级

17. 在新民主主义革命中,工人阶级、农民阶级和城市小资产阶级的政治代表是( )。
    A. 中国国民党   B. 中国共产党
    C. 中国民主同盟   D. 中国民主建国会

18. 中国共产党领导中国人民进行新民主主义革命在政治上所要达到的基本目标是建立( )。
    A. 资产阶级专政的民主共和国   B. 工农兵民主专政的人民共和国
    C. 工农联合专政的苏维埃共和国 D. 人民民主专政的人民共和国

(二) 多项选择题

1. 在五四运动至新中国成立前,中国社会的主要矛盾是( )。
    A. 中华民族同帝国主义的矛盾   B. 农民阶级同地主阶级的矛盾
    C. 人民大众同封建主义的矛盾   D. 工人阶级同资产阶级的矛盾

2. 中国共产党领导新民主主义革命要完成的历史任务是( )。
    A. 争取民族独立   B. 争取人民解放
    C. 实现国家繁荣富强   D. 实现人民共同富裕

3. 第一次世界大战结束后,作为世界大国兴起的是( )。
    A. 法国   B. 美国   C. 日本   D. 英国

4. 发动第二次世界大战的法西斯国家是( )。
    A. 奥匈帝国   B. 德国
    C. 意大利   D. 日本

5. 1942年,在反法西斯战争中领衔签署《联合国家宣言》的国家是( )。
    A. 美国   B. 英国   C. 苏联   D. 中国

6. 在第二次世界大战结束后逐步形成的两大国际阵营是( )。
    A. 协约国阵营   B. 同盟国阵营
    C. 帝国主义国家阵营   D. 社会主义国家阵营

7. 在五四运动至新中国成立前,压在中国人民身上的"三座大山"是( )。
    A. 帝国主义   B. 封建主义
    C. 官僚资本主义   D. 民族资本主义

8. 在辛亥革命失败后,相继作为中国反动势力的政治代表是( )。

A. 满清政府 B. 南京临时政府
C. 北洋政府 D. 国民党控制的中华民国国民政府

9. 在五四运动至新中国成立前,政府当局直接对农民进行掠夺的主要手段是( )。
   A. 征收田赋 B. 征收盐税
   C. 征收各种杂税 D. 强迫服劳役和服兵役

10. 在半殖民地半封建社会中,中国民族资本主义经济发展所受到的阻碍包括( )。
    A. 外国资本的压迫 B. 官僚资本的排挤
    C. 封建生产关系的束缚 D. 军阀官僚政府的压榨

11. 在五四运动至新中国成立前,中国社会存在的三种主要政治力量是( )。
    A. 地主阶级与买办性的大资产阶级
    B. 农民阶级和城市小资产阶级
    C. 民族资产阶级
    D. 工人阶级、农民阶级和城市小资产阶级

12. 在五四运动至新中国成立前,中国社会存在的反动势力是( )。
    A. 地主阶级 B. 买办性的大资产阶级
    C. 民族资产阶级 D. 城市小资产阶级

13. 在五四运动至新中国成立前,进步势力和民主革命的主要力量是( )。
    A. 工人阶级 B. 农民阶级
    C. 城市小资产阶级 D. 民族资产阶级

14. 在新民主主义革命时期,民族资产阶级的政治代表是( )。
    A. 中国国民党 B. 中国共产党
    C. 民主党派的某些领导人物 D. 若干无党派民主人士

15. 在中国共产党产生以后,中国社会存在的三种主要建国方案是( )。
    A. 地主阶级与买办性大资产阶级的方案
    B. 农民阶级的方案
    C. 民族资产阶级的方案
    D. 工人阶级和其他进步势力的方案

16. 在五四运动至新中国成立前,实际上可供中国人民选择的建国方案主要是( )。
    A. 建立资产阶级共和国 B. 建立苏维埃共和国
    C. 继续半殖民地半封建的旧中国 D. 创建新民主主义的新中国

（三）辨析题

1. 俄国十月社会主义革命对中国反帝反封建的民主革命产生了深刻的历史影响。
2. 在二战结束后，正确制定应对苏联的政策和策略成为中国革命胜利发展极为重要的条件。
3. 反对帝国主义，打破外国垄断资本的控制，是中国新民主主义革命必须实现的首要任务。
4. 中国共产党关于建立人民共和国的方案是中国最广大人民群众共同的历史选择。

（四）简答题

1. 在反法西斯战争结束后，世界政治形势出现的重要的新情况。
2. 反对官僚资本主义、没收官僚资本是中国新民主主义革命的一项重要任务。
3. 在半殖民地半封建社会条件下，中国民族资本主义经济的主要特点。
4. 在中国共产党成立后至新中国成立前，中国社会存在的三种政治力量及其政治代表。

（五）论述题

1. 在中国共产党诞生后，近代中国存在的三种建国方案及其历史命运。
2. 中国民族资产阶级的建国主张及其行不通的历史原因。

参 考 答 案

（一）单项选择题

1. D 2. C 3. B 4. B 5. A 6. A 7. C 8. B 9. C 10. B
11. D 12. A 13. C 14. C 15. A 16. D 17. B 18. D

（二）多项选择题

1. AC 2. AB 3. BC 4. BCD 5. ABCD 6. CD 7. ABC 8. CD

9. ABCD 10. ABCD 11. ACD 12. AB 13. ABC 14. CD 15. ACD
16. CD

（三）辨析题

1. 正确。1917年俄国爆发的十月社会主义革命，给世界人民的解放事业开辟了广大的可能性和现实的道路，建立了一条从西方无产者经过俄国革命到东方被压迫民族的新的反对世界帝国主义的革命战线。1919年3月，列宁领导的共产国际宣告成立，它积极帮助包括中国在内的一些国家的先进分子创建共产党。从此，中国反帝反封建的民主革命成了世界无产阶级社会主义革命的一部分。

2. 错误。在二战结束后，美国一手拿着金元，一手拿着原子弹，竭力向全世界扩张。控制中国，成为战后美国全球战略的重要组成部分。为此，美国政府采取了扶蒋反共的政策。这对于中国革命的发展，是一个严重的障碍。正确制定应对美国的政策和策略，成为中国革命胜利发展的极为重要的条件。

3. 正确。以帝国主义列强为靠山的北洋政府不惜出卖国家利权，从而使外国侵略势力在中国得到进一步的扩展。在国民党政府统治期间，帝国主义的经济势力牢牢掌握了中国的经济命脉。这给中国社会经济和中国人民带来了深重灾难。因此，反对帝国主义，打破外国垄断资本的控制，是中国新民主主义革命必须实现的首要任务。

4. 正确。在中国共产党产生以后，存在三种不同的建国方案。地主、买办资产阶级的方案由于违背中国人民的根本利益，遭到了广大中国人民的唾弃。民族资产阶级的方案由于脱离中国实际，也没有得到中国广大群众的拥护。只有中国共产党提出的关于建立人民共和国的方案，逐步地获得工人、农民、城市小资产阶级乃至民族资产阶级的拥护，由此成了中国最广大人民群众共同的历史选择。

（四）简答题

1. 第一，在主要的帝国主义国家中，德、意、日三个法西斯国家被彻底打败；战胜国英、法也被严重削弱；美国则成为资本主义世界的霸主。第二，苏联经过战争考验，成为足以与美国抗衡的世界一流强国。欧洲东部、中南部和亚洲东部、东南部出现一系列由共产党领导的人民民主国家。社会主义冲破一国范围在多国赢得胜利。第三，亚洲、非洲、拉丁美洲及南太平洋地区，民族解放运动蓬勃兴起，许多原殖民地、附属国争得了或正在争取政治上的独立，殖民主义体系急剧瓦解。在资本主义国家,共产党的影响显著增长,工人运动有新的发展。这些给全世界工人阶级和被压迫民族的解放事业开辟了更加广大的可能性和更加现实的道路。

2. 1927年国民党在全国的统治建立以后,官僚买办资本急剧地膨胀起来。官僚资本和国家政权结合在一起,成为国家垄断资本;它同外国帝国主义、本国地主阶级密切地结合着,成为买办的封建的国家垄断资本。官僚资本是官僚资产阶级利用超经济的特权,主要在从事金融和商业投机的过程中,在充当外国帝国主义的买办的过程中,通过掠夺广大劳动人民和兼并民族工商业而发展起来的。它是社会生产力发展的严重障碍。正因为如此,反对官僚资本主义、没收官僚资本归新民主主义国家所有,就成为中国新民主主义革命的一项重要任务。

3. 第一,民族资本主义经济在国民经济中所占比重很小,它始终没有成为中国社会经济的主要形式。第二,在民族工业中,工业资本所占的比重小,商业资本和金融资本所占的比重大。第三,民族资本主义工业主要是以纺织、食品工业为主的轻工业,缺乏重工业的基础,不能构成一个完整的工业体系和国民经济体系,在技术、设备以至原材料方面不得不依赖外国垄断资本和本国官僚资本。第四,民族资本所经营的工业,规模狭小、经营分散、技术设备落后、劳动生产率低。第五,民族资本主义经济和封建势力也有千丝万缕的联系。

4. 一是地主阶级和买办性的大资产阶级(1927年后形成官僚资产阶级)。他们是反动势力(有时称顽固势力)、民主革命的对象。其政治代表先是北洋政府,以后主要是国民党统治集团。二是民族资产阶级。他们是中间势力、民主革命的依靠力量之一。其政治代表是民主党派的某些领导人物和若干无党派民主人士。三是工人阶级、农民阶级和城市小资产阶级。他们是进步势力、民主革命的主要力量。其政治代表是中国共产党。

(五) 论述题

1. 第一种是地主阶级与买办性的大资产阶级的方案。主张继续实行地主阶级、买办性的大资产阶级的军事独裁统治,使中国继续走半殖民地半封建社会的道路。第二种是民族资产阶级的方案。主张建立一个名副其实的资产阶级共和国,以便使资本主义得到自由的和充分的发展,使中国成为一个独立的资本主义社会。第三种是工人阶级和其他进步势力的方案。它们的政治代表中国共产党主张,首先进行一场彻底的反帝反封建的新式资产阶级民主革命,以便建立一个工人阶级领导的人民共和国;并经过这个人民共和国,逐步到达社会主义和共产主义。

由于资产阶级共和国的方案并不具备现实性,可供中国人民选择的方案主要是两个:或者是继续半殖民地半封建的旧中国,或者是创建新民主主义的新中国。地主、买办资产阶级的方案由于违背中国人民的根本利益,遭到了广大中国人民的唾弃,它们的反动统治也在根本上被推翻了。只有中国共产党提出的关于建立人民共和国的方案,逐步地获得工人、农民、城市小资产阶级乃至民族资产阶级及其政治代表的拥护,由此成了中国最广大人民群众共同的选择。

2. 中国民族资产阶级的基本主张是建立一个名副其实的资产阶级共和国,以便使资本主义得到自由的和充分的发展,使中国成为一个独立的资本主义社会。这种建国方案之所以行不通,是由当时中国所处的时代条件和国内阶级关系的状况所决定的。

一方面,资产阶级的共和国,外国有过的,中国不能有,因为中国是受帝国主义压迫的国家。帝国主义列强来到中国,不是为了使中国成为一个独立、富强的资本主义国家,而是为了掠夺中国,发展它们自己的资本主义。它们既不愿意失去在中国的殖民主义利益,更不愿意看到中国在国际市场上成为它们的竞争对手。另一方面,民族资产阶级力量过于软弱,没有勇气和能力领导人民进行彻底的反帝反封建的革命斗争,从而为建立资产阶级共和国扫清障碍。代表这个阶级要求的中间派,由于提不出彻底的土地革命的纲领,无法动员农民这个最广大的群众;由于不敢进行革命的武装斗争,根本不掌握军队。因此,他们在政治上没有很大的分量。在这种情况下,他们往往把实现民主政治的希望,寄托在统治阶级让步这种幻想之上。而中国的反动统治阶级者绝对不会对中间势力关于建立民主共和国的要求作出原则性让步。

延 伸 阅 读

(一)

随着十月革命的影响在中国的逐步扩大,特别是巴黎和会事实的教训,人们已经看到了从前追求的新文化并不是救中国的思想武器。《新青年》及其它宣传新文化的刊物,不再像以前那样热烈鼓吹"法兰西文明",新文化运动较前期有了一个新的发展。第一,人们对帝国主义的认识发生了深刻的变化。人们醒悟到"不止夺取山东的是我们的仇敌,这强盗世界中的一切强盗团体,秘密外交这一类的强盗行为,都是我们的仇敌"。《新青年》社"全体社员的公共意见""相信世界上的军国主义(帝国主义)和金力主义(即资本主义),已经造了无穷的罪恶,现在是应该抛弃的了"。第二,由轻视群众变为尊重群众。"五四运动"前,大多数新文化运动的代表人物把人民看做是无知、落后的一群,并且自居是站在群众之上的"先知先觉者"。在"五四运动"中,这种轻视群众的思想则有很大的改变。陈独秀为《每周评论》写的文章中,点名道姓地说威尔逊的话"一文不值",在《劳动者的觉悟》一文中进一步指出:"世界上是些什么人最有用最贵重,或是说做官的,读书的最有用最贵重。我以为他们说错了,我以为只有做工的人最有用最贵重。"有的知识分子甚至提出"斧凿的文明比笔墨的文明,更是可贵"。这些情况表明,部分知识分子已经开始由历史唯心主义向历史唯物主义转变。第三,马克思主义越来越成为新文化运动的主要宣传内容。随着"五四运动"的深入发展,马克思主义在新文化运动中的地位日益上升。新文化运动的主要阵地《新青年》在"五四运动"以后,接连不断地发表介绍马克思主义的文章,到1920年9月《新青年》改为中国共产党上海发起组的机关刊物,更是积极宣传马克思主义。这说明从1919年5月到1920年9月,《新青年》逐步向一个马克思主义的宣传刊物演变,到1920年以后则成为一个完全的马克思主义宣传刊物。《新青年》的创刊是新文化运动兴起的标志,那么《新青年》的转变也应看作新文化运动的转变。中国人在"五四运动"以后认识上的这些变化,应该说既有十月革命影响的作用,也有帝国主义从反面教育的作用。帝国主义的反面教育主要表现在巴黎和会这一严酷事实的教训。从1840年至1919年,中国社会发展演变的过程中,外力的作用始终相伴随。"五四运动"以后中国人认识上的飞跃,中国人思想观念的变化与外力的作用也是分不开的,即与巴黎和会的棒击是绝然不可分开的。

综上所述,我们可以看到,第一次世界大战对当时的中国社会所产生的影响是极为重大的,并且这种影响不是局限在某一方面,而是全方位的、多向的。大战给予中国政治、经济、文化思潮的影响,为中国旧民主主义革命转变为新民主主义革命提供了政治时机,奠定了阶级基础和思想基础。长期以来,学术界在论及世界革命和中国革命的转变时,仅仅强调十月革命的作用,很少分析第一次世界大战对世界、对中国总体上的影响,这是欠全面、客观、公允的,显然不利于揭示一切革命发生、发展的深刻原因。应该说第一次世界大战和大战期间爆发的十月革命,这两者都是影响中国历史发展进程的重大国际事件。十月革命对中国近代历史转变所起的作用,主要在于它的正面教育和在方向上的启发、引导作用。而第一次世界大战的影响主要是起了反面教员的作用和客观上为中国革命的转变准备了条件。只有这样看待第一次世界大战和十月革命对中国的影响和作用,我们才能理解"第一次帝国主义世界大战和第一次胜利的社会主义十月革命,改变了整个世界历史的方向,划分了整个世界历史的时代"这个论断的含意,进而得出结论:第一次世界大战和十月革命都是改变中国历史方向,划分中国历史时代的重要国际条件。

——节选自陈国清:《简论第一次世界大战对中国社会发展进程的若干影响》,《武汉大学学报(人文科学版)》2004年第1期。

(二)

从上世纪80年代起,大陆学者对"四大家族官僚资本"进行了更深入的研究,虽然不少人坚持传统观点,但越来越多的学者认为"四大家族官僚资本"实际上是在政治矛盾尖锐的情况下形成的概念,遂对这一问题进行了重新思考、评价。

在1985举行的"抗日战争时期西南经济研究学术讨论会"上,学者们首先围绕官僚资本的性质问题进行了讨论。一些学者指出,从词义上讲,官僚资本应是指依赖政治特权、假公济私的私人资本。官僚资本不是经济概念,而是政治概念,使用这种概念去研究中国的政治问题是有道理的,它能够说明国民政府的本质特征,但拿它去研究经济问题就会导致概念上的含混和范畴上的模糊。另一种意见认为,官僚资本是相对于民族资本而言,是中国近代经济特有的一种形态,可以沿用下去。只是应该把官僚资本划分为两个组成部分:国家资本和官僚私人资本。

从上世纪90年代开始,学者们对四大家族官僚资本的性质进行了更深入的分析,同时还对四大家族蒋、宋、孔、陈分别进行了研究,与之相关的论文有30多篇。新的史料也不断得到发掘与利用,使研究得以深入,新的研究视角不断开辟。

第一,"四大家族官僚资本"的扩张途径及其历史影响。"四大家族官僚资本"恶性膨胀的过程,及其对国民党在大陆失败所起的影响,受到了学者们的重视。

何华国认为,"四大家族官僚资本"主要通过以下手段得以扩张:在内战中垄断军火买卖并不断发行公债;在金融方面形成了"四行二局",垄断了法币、外汇和黄金,最终形成了金融垄断;控制国家资源和进口物资,最终形成商业垄断。抗战胜利后接受10万亿元敌伪资产,大大增加了四大家族的资产。何华国还对陈氏兄弟的党营资产作了分析,认为由陈果夫、陈立夫控制的党营事业基金达5 000亿元。

李黎明着重分析了抗战胜利后四大家族资本的恶性膨胀问题。他认为,四大家族的掠夺,破坏了国统区的工农业生产。日本投降后,四大家族接收了日伪开办的各种金融机构、厂矿企业,还将民营企业诬指为敌产予以没收,据为己有。四大家族大量盗卖民营工厂物资,使许多工厂由于缺乏设备而无法开工,使民族工业遭受打击。而名目繁多的各种捐税更是使举步维艰的民族工业背上沉重的包袱,难以恢复和发展。作者认为正是"四大家族官僚资本"的恶性膨胀,扼杀了国统区工商业和农业的生机,造成了国统区工商业、农业、财政经济的崩溃,这是国民党政权在大陆败亡的重要原因之一。

笔者认为,对"四大家族官僚资本"的评价应该建立在对蒋宋孔陈各自真正掌握的资产进行科学评估的基础上,对国民政府各种不同的经济机构和组织也应区别看待和评价。近年来,已有学者提出,国民政府下设的"资源委员会"——传统上人们视其为"四大家族官僚资本"的重要组成部分——在抗战中发挥了不可忽视的积极作用。郑友揆、程麟荪、张传洪合著的《旧中国的资源委员会——史实与评价》一书,比较全面地评述了资源委员会所做的工作及其在历史上的作用。

第二,对"四大家族官僚资本"性质的新认识。在对"四大家族官僚资本"性质的认知上,学者们有了较为客观、辩证的看法。

杜恂诚在《民族资本主义与旧中国政府(1840—1937)》一书中认为,毛泽东所说的"官僚资本",是特指国民党时期的国家垄断资本主义,但它只是一个通俗名称,而不是政治经济学的科学定义;再加上后来一些人又把它的内涵不断扩大,把官僚的私人资本也包括了进去,并在时间跨度上向上追溯,一直追到清政府创办的企业。由于内涵混乱,时限不清,因此它的外延也变得十分模糊。实际上,它的界限已经无法确认了。

郑会欣追述了官僚资本这一概念的演变过程,指出近年来,大多数学者已经改变了以往将国营企业统称为"官僚资本"的做法,而用"国家资本"来代称。因为"国家资本"的提法内涵比较明确,不会将官僚私人的投资与国家(包括中央和地方)投资相混淆。作者认为,不能将国家资本、国营资本等同于官僚资本,但应看到"在一定的条件下,特别是在中国长期以来官僚政治传统的影响下,官僚可以通过手中所掌握的权力,以各种方式将国家资本转化为官僚私人的资本,而且这种转化往往都是以各种'合法'的途径加以实现的"。

通过讨论,多数学者达成了如下共识:最好把"四大家族官僚资本"分为国家资本和官僚私人资本两部分。这样有助于人们在研究中更科学地看待有关问题,有助于对"四大家族官僚资本"的积累和经营做有区别的分析,更清晰、准确地认识"四大家族官僚资本"的历史作用。

除上述成果外,学者们对四大家族的私有资本问题也进行了研究。

总的说来,学术界到目前为止,对"四大家族官僚资本"的研究已取得了一定成果,纠正了以往较多地用政治概念理解"四大家族官僚资本"而造成的一些不准确的认识。但由于掌握的史料有限,一些学者对"四大家族官僚资本"性质的认识仍然因循旧说,在研究过程中就不免出现大而化之的现象;有关四大家族积累资本的过程和方法,相关论文数量虽多,但内容大致相同;对蒋、宋、孔、陈四大家族资产的准确数字也有待科学的查证;对四大家族在经济上的影响力也需要做进一步研究;四大家族运用政治特权谋取经济私利的具体史实,也需做具体而微的查证、核实。只有这样,我们对"四大家族官僚资本"才能有更清晰、准确、实事求是的认识。

——节选自李少兵、王莉:《20世纪40年代以来中国大陆"四大家族官僚资本"问题研究》,《史学月刊》2005年第3期。

(三)

中国的出路何在

鸦片战争后很长一段时间内,不少先进的中国人曾把建立西方式的资产阶级共和国视为中国的唯一出路。这在当时是很自然的,也是进步的。但是,无论是康有为等发起的戊戌维新运动还是孙中山等发动的辛亥革命,都迅速遭到了失败。这条路实际上总是走不通。其所以走不通,一方面是由于帝国主义和中国封建买办势力紧密勾结,设置了难以逾越的障碍,另一方面是由于中国民族资产阶级力量十分微弱,而且多数民族资本家关心的主要是自己眼前的经济利益,缺乏远大目标和斗争精神。他们对维新运动尚且不敢积极参加,对革命运动更是疑虑重重。他们害怕革命带来的社会动荡会危及自己的经济利益。他们不但不敢把广大工农群众发动起来去同强大的反动势力进行决死斗争,反而十分害怕工农的发动。在革命爆发前,他们企图以立宪来抵制革命;革命爆发后,他们又以各种方式对革命派施加影响,力促革命派向袁世凯妥协,以便尽快结束革命。中国的资产阶级革命竟得不到资产阶级本身的支持,它遭到失败乃是必然的。

辛亥革命后,不甘心失败的资产阶级民主派曾从不同角度总结教训。……孙中山不同意教育救国、实业救国等主张。他提出,革命失败的原因在于"单破坏地面,没有掘地底陈土(指旧官僚、武人、政客)"。"以后应再有一番大革命,才能够做成一个真中华民国。"但是,怎样才能保证今后的大革命能把"地底陈土"

清除干净呢?这个革命要靠什么阶级来领导,靠什么阶级的力量来完成呢?孙中山回答不了这些问题。

十月革命打开了中国人的眼界,推动人们去探索新的出路。李大钊等先进知识分子开始把目光由西方转向苏俄,开始学习马列主义,由资产阶级民主主义者转变为共产主义者。由共产主义者组成的中国共产党用马列主义分析中国的国情,找到了中国真正的出路,这就是经过无产阶级领导的、反帝反封建的新民主主义革命走向社会主义。

孙中山虽然没有接受马列主义,但他也十分重视学习十月革命提供的新经验。他提出:"我党今后之革命,非以俄为师,断无成就""法美共和国皆旧式的,今日惟俄国为新式的。吾人当造成一最新式的共和国"。这表明,中国资产阶级民主派的领袖也对学习西方这条道路产生了怀疑,开始探寻新的出路。

当时,资产阶级民主派中的多数人仍然坚持学习西方的主张。在共产党内,也有人附和这种主张。大革命时期,陈独秀把革命领导权让给资产阶级,认为革命的结果应该是建立西方式的资产阶级共和国。但是,民族资产阶级并没有掌握领导权的能力。结果是领导权落到反动的大资产阶级手中,革命遭到了失败,国民党也蜕变为代表封建地主阶级和官僚买办资产阶级的反动政党。此后,资产阶级民主派进一步分化,一部分倒向右派,一部分转向共产党。另一部分人继续坚持在中国建立资产阶级共和国的道路,他们的号召力远不能与当年的孙中山相比,当年孙中山尚且无法实现的目的,他们自然更无法实现。

总之,在中国近代历史上,虽然曾有不少人把建立西方式的资产阶级共和国当作中国的唯一出路,并曾长期为之奋斗,但这条路始终没有走通,而且越来越走不通。中国人民在共产党领导下走上新民主主义—社会主义的道路之后,中国的历史才出现了转机,半殖民地半封建的中国在不太长的时间内就变成了独立、强大的社会主义中国。历史事实证明,只有新民主主义—社会主义才是中国真正的出路。

但是,有些同志在总结中国近代历史时,却得出了另一种结论。……简要地说,这些同志的观点就是:中国"唯一的出路"是向西方资本主义学习,实现资本主义现代化。只有在实现资本主义现代化以后,才能搞社会主义。这些同志提出的实际上并不是什么新的创见,而只是重复近代资产阶级民主派和陈独秀早已提出并已被历史证明是错误的陈旧观点。这些同志既然以历史学家的身份重新提出这些观点,便理应用历史回答下述问题:为什么被他们宣布为"唯一的出路"的学习西方之路始终没能把中国从半殖民地半封建的苦难深渊中拯救出来,而被他们视为并非出路的新民主主义—社会主义之路却使中国摆脱了帝国主义、封建主义的统治？在外国资本主义压迫下的半殖民地的中国,单靠"学习西方"能不能"使自己现代化"？先现代化、再搞社会主义,在中国是否可能？可是,他们对这些问题却避而不答。实际上,他们也无法回答。

  历史是发展的。在十月革命前,中国人民还不可能找到新民主主义——社会主义这条道路。当时,先进的中国人把建立西方式的资产阶级共和国当作唯一出路是可以理解的。虽然历史证明这样"学习西方"并非真正的出路,但当年他们勇于在黑暗中寻求救国道路的精神至今仍值得我们赞颂。可是,在我国新民主主义革命早已取得胜利、社会主义制度早已建立、社会主义建设已取得伟大成就的今天,我们的某些历史学家仍坚持如此"向西方学习"是中国"唯一的出路"的观点,这绝不是对历史的尊重,而是对历史的嘲弄。

  ——节选自林华国：《评中国近代史研究中的一些重大分歧》,《高校理论战线》2006年第3期。

第四章
开天辟地的大事变

内 容 提 要

本章有三节内容,叙述从新文化运动发生到国民革命失败这一历史阶段,中国革命从旧民主主义向新民主主义的转变、马克思主义在中国的传播及其与中国工人运动的结合、中国共产党的诞生和中国革命新局面的开辟。通过本章的学习,要求学生认识新文化运动兴起、五四运动爆发的主要原因和重大影响;认识马克思主义在中国传播、为中国先进分子所接受并成为中国革命指导理论的历史必然性;认识中国共产党的诞生是马克思主义同中国工人运动相结合的历史产物及其对中国革命的深刻影响;认识国民革命的历史意义和失败原因。

第一节 新文化运动和五四运动

本节通过对国内外环境以及重大事件的阐述,说明中国的先进分子选择马克思主义的必然性。

一、新文化运动与思想解放的潮流

(1)新文化运动的兴起。面对辛亥革命的失败和北洋军阀统治的建立,一些先进的中国知识分子认为,"欲图根本之救亡",必须改造中国的国民性。他们发动了一场新的启蒙运动——新文化运动。《新青年》杂志和北京大学是新文化运动的主要阵地。

(2)新文化运动的基本口号。《新青年》提出的基本口号是民主和科学,即所谓拥护"德先生"和"赛先生"。新文化运动的倡导者家们认为,为了提倡民主和科学,给发展资本主义扫清思想障碍,必须对孔学进行批判。

（3）反封建的思想解放运动。新文化运动的倡导者提倡民主、反对专制，提倡科学、反对迷信盲从，在当时即获得了人们广泛的赞同，并产生了深远的影响；新文化运动的倡导者批判孔学，动摇了孔学绝对权威的地位，从而使人们敢于冲破封建思想的牢笼，去进行独立思考；新文化运动的倡导者们在社会上掀起了一股思想解放的潮流。

（4）五四以前新文化运动的局限。1919年五四运动以前的新文化运动是资产阶级民主主义的新文化反对封建主义的旧文化的斗争。

二、十月革命与马克思主义在中国的传播

1917年俄国爆发的十月社会主义革命，是一个具有划时代意义的世界性的历史事件。它使中国人看到了民族解放的新希望，推动中国的先进分子把自己的目光从西方转向东方，从资产阶级民主主义转向社会主义。

十月革命以后、五四运动前后的中国思想界，产生了一批赞成俄国十月社会主义革命、具有初步共产主义思想的知识分子。李大钊在中国大地上率先举起了马克思主义旗帜。

三、五四运动：新民主主义革命的开端

（1）五四运动的爆发。1919年，五四运动爆发。这个运动是在新的时代条件和社会历史条件下发生的。五四运动爆发的直接导火线，是巴黎和会上中国外交的失败。

（2）五四运动的历史特点。第一，表现了反帝反封建的彻底性；第二，是一次真正的群众运动；第三，促进了马克思主义在中国的传播及其与中国工人运动的结合。五四运动成了中国革命的新阶段即新民主主义革命阶段的开端。

第二节　马克思主义进一步传播与中国共产党诞生

本节重点论述了马克思主义在中国传播、中国共产党诞生的历史特点及意义。

一、中国早期马克思主义思想运动

（1）早期马克思主义者的队伍。五四运动以后，社会主义思潮在中国蓬勃兴起，马克思主义开始在知识界中得到传播。中国早期信仰马克思主义的人物，

主要有三种类型。

(2) 早期马克思主义思想运动。为适应中国社会发展和革命发展的需要，早期马克思主义者在中国掀起了一场研究、传播马克思主义的思想运动。这场思想运动有着鲜明的特点。

(3) 新文化运动的发展。五四以后的新文化运动已经发展到了一个新阶段，马克思主义开始逐步地在思想文化领域中发挥指导作用了。

二、马克思主义与中国工人运动的结合

(1) 中国共产党的早期组织。随着中国工人阶级开始作为独立的政治力量登上历史舞台和马克思主义在中国逐步传播，建立一个以马克思主义理论为指导的工人阶级政党的任务被提上了日程。

(2) 中国共产党早期组织的活动。第一，研究和宣传马克思主义，并同反马克思主义的思想流派进行了斗争；第二，到工人中去进行宣传和组织工作；第三，进行关于建党问题的讨论和实际组织工作。这些工作，促进了马克思列宁主义的传播及其与中国工人运动的结合。

三、中国共产党的创建及其历史特点

(1) 中国共产党第一次全国代表大会。1921年7月23日，中国共产党第一次全国代表大会在上海举行。大会确定党的名称为中国共产党。

(2) 中国共产党成立的历史特点和意义。中国共产党一开始就是一个以马克思列宁主义理论为基础的党，是一个区别于第二国际旧式社会改良党的新型工人阶级革命政党。中国共产党的成立是一个"开天辟地的大事变"。

第三节　中国革命的新局面

本节主要介绍了中国共产党成立之后中国革命发生的新面貌。

一、制定革命纲领，发动工农运动

(1) 制定反帝反封建的民主革命纲领。中国共产党一经成立，中国革命就展现了新的面貌。第一，第一次提出了反帝反封建的民主革命的纲领，为中国人民指示了明确的斗争目标。第二，开始采取群众路线的方法。

(2) 发动工农群众开展革命斗争。在中国共产党的领导、组织、推动下，从1922年1月香港海员罢工到1923年2月京汉铁路工人罢工，中国掀起了第一

个工人运动的高潮。农民运动也逐步展开。

二、实行国共合作,掀起大革命高潮

（1）国共合作的形成。1924年1月,中国国民党第一次全国代表大会召开,大会通过提出的新三民主义的政纲同中国共产党在民主革命阶段的纲领基本一致,因而成为国共合作的政治基础;大会实际上确定了联俄、联共、扶助农工三大革命政策。国民党一大的成功召开,标志着第一次国共合作的正式形成。

（2）大革命的准备与进行。1924年,工人运动开始复兴,农民运动也有了初步开展。国共合作创办了黄埔陆军军官学校。1925年,五卅运动爆发。1926年7月,北伐战争开始。1924年至1927年中国反帝反封建的革命,被称作大革命。

（3）大革命中的中国共产党。大革命是在国共合作的条件下进行的,中国共产党在大革命中起着独特的、不可代替的作用。

（4）大革命的意义、失败原因和教训。1927年,蒋介石、汪精卫先后发动反共政变,国共合作全面破裂,大革命最终失败。大革命的失败从客观方面来讲,是由于反革命力量的强大,是由于资产阶级发生了严重的动摇、统一战线出现了剧烈的分化;从主观方面来说,是由于中国共产党的中央领导机关在大革命的后期犯了以陈独秀为代表的右倾机会主义的错误。大革命为把中国革命推进到一个新的阶段——土地革命战争阶段准备了必要的条件。

习 题 训 练

（一）单项选择题

1. 1919年五四运动以前的新文化运动是（　　）。
　　A. 农民阶级民粹主义的文化运动
　　B. 小资产阶级无政府主义的文化运动
　　C. 无产阶级社会主义的文化运动
　　D. 资产阶级民主主义的文化运动

2. 新文化运动的基本口号是（　　）。
　　A. 民主和自由　　　　　　　　B. 平等和博爱
　　C. 民主和科学　　　　　　　　D. 理性和科学

3. 在新文化运动中率先举起马克思主义旗帜的是(   )。
   A. 毛泽东　　　B. 蔡和森　　　C. 陈独秀　　　D. 李大钊
4. 1919年五四运动爆发的直接导火线是(   )。
   A. 北洋政府与日本签订"二十一条"　　B. 北洋政府拒绝恢复《临时约法》
   C. 巴黎和会上中国外交的失败　　　　D. 华盛顿会议上中国外交的失败
5. 中国近代史上第一次彻底的不妥协的反帝反封建斗争运动是(   )。
   A. 护国运动　　　　　　　　　B. 护法运动
   C. 五四运动　　　　　　　　　D. 五卅运动
6. 1919年5月爆发的五四运动是(   )。
   A. 中国旧民主主义革命阶段的开端
   B. 中国新民主主义革命阶段的开端
   C. 中国社会主义革命阶段的开端
   D. 世界社会主义革命阶段的开端
7. 在中国早期信仰马克思主义的先进分子中,来自五四爱国运动左翼骨干的代表是(   )。
   A. 陈独秀　　　B. 毛泽东　　　C. 李大钊　　　D. 董必武
8. 1920年建立的中国最早的共产党组织是(   )。
   A. 北京共产主义小组　　　　　B. 上海共产主义小组
   C. 武汉共产主义小组　　　　　D. 广州共产主义小组
9. 1921年诞生的中国共产党是(   )。
   A. 新文化运动与中国革命相结合的产物
   B. 中国知识分子与工人阶级相结合的产物
   C. 五四运动与中国革命相结合的产物
   D. 马克思主义与中国工人运动相结合的产物
10. 中国共产党第一次明确提出反帝反封建民主革命纲领的会议是(   )。
    A. 中共一大　　　　　　　　　B. 中共二大
    C. 中共三大　　　　　　　　　D. 中共四大
11. 1921年9月,中国共产党领导成立的第一个农民协会是在(   )。
    A. 浙江省萧山县　　　　　　　B. 广东省海丰县
    C. 湖南省湘潭县　　　　　　　D. 福建省上杭县
12. 中国共产党正式确定第一次国共合作方针和办法的会议是(   )。
    A. 中共二大　　　　　　　　　B. 中共西湖会议
    C. 中共三大　　　　　　　　　D. 中共瓦窑堡会议

13. 第一次国共合作正式形成的标志是(　　)。
    A. 中国共产党一大的召开　　　　B. 中国共产党三大的召开
    C. 中国国民党一大的召开　　　　D. 中国国民党三大的召开
14. 第一次国共合作的政治基础(　　)。
    A. 中共一大制定的最高纲领　　　B. 孙中山提出的三民主义
    C. 中共二大制定的最低纲领　　　D. 孙中山提出的新三民主义
15. 第一次国共合作建立后,全国范围的大革命高潮兴起的起点是(　　)。
    A. 五四运动　　　　　　　　　　B. 香港海员罢工
    C. 五卅运动　　　　　　　　　　D. 省港工人罢工
16. 中国共产党决定加入共产国际是在(　　)。
    A. 中共一大　　　　　　　　　　B. 中共二大
    C. 中共三大　　　　　　　　　　D. 中共四大
17. 1927年,蒋介石在上海制造的破坏国共合作的事件是(　　)。
    A. 中山舰事件　　　　　　　　　B. 整理党务案事件
    C. 四一二政变　　　　　　　　　D. 七一五政变
18. 1927年,汪精卫在武汉制造的导致国共合作全面破裂的事件是(　　)。
    A. 中山舰事件　　　　　　　　　B. 整理党务案事件
    C. 四一二政变　　　　　　　　　D. 七一五政变

(二) 多项选择题

1. 新文化运动的主要阵地是(　　)。
   A. 北京大学　　　　　　　　　　B. 中山大学
   C. 《新青年》编辑部　　　　　　D. 《湘江评论》编辑部
2. 五四运动在1919年6月3日后发生的重要转变是(　　)。
   A. 运动的中心从北京转到西安　　B. 运动的中心从北京转到上海
   C. 运动的主力从学生转为工人　　D. 运动的主力从工人转为农民
3. 五四运动具有的历史特点是(　　)。
   A. 反帝反封建的彻底性
   B. 真正的群众运动
   C. 促进了马克思主义在中国的传播
   D. 促进了马克思主义与中国工人运动的结合
4. 中国早期信仰马克思主义的先进分子的主要类型是(　　)。
   A. 五四以前的新文化运动的精神领袖

B. 五四爱国运动的左翼骨干

C. 一部分原中国同盟会的会员

D. 中国产业工人中的优秀分子

5. 在中国早期信仰马克思主义的先进分子中,来自辛亥革命时期的活动家的是(   )。

   A. 杨匏安   B. 董必武   C. 吴玉章   D. 林伯渠

6. 在中国早期马克思主义者的队伍中,作为先驱者和擎旗人的是(   )。

   A. 陈独秀   B. 李大钊   C. 毛泽东   D. 蔡和森

7. 中国各地共产党早期组织成立后着重进行的工作是(   )。

   A. 研究和宣传马克思主义

   B. 建立革命统一战线

   C. 到工人中去开展宣传和组织工作

   D. 开展关于建党问题的讨论和实际组织工作

8. 中国共产党早期组织的成员同反马克思主义思潮进行的主要论战是(   )。

   A. 同康有为关于"改良与革命"的论战

   B. 同胡适围绕"问题与主义"的论战

   C. 同张东荪等关于社会主义的论战

   D. 同无政府主义的论战

9. 中国早期共产党组织成立后出版的工人通俗刊物有(   )。

   A. 《劳动界》   B. 《劳动音》

   C. 《工人月刊》   D. 《济南劳动月刊》

10. 中共二大制定的民主革命纲领的主要内容是(   )。

    A. 打倒军阀   B. 推翻国际帝国主义的压迫

    C. 统一中国为真正的民主共和国   D. 实现共产主义

11. 在中国工人运动第一个高潮中,中国共产党领导的罢工斗争有(   )。

    A. 香港海员罢工   B. 安源路矿工人罢工

    C. 开滦五矿工人罢工   D. 京汉铁路工人罢工

12. 中国国民党第一次全国代表大会实际上确立的三大政策是(   )。

    A. 联俄   B. 联共

    C. 打倒军阀   D. 扶助农工

13. 1926年,以推翻北洋军阀统治为目标的北伐战争的主要对象是(   )。

    A. 皖系军阀段祺瑞   B. 直系军阀吴佩孚

    C. 直系军阀孙传芳   D. 奉系军阀张作霖

14. 1927年,中国人民在北伐战争胜利进军推动下收回的租界是( )。
    A. 广州法租界   B. 上海法租界
    C. 汉口英租界   D. 九江英租界

(三)辨析题

1. 俄国十月革命的胜利推动了中国先进分子在思想上转向社会主义。
2. 新文化运动是中国新民主主义革命阶段的开端。
3. 中国共产党的成立是一个"开天辟地的大事变"。
4. 三民主义是第一次国共合作的政治基础。

(四)简答题

1. 五四以前新文化运动的历史意义和历史局限。
2. 中国早期马克思主义者队伍的形成和早期马克思主义思想运动的特点。
3. 中国共产党成立的历史特点。
4. 1925年至1927年中国反帝反封建的国民革命是一场规模宏伟的大革命。
5. 中国共产党在大革命中的历史作用。

(五)论述题

1. 中国共产党成立的历史特点和意义。
2. 第一次国共合作期间的大革命的失败原因和历史意义。

参 考 答 案

(一)单项选择题

1. D 2. C 3. D 4. C 5. C 6. B 7. B 8. B 9. D 10. B
11. A 12. C 13. C 14. D 15. C 16. B 17. C 18. D

(二)多项选择题

1. AC 2. BC 3. ABCD 4. ABC 5. BCD 6. AB 7. ACD
8. BCD 9. ABCD 10. ABC 11. ABCD 12. ABD 13. BCD 14. CD

（三）辨析题

1. 正确。第一，十月革命给予中国人的一个启示是，经济文化落后的国家也可以用社会主义思想指引自己走向解放之路。第二，十月革命诞生的社会主义俄国号召反对帝国主义，并以新的平等的态度对待中国，有力地推动了社会主义思想在中国的传播。第三，十月革命中俄国工人、农民和士兵群众的广泛发动并由此赢得胜利的事实，给予中国的先进分子以新的革命方法的启示，推动他们去研究这个革命所遵循的主义。

2. 错误。五四运动具有以辛亥革命为代表的旧民主主义革命所不具备的特点，主要是：第一，五四运动表现了反帝反封建的彻底性。第二，五四运动是一次真正的群众运动。第三，五四运动促进了马克思主义在中国的传播及其与中国工人运动的结合，为1921年中国共产党的成立作了思想上和干部上的准备。正因为五四运动具备了上述新的历史特点，它也就成了中国革命的新阶段即新民主主义革命阶段的开端。

3. 正确。中国共产党是马克思主义在中国传播及其与中国工人运动相结合的历史产物。中国共产党的成立，给灾难深重的中国人民带来了光明和希望。中国人民从来就勤劳勇敢，富于斗争传统。他们的斗争之所以屡遭挫折和失败，重要原因之一，是由于没有一个先进的坚强的政党作为凝聚自己力量的领导核心。而自从有了中国共产党，这种局面就根本改变了。因此，中国共产党的成立是一个"开天辟地的大事变"。

4. 错误。1924年中国国民党一大通过的宣言对三民主义作出了新的解释：在民族主义中突出了反帝的内容，强调对外实行中华民族的独立，同时主张国内各民族一律平等；在民权主义中强调了民主权利应"为一般平民所共有"，不应为"少数人所得而私"；在民生主义中则提出了"平均地权"和"节制资本"两大原则，并提出要改善工农的生活状况。这个新三民主义的政纲同中共在民主革命阶段的纲领基本一致，因而成为国共合作的政治基础。

（四）简答题

1. 新文化运动的倡导者提倡民主、反对专制，提倡科学、反对迷信盲从，是切中时弊的。正因为如此，这两个口号在当时即获得了人们广泛的赞同，并产生了深远的影响。当封建主义还在政治和社会生活中占据支配地位的时候，对于资产阶级民主主义的提倡，在客观上仍然具有振聋发聩的作用。新文化运动的倡导者们在社会上掀起了一股思想解放的潮流。五四以前的新文化运动存在的历史局限：第一，新文化运动的倡导者批判孔学，是为了给中国发展资本主义扫清障碍。第二，他们把改造国民性置于优先的地位。第三，那时的许多领导人物，还没有马克思主义的批判精神，他们使用的方法，一般地还是资产阶级的方法。

2. 五四运动以后，中国一批先进分子经过各自的摸索，逐步划清了资产阶级民主主义和无产阶级社会主义、科学社会主义和其他社会主义流派的界限，走上了马克思主义的道路。他们主要有三种类型：五四以前的新文化运动的精神领袖，其代表是李大钊、陈独秀；五四爱国运动的左翼骨干，其代表为毛泽东等；一部分原中国同盟会会员、辛亥革命时期的活动家，其代表为董必武等。中国早期马克思主义者在中国掀起的马克思主义思想运动具有以下几个特点：第一，重视对马克思主义基本理论的学习，明确地同第二国际的社会民主主义划清界限。第二，注意从中国的实际出发，学习、运用马克思主义的理论。第三，开始提出知识分子应当同劳动群众相结合的思想。

3. 中国共产党是在特定的社会历史条件下成立的。一方面，它成立于俄国十月革命取得胜利和第二国际社会民主主义、修正主义遭到破产之后，它所接受的是马克思主义的科学社会主义。另一方面，它是在半殖民地半封建中国的工人运动的基础上产生的。中国工人阶级深受帝国主义者、本国资产阶级和封建势力的三重压迫，具有坚强的革命性。所以，中国共产党一开始就是一个以马克思列宁主义理论为基础的党，是一个区别于第二国际旧式社会改良党的新型工人阶级革命政党。

4. 1924年第一次国共合作的形成，加快了中国革命前进的步伐。1925年，以五卅运动为起点，掀起了全国范围的大革命高潮。国民革命军举行了征讨地方军阀陈炯明、邓本殷的广东战争，统一并巩固了广东革命根据地。1926年7月，以推翻北洋军阀统治为目标的北伐战争开始。国民革命军在工农群众的支援下，先后基本上摧毁了北洋军阀吴佩孚、孙传芳的主力，革命势力发展到了长江流域和黄河流域的大部分地区。随着北伐的胜利进军，中国形成了历史上空前广大的人民解放运动，帝国主义、封建主义的统治受到严重的打击。1924年至1927年中国反帝反封建的革命，比之以往任何一次革命，群众的动员程度更为广泛、斗争的规模更加宏伟、革命的社会内涵更其深刻，因此被称作大革命。

5. 在国民革命中，中国共产党起着独特的、不可代替的作用。因为：大革命是在反对帝国主义、反对军阀的政治口号下进行的。而提出这个口号的，正是中国共产党。大革命是在以国共合作为基础的统一战线的组织形式下进行的。而中国共产党正是国共合作的倡导者和统一战线的组织者。大革命是近代中国历史上空前广泛而深刻的群众运动。而中国共产党正是人民群众的主要发动者和组织者。经过共产党人的深入细致的工作,中国人民的力量逐步地组织起来,为国民革命的发展、广东战争和北伐战争的胜利奠定了群众基础。大革命的主要斗争形式是革命战争。共产党人不仅帮助和推动了国民革命军的建立,而且在军队中进行了卓有成效的政治工作,增强它的凝聚力和战斗力;共产党员在战斗中更是身先士卒,起着先锋作用和表率作用。

(五)论述题

1. 中国共产党是在特定的社会历史条件下成立的:一方面,它成立于俄国十月革命取得胜利,第二国际社会民主主义、修正主义遭到破产之后。它所接受的是马克思主义的完整的科学世界观和社会革命论,是在帝国主义和无产阶级革命时代发展了的马克思主义即列宁主义,是在斗争中同资产阶级、小资产阶级社会主义划清了界限的科学社会主义。另一方面,它是在半殖民地半封建中国的工人运动的基础上产生的。中国工人阶级深受帝国主义者、本国资产阶级和封建势力的三重压迫,具有坚强的革命性。在这个阶级中,不存在欧洲那种工人贵族阶层,没有社会改良主义的基础。而且在半殖民地的中国,工人阶级根本不可能进行和平的议会斗争,他们很少可能对资产阶级民主制度抱有期望。所以,中国共产党一开始就是一个以马克思列宁主义理论为基础的党,是一个区别于第二国际旧式社会改良党的新型工人阶级革命政党。

中国共产党的成立,是一个"开天辟地的大事变"。它给灾难深重的中国人民带来了光明和希望。中国人民从来就勤劳勇敢,富于斗争传统。他们的斗争之所以屡遭挫折和失败,重要原因之一,是由于没有一个先进的坚强的政党作为凝聚自己力量的领导核心。而自从有了中国共产党,这种局面就根本改变了。

2. 大革命失败的原因,从客观方面来讲,是由于反革命力量的强大,是由于资产阶级发生严重的动摇、统一战线出现剧烈的分化,是由于蒋介石集团、汪精卫集团先后被帝国主义势力和地主阶级、买办资产阶级拉进反革命营垒里去了。从主观方面来说,是由于中国共产党的中央领导机关在大革命的后期犯了以陈独秀为代表的右倾机会主义的错误,放弃了无产阶级对于农民群众、城市小资产阶级和民族资产阶级的领导权,尤其是武装力量的领导权,使那次革命遭到了失败。

这场失败了的革命,实际上是未来胜利的革命的一次伟大的演习。因为正是在这个时期,中国共产党人进行了轰轰烈烈的革命工作,领导了全国反帝反封建的伟大斗争,在中国革命史上写下了光荣的一页,同时开始探索马克思主义中国化的途径,初步提出了无产阶级领导的、人民大众的、反帝反封建的新民主主义革命的基本思想,并且从大革命的失败中汲取了严重的历史教训,开始懂得进行土地革命和掌握革命武装的重要性。正是由于经历了这场大革命,中国人民的觉悟程度和组织程度有了明显的提高,中国共产党开始掌握了一部分革命武装。这些,为把中国革命推进到一个新的阶段——土地革命战争阶段准备了必要的条件。

延 伸 阅 读

（一）

民国六七年北京大学所提倡的新运动,无论形式上如何五花八门,意义上只是思想的解放与个人的解放。蔡元培先生在民国元年就提出"循思想自由、言论自由之公例,不以一流派之哲学、一宗门之教义梏其心"的原则了。他后来办北京大学,主张思想自由、学术独立、百家平等。在北京大学里,辜鸿铭、刘师培、黄侃和陈独秀、钱玄同等同时教书讲学。别人颇以为奇怪,蔡先生只说:"此思想自由之通则,而大学之所以为大也。"这样的百家平等,最可以引起青年人的思想解放。我们在当时提倡的思想,当然很显出个人主义的色彩。但我们当时曾引杜威先生的话,指出个人主义有两种：

（1）假的个人主义就是为我主义（egoism）,他的性质是只顾自己的利益,不管群众的利益。

（2）真的个人主义就是个性主义（individuality）,他的特性有两种：一是独立思想,不肯把别人的耳朵当耳朵,不肯把别人的眼睛当眼睛,不肯把别人的脑力当自己的脑力。二是个人对于自己思想信仰的结果要负完全责任,不怕权威,不怕监禁杀身,只认得真理,不认得个人的利害。

这后一种就是我们当时提倡的"健全的个人主义"。我们当日介绍易卜生（Ibsen）的著作,也正是因为易卜生的思想最可以代表那种健全的个人主义。这种思想有两个中心见解：第一是充分发展个人的才能,就是易卜生说:"你要想有益于社会,最好的法子莫如把你自己这块材料铸造成器。"第二是要造成自由独立的人格,像易卜生的《国民公敌》戏剧里的斯铎曼医生那样"贫贱不能移,富贵不能淫,威武不能屈"。这就是张熙若先生说的"养成忠诚勇敢的人格"。

近几年来，五四运动颇受一班论者的批评，也正是为了这种个人主义的人生观。平心说来，这种批评是不公道的，是根据于一种误解的。他们说个人主义的人生观是资本主义社会的人生观。这是滥用名词的大笑话。难道在社会主义的国家里就可以不用充分发展个人的才能了吗？难道社会主义的国家里就用不着有独立自由思想的个人了吗？难道当时辛苦奋斗创立社会主义共产主义的志士仁人都是资本主义社会的奴才吗？我们试看苏俄现在怎样用种种方法来提倡个人的努力，就可以明白这种人生观不是资本主义社会所独有的了。

还有一些人嘲笑这种个人主义，笑它是十九世纪维多利亚时代的过时思想。这种人根本就不懂得维多利亚时代是多么光华灿烂的一个伟大时代。马克思、恩格斯都生死在这个时代里，都是这个时代的自由思想独立精神的产儿。他们都是终身为自由奋斗的人。我们去维多利亚时代还老远哩。我们如何配嘲笑维多利亚时代呢！

所以我完全赞同张熙若先生说的"这种忠诚勇敢的人格在任何政治下都是有无上价值的，都应该大量的培养的"。因为这种人格是社会进步的最大动力。欧洲十八九世纪的个人主义造出了无数爱自由过于面包，爱真理过于生命的特立独行之士，方才有今日的文明世界。我们现在看见苏俄的压迫个人自由思想，但我们应该想想，当日在西伯利亚冰天雪地里受监禁拘囚的十万革命志士，是不是新俄国的先锋？我们到莫斯科去看了那个很感动人的"革命博物馆"，尤其是其中展览列宁一生革命历史的部分，我们不能不深信：一个新社会、新国家，总是一些爱自由爱真理的人造成的，决不是一班奴才造成的。

——节选自胡适：《个人自由与社会进步》，《独立评论》第150号，1935年5月12日。

（二）

代表大会（中共一大）的第三、四、五次会议专门研究了纲领，有些问题经过长时间辩论以后，做出了最后的决定，只有引起热烈争论的一点除外。这一点就是党员经执行委员会许可能否做官和当国会议员。

对这个问题有两种意见，一方坚持认为，我们的党员做官没有任何危险，并建议挑选党员做国会议员，但他们必须在党的领导下进行工作。另一方则不同意这种意见。在第三次会议上，代表们没有得出任何结论，在第四次会议上，辩论更加激烈。

一方坚持认为，采纳国会制就会把我们的党变成黄色的党，他们以德国社会民主党为例子说明如下事实：人们进入国会，就会逐渐放弃自己的原则，成为资本家阶级的一部分，变成叛徒，并把国会制看成是斗争和工作的唯一方式。为了不允许同资产阶级采取任何联合行动，为了集中我们的进攻力量，我们应当在国会外进行斗争。况且，利用国会也不可能争得任何改善，而进入国会，就会使人民有可能认为，利用国会，只有利用国会，我们才能改善自己的状况和发展社会革命事业。

另一方坚持主张，我们应当把公开工作和秘密工作结合起来，如果我们不相信在二十四小时内可以把国家消灭掉，或者说，如果我们不相信总罢工会被资本家镇压下去，那么，政治活动就是必要的。起义的机会不会常有，只是在极少数时候才会到来，但在和平时期，我们就应做好起义的准备。我们应该改善工人的状况，应该开阔他们的眼界，应该引导他们参加革命斗争和争取出版自由、集会自由的斗争，因为公开宣传我们的理论，是取得成就的绝对必要条件。而利用同其他被压迫党派在国会中的联合行动，也可以部分地取得成就。但是，我们要向人民指出：想在旧制度范围内建立新社会的企图是无益的，即使我们试图这样做也是徒劳的。工人阶级必须自己解放自己，因为不能强迫他们进行革命。否则，他们就会对国会抱有错误的看法，采取和平时期的方式，而不采取激进的手段。

这个问题我们还是不能做出结论。只好留到下次代表大会去解决。至于谈到我们是否应该做官的问题，这问题有意识地回避了，但是，我们一致认为不应该当部长、省长，一般说不应当担任重要行政职务。在中国，"官"这个词普遍应用在所有这些职务上，不过，我们允许我们的同志当类似厂长这样的官。

代表大会的第六次会议是深夜里在一个同志家召开的。会议刚开始，就有一个侦探闯进屋里，他道歉说走错了，可是终究使我们不能再继续开会。这个侦探的到来，没有使党受到损失，尽管在他来过之后，很快警察就突然前来进行了搜查。在这以后，我们提高了警惕，为了继续开会，只好到附近一个小城市去。我们在那里研究了委员会起草的实际工作计划。在我们对其他政党的态度问题上，产生了短时间的争论。

有些人坚决主张，我们应坚持这种意见：无产阶级不论在理论上和实践上都应该始终与其他政党作斗争。同其他政党联合行动，并不违背我们党的原则，我们应当团结所有的，竭尽全力与共同的敌人作斗争，因为我国的军阀是社会上一切其他阶级的敌人。另一些人主张，在行动上与其他政党合作反对共同的敌人，同时又在我们的报纸上批评他们，这并不违背我们的原则。我们自己即使不能立即夺得政权，至少可以加强自己，以利于今后的行动，因为我们的力量会因这个进展而强大起来，而代替当前统治者的那个统治阶级或许不会像封建老爷那样进行压迫。这样，我们就可以集中自己的革命力量，扩大自己的革命活动。

这样,即使无产阶级现在不能取得政权,我们也应该联合其他阶级打倒共同的敌人,加强自己,使我们能够领导以后的斗争,推翻那个将要夺得政权的阶级。这样,我们联合其他阶级,仅仅是为了进行破坏性的斗争。但是,会议接受了第一种意见,即实际工作计划起草委员会的提案。

——节选自中共驻共产国际代表团档案的俄文中译稿,中国共产党历次全国代表大会数据库。

（三）

国民党之主义维何？即孙先生所提倡之三民主义是已。本此主义以立政纲,吾人以为救国之道,舍此末由。国民革命之逐步进行,皆当循此原则。此次毅然改组,于组织及纪律特加之意,即期于使党员各尽所能,努力奋斗,以求主义之贯彻。去年十一月二十五日孙先生之演说,及此次大会孙先生对于中国现状及国民党改组问题之演述,言之綦详。兹综合之,对于三民主义为郑重之阐明。盖必了然于此主义之真释,然后对于中国之现状而谋救济之方策,始得有所依据也。

（一）民族主义　国民党之民族主义,有两方面之意义：一则中国民族自求解放；二则中国境内各民族一律平等。

第一方面：国民党之民族主义,其目的在使中国民族得自由独立于世界。辛亥以前,满洲以一民族宰制于上,而列强之帝国主义复从而包围之,故当时民族主义之运动,其作用在脱离满洲之宰制政策与列强之瓜分政策。辛亥以后,满洲之宰制政策已为国民运动所摧毁,而列强之帝国主义则包围如故,瓜分之说变为共管,易言之,武力之掠夺变为经济的压迫而已,其结果足使中国民族失其独立与自由则一也。国内之军阀既与帝国主义相勾结,而资产阶级亦眈眈然欲起而分其馂余,故中国民族政治上、经济上皆日即于憔悴。国民党人因不得不继续努力,以求中国民族之解放。其所恃为后盾者,实为多数之民众,若知识阶级、若农夫、若工人、若商人是已。盖民族主义对于任何阶级,其意义皆不外免除帝国主义之侵略。其在实业界,苟无民族主义,则列强之经济的压迫,自国生产永无发展之可能。其在劳动界,苟无民族主义,则依附帝国主义而生存之军阀及国内外之资本家,足以蚀其生命而有余。故民族解放之斗争,对于多数之民众,其目标皆不外反帝国主义而已。帝国主义受民族主义运动之打击而有所削弱,则此多数之民众,即能因而发展其组织,且从而巩固之,以备继续之斗争,此则国民党能于事实上证明之者。吾人欲证实民族主义实为健全之反帝国主义,则当努力于赞助国内各种平民阶级之组织,以发扬国民之能力。盖惟国民党与民众深切结合之后,中国民族之真正自由与独立始有可望也。

第二方面：辛亥以前，满洲以一民族宰制于上，具如上述。辛亥以后，满洲宰制政策既已摧毁无余，则国内诸民族宜可得平等之结合，国民党之民族主义所要求者即在于此。然不幸而中国之政府乃为专制余孽之军阀所盘据，中国旧日之帝国主义死灰不免复燃，于是国内诸民族因以有机阢不安之象，遂使少数民族疑国民党之主张亦非诚意。故今后国民党为求民族主义之贯彻，当得国内诸民族之谅解，时时晓示其在中国国民革命运动中之共同利益。今国民党在宣传主义之时，正欲积集其势力，自当随国内革命势力之伸张，而渐与诸民族为有组织的联络，及讲求种种具体的解决民族问题之方法矣。国民党敢郑重宣言，承认中国以内各民族之自决权，于反对帝国主义及军阀之革命获得胜利以后，当组织自由统一的（各民族自由联合的）中华民国。

（二）民权主义　国民党之民权主义，于间接民权之外，复行直接民权，即为国民者不但有选举权，且兼有创制、复决、罢官诸权也。民权运动之方式，规定于宪法，以孙先生所创之五权分立为之原则，即立法、司法、行政、考试、监察五权分立是已。凡此既以济代议政治之穷，亦以矫选举制度之弊。近世各国所谓民权制度，往往为资产阶级所专有，适成为压迫平民之工具。若国民党之民权主义，则为一般平民所共有，非少数者所得而私也。于此有当知者：国民党之民权主义，与所谓"天赋人权"者殊科，而唯求所以适合于现在中国革命之需要。盖民国之民权，唯民国之国民乃能享之，必不轻授此权于反对民国之人，使得借以破坏民国。详言之，则凡真正反对帝国主义之个人及团体，均得享有一切自由及权利；而凡卖国罔民以效忠于帝国主义及军阀者，无论其为团体或个人，皆不得享有此等自由及权利。

（三）民生主义　国民党之民生主义，其最要之原则不外二者：一曰平均地权；二曰节制资本。盖酿成经济组织之不平均者，莫大于土地权之为少数人所操纵。故当由国家规定土地法、土地使用法、土地征收法及地价税法。私人所有土地，由地主估价呈报政府，国家就价征税，并于必要时依报价收买之，此则平均地权之要旨也。凡本国人及外国人之企业，或有独占之性质，或规模过大为私人之力所不能办者，如银行、铁道、航路之属，由国家经营管理之，使私有资本制度不能操纵国民之生计，此则节制资本之要旨也。举此二者，则民生主义之进行，可期得良好之基础。于此犹有当为农民告者：中国以农立国，而全国各阶级所受痛苦，以农民为尤甚。国民党之主张，则以为农民之缺乏田地沦为佃户者，国家当给以土地，资其耕作，并为之整顿水利，移殖荒徼，以均地力。农民之缺乏资本至于高利借贷以负债终身者，国家为之筹设调剂机关，如农民银行等，供其匮乏，然后农民得享人生应有之乐。又有当为工人告者：中国工人之生活绝无保障，国民党之主张,则以为工人之失业者,国家当为之谋救济之道,尤当为之制定劳工法,以改良工人之生活。此外如养老之制、育儿之制、周恤废疾者之制、普及教育之制,有相辅而行之性质者,皆当努力以求其实现。凡此皆民生主义所有事也。

中国以内,自北至南,自通商都会以至于穷乡僻壤,贫乏之农夫,劳苦之工人,所在皆是。因其所处之地位与所感之痛苦,类皆相同,其要求解放之情至为迫切,则其反抗帝国主义之意亦必至为强烈。故国民革命之运动,必恃全国农夫、工人之参加,然后可以决胜,盖无可疑者。国民党于此,一方面当对于农夫、工人之运动,以全力助其开展,辅助其经济组织,使日趋于发达,以期增进国民革命运动之实力;一方面又当对于农夫、工人要求参加国民党,相与为不断之努力,以促国民革命运动之进行。盖国民党现正从事于反抗帝国主义与军阀,反抗不利于农夫、工人之特殊阶级,以谋农夫、工人之解放。质言之,即为农夫、工人而奋斗,亦即农夫、工人为自身而奋斗也。

中国为农业的国家,故军队多由农民征集补充而成,乃不为民利捍卫,又不助人民抵抗帝国主义,而反为帝国主义所操纵之军阀,以戕贼人民之利益;国民党于此,认为有史以来莫大之矛盾。其所以然之故,在于中国经济落后,农民穷苦,不得已而受佣于军阀,以图几微之生存。其结果,乃至更增贫困,加人民以压迫,使流为土匪而不顾。欲除此种矛盾,使军队中农民真实之利益与其现在所争之利益无相妨之弊,国民党将于一般士兵及下级军官中极力宣传运动,使知真利所在,立成革命的军队,为人民利益而奋斗。

凡助国民党奋斗以驱除民贼、建设自卫的革命政府之革命军,国民对之当有特殊待遇。每革命军人于革命完全成功之后,愿意归农,革命政府行将给以广田,俾能自给而赡家族。

国民党之三民主义,其真释具如此。自本党改组后,以严格之规律的精神,树立本党组织之基础,对于本党党员,用各种适当方法施以教育及训练,使成为能宣传主义、运动群众、组织政治之革命的人才。同时以本党全力,对于全国国民为普遍的宣传,使加入革命运动,取得政权,克服民敌。至于既取得政权树立政府之时,为制止国内反革命运动及各国帝国主义压制吾国民众胜利之阴谋,芟除实行国民党主义之一切障碍,更应以党为掌握政权之中枢。盖惟有组织、有权威之党,乃为革命的民众之本据,能为全国人民尽此忠实之义务故耳。

——节选自《中国国民党第一次全国代表大会宣言(1924年1月23日)》,第118—122页,广东省社会科学院历史研究室等编:《孙中山文集》(第9卷),中华书局,2011年。

（四）

　　1924年，由于国民党成功改组，国民党的组织在全国范围内取得了前所未有的迅猛发展。这一发展，毫无疑问从孙中山坚持的"容共"政策中获益良多。但进入1925年，随着孙中山去世，国民党的领导层却在不到一年的时间里，接连遭遇严重的挑战与冲击。先是冯自由等在北京独树一帜，擅组"中国国民党同志俱乐部"，否认中央权威；接着是廖仲恺遭党内不满"容共"政策的分子刺杀，国民党最高领导层因此破裂，主要领导人胡汉民、许崇智被迫离开中央；最后是相当一批国民党中央执行委员和监察委员在北京西山集会，公开另立中央，与广州分庭抗礼。从3月"中国国民党同志俱乐部"成立，到11月北京西山会议召开，在不足10个月时间里，国民党自身组织竟然接连三度发生严重分化，其中固然存有种种特殊的原因与背景，而无可否认的是，它们也都与国民党内部在"容共"政策上久已存在的意见分歧，和国共两党内在矛盾日益加剧的政治情势直接相关。

　　在以往的研究当中，人们较多地习惯于仅仅从"反共"的视角来看待这一系列事件的发生。事实上，这时国民党人对共产党以及对孙中山"容共"政策，态度各有不同。冯自由的"国民党同志俱乐部"，不同于张继、居正等人参加的"西山会议派"；"西山会议派"中戴季陶等人，又不如谢持等人激烈。而且，这个时候部分国民党人怀疑或反对孙中山的"容共"政策，怀疑或反对共产党人在国民党内的作为，包括怀疑或反对在中国当时的条件下宣传推行共产主义等等，也与后来国民党人所使用的以消灭共产党为目的的"反共"概念不完全相同。至少到1925年为止，国民党内部的分歧主要还是"容共"或"分共"的问题。简单地从"反共"的角度来考察这段历史，无论其为肯定为否定，自然难以体察当时条件下影响分裂者情感、判断和认识的各种复杂历史因素与特定之历史环境，因此也就往往难以具体区分人与人、事件与事件之间的不同与区别，从而无法真实地了解当时国民党内部各种关系错综复杂的情形，无从真实地说明国民党中相当多数人对"容共"政策的态度逐渐变化的经过与原因，甚至容易造成对某些历史事实的漏读甚或误读。当然，在今天看来，这些分裂者当年的一些看法和感受可能偏颇片面，但当年他们曾经因为那样的看法和感受而走向分裂，却是不可回避的事实。深入了解国民党分裂者当年如何看待"容共"问题，分析说明他们逐渐走向"分共"道路的主客观因素乃至心理情感方面的种种复杂原因，无疑也是历史研究所必须面对的一项工作。

　　严格说来，西山会议虽然在组织上造成了国民党内部的极大分裂，对于下层党员的影响颇为明显，而它对广州国民党中央内部的影响却十分有限。让人意想不到的，反倒是那些一度反对西山会议，和部分介入了西山会议发起过程，随后又被共产国际、中共中央和广州国民党中央请回到广州去的国民党老党员，在1927年国共分裂的过程中扮演了极其关键的角色。这既包括1925年始终不赞成强行分共的吴稚晖、李石曾、张静江等人，也包括这个时候一度赞成分共的戴季陶、邵元冲、叶楚伧等人。他们在1926年1月广州的国民党第二次代表大会上，都被推举为国民党中央监察委员和执行委员。但是，一年以后，他们不仅全都转向赞同分共，而且他们的言论和决心已远远超过了西山会议派，完全彻底地转向了政治反共。正是他们，以及相当一部分本已附和西山会议，随后又以各种形式回归广州国民党的中下层党员，在相当程度上影响和推动了1927年蒋介石最终下决心走向"清党"。这应该是西山会议派始料未及的一种后果。

——节选自杨奎松：《"容共"，还是"分共"——1925年国民党因"容共"而分裂之缘起与经过》，《近代史研究》2002年第4期。

第五章
中国革命的新道路

内 容 提 要

本章有两节内容,叙述从土地革命战争兴起到中国工农红军长征胜利这一历史阶段,面对国民党南京政权军事独裁统治的白色恐怖,中国共产党人以坚定的意志努力探索中国革命发展新道路、以顽强的精神独立领导中国革命艰难前行的斗争历程。通过本章的学习,要求学生认识国民党南京政府代表大地主大资产阶级利益的反动本质;认识中国革命的艰巨性,特别是理解中国革命走农村包围城市、武装夺取政权道路的必要性和长期性;认识中国共产党将马克思主义普遍真理与中国革命具体实践相结合的艰辛和历史必然。

第一节 对革命新道路的艰苦探索

本节主要通过讲述大革命失败后的国内情况,说明中国革命是如何走向农村包围城市、武装夺取政权道路的。

一、国民党在全国统治的建立

1928年12月,随着张学良在东北宣布"改易旗帜",国民党在全国范围内建立了统治。大革命失败以后,国民党变成了一个由代表地主阶级、买办性的大资产阶级利益的反动集团所控制的政党;国民党政府的统治是代表地主阶级、买办性大资产阶级利益的一党专政和军事独裁统治。因此,中国人民要争得民族独立和自身解放,就必须同这个反动统治作坚决的斗争。

二、土地革命战争的兴起

(1) 大革命失败后的艰难环境。在国民党的统治下,白色恐怖笼罩着全国城乡,中国革命转入低潮。在严峻的考验面前,中国共产党人表现了坚定的革命立场和大无畏的英雄气概,独立高举起反帝反封建的革命旗帜。为了回答怎样坚持革命,即坚持革命应当走什么道路这个问题,中国共产党人开始了长时间的艰苦的探索。

(2) 开展武装反抗国民党反动统治的斗争。南昌起义、秋收起义和广州起义进入了创造红军的新时期,中国革命由此发展到了一个新的阶段,即土地革命战争时期。

三、走农村包围城市,武装夺取政权的道路

(1) 对中国革命新道路的探索。为了坚持中国革命必须进行武装斗争,但是革命工作应当以城市为中心,这是一个时期内全党的共同认识。然而,所有以占领中心城市为目标的起义很快就失败了。这些起义失败后保留下来的部队,大都经过摸索,逐步转移到了远离国民党统治中心的农村区域。

毛泽东不仅在实践中首先把革命的进攻方向指向了农村,而且从理论上阐明了武装斗争的极端重要性和农村应当成为党的工作中心的思想。毛泽东写了《中国的红色政权为什么能够存在?》《井冈山的斗争》《反对本本主义》,提出了农村包围城市、武装夺取政权的理论,标志着中国化的马克思主义即毛泽东思想的初步形成。

随着革命新道路的开辟,中国革命开始走向复兴。到1930年初,中国共产党领导人民群众建立了大小十几块农村根据地,红军发展到7万人,连同地方武装共约10万人。

(2) 反"围剿"作战与土地革命。1930年10月起,蒋介石集中重兵,向南方各根据地的红军发动大规模的"围剿"。从1930年10月到1932年底,红军取得四次反"围剿"战争的胜利。

红军反"围剿"战争的胜利、革命根据地的发展,是同土地革命的开展密切相关的。毛泽东等制定了可以付诸实施的比较完整的土地革命纲领和路线。在中国共产党的土地革命纲领和路线的指引下,根据地开展了热火朝天的"打土豪,分田地"的斗争,充分调动了广大农民发展生产和参军参战的积极性。

在革命根据地军民进行军事上反"围剿"作战的同时,国民党统治区的共产党人和进步文化界人士还在文化战线上开展了反"围剿"斗争,形成了声势浩大

的左翼文化运动。

第二节　中国革命在探索中曲折前进

本节主要论述中国革命战争发展过程中遭遇的严重挫折以及如何化危为机,并创造新的革命局面。

一、土地革命战争的发展及其挫折

(1) 农村革命根据地的建设。红一方面军三次反"围剿"作战的胜利,使赣南、闽西根据地连成一片,形成了中央革命根据地。与此同时,鄂豫皖、湘鄂西、湘赣、湘鄂赣等根据地也都得到了发展。

1931年11月,中华苏维埃第一次全国代表大会在江西省瑞金县叶坪村举行,成立了中华苏维埃共和国临时中央政府。在苏维埃政府的领导下,根据地军民积极进行经济建设,着重发展农业生产,努力打破敌人的经济封锁。中国共产党领导的农村革命根据地成为新民主主义共和国的雏形,它使陷身于苦难深渊的中国人民看到了一线光明和希望。

(2) 土地革命战争的严重挫折。大革命失败后,由于对中国情况的复杂性和中国革命的长期性缺乏认识,中国共产党内开始滋长一种"左"的急躁情绪。从1927年7月大革命失败到1935年1月遵义会议召开之前,"左"倾错误先后三次在党中央的领导机关取得了统治地位,尤其是以王明为代表的"左"倾教条主义错误,使中国革命受到严重挫折。其最大的恶果,就是使红军在第五次反"围剿"作战中遭到失败,不得不退出南方根据地实行战略转移——长征。

在20世纪30年代前期、中期,中国共产党内屡次出现严重"左"倾错误的主要原因在于,不善于把马克思列宁主义与中国实际全面地、正确地结合起来。

二、中国革命的历史性转折

(1) 遵义会议。1935年1月,遵义会议集中解决了当时具有决定意义的军事问题和组织问题,确立以毛泽东为代表的马克思主义的正确路线在中共中央的领导地位,从而在极其危急的情况下挽救了中国共产党、挽救了中国工农红军、挽救了中国革命,成为中国共产党历史上一个生死攸关的转折点。

(2) 红军长征的胜利。遵义会议后,在毛泽东等人的领导下,中央红军采取灵活机动的战略战术,赢得了战争的主动权。1936年10月,三大主力红军的长征胜利结束。

中国共产党领导的中国工农红军长征的胜利,是中国革命转危为安的关键。长征一结束,中国革命的新局面就开始了。

三、总结历史经验,迎接全国性的抗日战争

在中国革命最艰苦的年代,中国共产党内一部分领导人在一定时期内之所以犯了全局性的、严重的错误,主要是由于对于马克思列宁主义的理论和中国革命的实践没有统一的理解。红军长征到达陕北以后,毛泽东、中共中央用很大的精力,去总结历史经验,加强共产党自身的思想理论建设,从思想上、理论上武装了中国共产党人。

习 题 训 练

(一) 单项选择题

1. 1928年10月,国民党中央常务委员会通过的废除议会制度的文件是(   )。
   A. 《中华民国临时约法》   B. 《中华民国约法》
   C. 《军政纲领》   D. 《训政纲领》

2. 1928年12月,在东北宣布"改易旗帜"、服从国民党南京国民政府的是(   )。
   A. 张学良   B. 冯玉祥   C. 张作霖   D. 冯国璋

3. 中国共产党在大革命向土地革命战争转变的关键时刻召开的重要会议是(   )。
   A. 八七会议   B. 古田会议
   C. 遵义会议   D. 洛川会议

4. 中共八七会议确定总方针是(   )。
   A. 推翻北洋军阀黑暗统治
   B. 开辟农村革命根据地
   C. 土地革命和武装反抗国民党反动统治
   D. 建立工农民主统一战线

5. 毛泽东在中共八七会议上提出的著名论断是(   )。
   A. 没有调查,没有发言权   B. 须知政权是由枪杆子中取得的
   C. 兵民是胜利之本   D. 一切反动派都是纸老虎

6. 中国共产党独立领导革命战争、创建人民军队和武装夺取政权的开端是（　　）。
　　A. 南昌起义　　　B. 秋收起义　　　C. 广州起义　　　D. 百色起义

7. 1927年9月9日，毛泽东领导发动的武装起义是（　　）。
　　A. 海陆丰秋收起义　　　　　　B. 湘赣边界秋收起义
　　C. 黄麻起义　　　　　　　　　D. 湘南起义

8. 1927年10月，毛泽东率领秋收起义部队创建的农村革命根据地是（　　）。
　　A. 闽浙赣革命根据地　　　　　B. 湘鄂西革命根据地
　　C. 左右江革命根据地　　　　　D. 井冈山革命根据地

9. 1930年5月，毛泽东在《反对本本主义》中提出的重要思想是（　　）。
　　A. 枪杆子里面出政权　　　　　B. 兵民是胜利之本
　　C. 没有调查，没有发言权　　　D. 一切反动派都是纸老虎

10. 毛泽东明确提出"中国革命斗争的胜利要靠中国同志了解中国情况"论断的著作是（　　）。
　　A.《井冈山的斗争》
　　B.《中国的红色政权为什么能够存在？》
　　C.《星星之火，可以燎原》
　　D.《反对本本主义》

11. 标志中国化的马克思主义即毛泽东思想初步形成的是（　　）。
　　A. 反帝反封建民主革命纲领的提出
　　B. 新民主主义基本纲领的提出
　　C. 新民主主义革命总路线的提出
　　D. 农村包围城市、武装夺取政权理论的提出

12. 1928年，毛泽东主持制定的中国共产党历史上第一个土地法是（　　）。
　　A.《井冈山土地法》
　　B.《兴国土地法》
　　C.《中国土地法大纲》
　　D.《关于清算、减租及土地问题的指示》

13. 1929年，毛泽东主持制定的提出"没收一切公共土地及地主阶级的土地"的土地法是（　　）。
　　A.《井冈山土地法》
　　B.《兴国土地法》
　　C.《中国土地法大纲》
　　D.《关于清算、减租及土地问题的指示》

14. 在红一方面军一、二、三次反"围剿"斗争胜利的基础上形成的革命根据地是（　　）。
    A. 鄂豫皖革命根据地　　　　　　　B. 左右江革命根据地
    C. 湘鄂西革命根据地　　　　　　　D. 中央革命根据地

15. 1931年11月,中国共产党在江西省瑞金召开的重要会议是（　　）。
    A. 中共六届四中全会　　　　　　　B. 红四军第九次党代表大会
    C. 中华苏维埃第一次全国代表大会　D. 中共六届六中全会

16. 1931年当选为中华苏维埃共和国临时中央政府主席的是（　　）。
    A. 毛泽东　　　B. 周恩来　　　C. 张国焘　　　D. 王稼祥

17. 1931年至1935年,中国共产党内发生的对中国革命造成极其严重危害的错误是（　　）。
    A. "左"倾盲动主义　　　　　　　　B. "左"倾冒险主义
    C. "左"倾经验主义　　　　　　　　D. "左"倾教条主义

18. 1935年1月,中国共产党在红军长征途中召开的历史转折意义的会议是（　　）。
    A. 古田会议　　　　　　　　　　　B. 遵义会议
    C. 洛川会议　　　　　　　　　　　D. 瓦窑堡会议

（二）多项选择题

1. 国民党政府在全国统治建立后,实行的一党专政军事独裁统治的主要方法是（　　）。
    A. 建立了庞大的军队　　　　　　　B. 建立了庞大的全国性特务系统
    C. 大力推行保甲制度　　　　　　　D. 厉行文化专制主义

2. 1927年大革命失败后,中国共产党人和革命群众必须回答的两个根本性问题是（　　）。
    A. 要不要建立统一战线　　　　　　B. 怎样建立统一战线
    C. 敢不敢坚持革命　　　　　　　　D. 怎样坚持革命

3. 在1927年大革命失败的危急时刻毅然加入中国共产党队伍的革命人士有（　　）。
    A. 徐特立　　　B. 郭沫若　　　C. 贺龙　　　D. 彭德怀

4. 1927年,中国共产党发动的武装反抗国民党黑暗统治的著名起义是（　　）。
    A. 南昌起义　　　　　　　　　　　B. 秋收起义
    C. 广州起义　　　　　　　　　　　D. 百色起义

5. 毛泽东提出的"工农武装割据"思想的基本方面是(　　)。
   A. 土地革命　　　　　　　　　　B. 武装斗争
   C. 统一战线　　　　　　　　　　D. 农村根据地建设

6. 到1930年初,中国共产党在全国建立的农村革命根据地中包括了(　　)。
   A. 左右江根据地　　　　　　　　B. 湘鄂西根据地
   C. 鄂豫皖根据地　　　　　　　　D. 闽浙赣根据地

7. 在开辟农村革命根据地的斗争中,毛泽东制定的土地革命中的阶级路线是(　　)。
   A. 坚定地依靠贫农、雇农　　　　B. 联合中农,限制富农
   C. 保护中小工商业者　　　　　　D. 消灭地主阶级

8. 在土地革命战争前中期,先后在中共中央领导机关取得统治地位的"左"倾错误包括(　　)。
   A. "左"倾盲动主义　　　　　　　B. "左"倾冒险主义
   C. "左"倾经验主义　　　　　　　D. "左"倾教条主义

9. 以王明为代表的"左"倾教条主义在党内斗争中实行的方针是(　　)。
   A. 残酷斗争　　　　　　　　　　B. 无情打击
   C. 惩前毖后　　　　　　　　　　D. 治病救人

10. 以王明为代表的"左"倾教条主义在军事斗争问题上的主要错误是实行(　　)。
    A. 作战中的自由主义　　　　　　B. 进攻中的冒险主义
    C. 防御中的保守主义　　　　　　D. 退却中的逃跑主义

11. 中国共产党在长征途中召开的遵义会议上集中解决的主要问题是(　　)。
    A. 军事问题　　　　　　　　　　B. 作风问题
    C. 思想问题　　　　　　　　　　D. 组织问题

12. 在中央红军主力开始长征后,率领部分红军在南方坚持艰苦游击战争的有(　　)。
    A. 彭德怀　　　B. 项英　　　C. 邓小平　　　D. 陈毅

13. 1935年10月,在陕北吴起镇胜利会师的红军部队是(　　)。
    A. 中央红军陕甘支队　　　　　　B. 红二方面军
    C. 红四方面军　　　　　　　　　D. 红十五军团

14. 1936年10月,在甘肃会宁、静宁将台堡胜利会师的红军三大主力是(　　)。
    A. 红一方面军　　　　　　　　　B. 红二方面军
    C. 红十五军团　　　　　　　　　D. 红四方面军

（三）辨析题

1. 国民党政府在全国统治建立后，实行的是一党专政的军事独裁统治。
2. 遵义会议是中国共产党历史上一个生死攸关的转折点。

（四）简答题

1. 中共八七会议的主要内容及其意义。
2. 在20世纪30年代前、中期，中国共产党内屡次出现严重"左"倾错误的主要原因。
3. 在红军长征胜利后，中国共产党总结历史经验、加强思想理论建设的主要体现。

（五）论述题

1. 在大革命失败后，毛泽东对开辟中国革命新道路的主要贡献。
2. 中国工农红军长征胜利的伟大意义。

参 考 答 案

（一）单项选择题

1. D 2. A 3. A 4. C 5. B 6. A 7. B 8. D 9. C 10. D
11. D 12. A 13. B 14. D 15. C 16. A 17. D 18. B

（二）多项选择题

1. ABCD 2. CD 3. ABCD 4. ABC 5. ABD 6. ABCD 7. ABCD
8. ABD 9. AB 10. BCD 11. AD 12. BD 13. AD 14. ABD

（三）辨析题

1. 正确。首先，为了镇压人民和消灭异己力量，建立了庞大的军队。其次，为了镇压人民和消灭异己力量，建立了庞大的全国性特务系统。再次，为了控制人民，禁止革命活动，大力推行保甲制度，广大人民被禁锢在保甲制度之内。最后，为了控制舆论，剥夺人民的言论和出版自由，厉行文化专制主义。国民党政府主要就是通过这些方法,来维护帝国主义、封建主义、官僚资本主义的利益,巩固自身统治的。

2. 正确。1935年1月,中国共产党在红军长征途中召开的遵义会议,集中解决了当时具有决定意义的军事问题和组织问题。会议批评了博古、李德在第五次反"围剿"中的错误,增选毛泽东为中央政治局常务委员。会后不久,成立了新的三人团,全权负责红军的军事行动。遵义会议开始确立以毛泽东为代表的马克思主义的正确路线在中共中央的领导地位,从而在极其危急的情况下挽救了中国共产党、挽救了中国工农红军、挽救了中国革命。

(四) 简答题

1. 在大革命失败的危急关头,1927年8月7日,中共中央在汉口秘密召开紧急会议(即八七会议),彻底清算了大革命后期的陈独秀右倾机会主义错误,确定了土地革命和武装反抗国民党反动统治的总方针,并选出了以瞿秋白为书记的中央临时政治局。毛泽东在会上着重阐述了党必须依靠农民和掌握枪杆子的思想,强调党"以后要非常注意军事,须知政权是由枪杆子中取得的"。会议还提出了"整顿改编自己的队伍,纠正过去严重的错误,而找着新的道路"的任务。八七会议使中国共产党在政治上大大前进了一步,开始了从大革命失败到土地革命战争兴起的转折。

2. 在20世纪30年代前期、中期,中国共产党内屡次出现严重的"左"倾错误,其原因是多方面的。除了八七会议以后党内一直存在着的浓厚的"左"倾情绪始终没有得到认真的清理,共产国际对中国共产党内部事务的错误干预和瞎指挥以外,主要的原因在于,全党的马克思主义理论准备不足,理论素养不高,实践经验也很缺乏,对于中国的历史状况和社会状况、中国革命的特点、中国革命的规律不了解,对于马克思列宁主义的理论和中国革命的实践没有统一的理解。一句话,不善于把马克思列宁主义与中国实际全面地、正确地结合起来。

3. 红军长征到达陕北以后,毛泽东、中共中央用很大的精力,去总结历史经验,加强共产党自身的思想理论建设。1935年12月,毛泽东作了《论反对日本帝国主义的策略》的报告,阐明党的抗日民族统一战线的新政策,批判党内的关门主义和对于革命的急性病,系统地解决了党的政治路线上的问题。1936年12月,他写了《中国革命战争的战略问题》这部著作,系统地说明了有关中国革命战争战略方面的诸问题。1937年夏,他在延安抗日军政大学讲授《实践论》、《矛盾论》,从马克思主义认识论的高度,总结中国共产党的历史经验,揭露和批评党内的主观主义尤其是教条主义错误,深入论证马克思列宁主义基本原理同中国具体实际相结合的原则,科学地阐明了党的马克思主义的思想路线。

(五) 论述题

1. 在1927年大革命失败危急关头召开的八七会议上,毛泽东着重阐述了党必须依靠农民和掌握枪杆子的思想,强调党"以后要非常注意军事,须知政权是由枪杆子中取得的"。同年9月9日,毛泽东等领导了湘赣边界秋收起义,公开打出了"工农革命军"的旗帜;在攻打长沙遭遇严重挫折后,起义部队决定南下,向敌人控制比较薄弱的农村区域转移,并于10月7日抵达江西省宁冈县茅坪,开始了创建井冈山农村革命根据地的斗争。

毛泽东不仅在实践中首先把革命的进攻方向指向了农村,而且从理论上阐明了武装斗争的极端重要性和农村应当成为党的工作中心的思想。1928年10月和11月,毛泽东就写了《中国的红色政权为什么能够存在?》和《井冈山的斗争》两篇文章,明确地指出以农业为主要经济的中国革命,以军事发展暴动,是一种特征;同时还科学地阐述了共产党领导的土地革命、武装斗争与根据地建设这三者之间的辩证统一关系。1930年5月,毛泽东在《反对本本主义》一文中,阐明了坚持辩证唯物主义的思想路线即坚持理论与实际相结合的原则的极端重要性,提出了"没有调查,没有发言权"和"中国革命斗争的胜利要靠中国同志了解中国情况"的重要思想,表现了毛泽东开辟新道路、创造新理论的革命首创精神。

2. 中国共产党领导的中国工农红军长征的胜利,是中国革命转危为安的关键。经过长征,保存下来的、经历了千锤百炼的骨干,是党和红军极为宝贵的精华。中国共产党正是依靠这支队伍作基干,使革命力量逐步恢复、发展、壮大,直到取得全国的胜利。

中国工农红军的长征是一部伟大的革命英雄主义的史诗。它向全中国和全世界宣告,中国共产党及其领导的人民军队,是一支不可战胜的力量。红军长征,铸就了伟大的长征精神。长征精神,就是把全国人民和中华民族的根本利益看得高于一切,坚定革命的理想和信念,坚信正义事业必然胜利的精神;就是为了救国救民,不怕任何艰难险阻,不惜付出一切牺牲的精神;就是坚持独立自主、实事求是,一切从实际出发的精神;就是顾全大局、严守纪律、紧密团结的精神;就是紧紧依靠人民群众,同人民群众生死相依、患难与共、艰苦奋斗的精神。长征精神,是中国共产党人和人民军队革命风范的生动体现,是中华民族自强不息的民族品格的集中展示,是以爱国主义为核心的民族精神的最高体现。长征精神为中国革命不断从胜利走向胜利提供了强大精神动力。长征一结束,中国革命的新局面就开始了。

延伸阅读

（一）

南京国民政府成立后，立即进行大规模的"清党"，摧残革命群众运动。

（1927年）4月26日，南京国民党中央常务委员会决议通令各级党部彻底实行"清党"。30日，决议由胡汉民（宣传部长）、吴倚沧（组织部代部长）"清党"办法。5月5日，国民党中央常务委员及各部长联席会议决议成立中央"清党委员会"，通过"清党"条例。所谓"清党"，胡汉民说："干脆地说，这次的清党，就是要消灭中国共产党。""清党委员会"成立后，委派清党委员在各地组建各级"清党委员会"，"清党"条例赋予这些委员会以生杀大权，规定"在清党区域内遇有反动分子捣乱本党，阻碍清党进行者，当地清党委员会得直接通知该地军警或行政机关严行缉拿"，从而使得各地反共分子和国民党的军、警、政机关，得以在"清党"、"护党救国"的名义下大肆拘捕和屠杀共产党人，甚至滥杀无辜。

在大肆拘捕和屠杀共产党人的同时，国民党在各地破坏和摧残革命群众的团体和组织，重新成立受国民党操纵的团体，甚至借防止共产党活动为名宣布停止民众运动。1927年12月13日，蒋介石在上海发表谈话说："共产党潜伏各地，民众运动必须停止，待本党确定指导方针和办法后，再恢复工人运动、农民运动等，否则共党煽乱，稍有疏虞，即造成更恐怖局面。"蒋并以苏俄机关为共党活动提供便利为理由，14日下令撤销各地的俄国领事馆，劝令各地的俄国商业机关停业。

1928年3月9日，南京国民政府颁布《暂行反革命活动治罪法》，称"意愿"颠覆国民党及破坏三民主义而起暴动者，宣传与三民主义不相容之主义及不利于国民革命主张者，凡以"反革命"为目的的组织团体或集会者，统统为"反革命"，可处死刑、无期徒刑或有期徒刑。

1931年，淞沪警备司令部会同市政府、市党部、江苏高等法院又合组上海临时军法会审委员会，由警备司令部参议陈汉佐任审判长，专事对共产党案件进行秘密审判。同时，国民党市政当局还对大革命时期上海的工、商、学等革命群众团体进行整顿、改组、重建。4月13日，通告取缔上海总工会，宣布成立"上海工联会"。19日通告成立"上海学生运动指导委员会"，26日宣布接收上海总商会等等。此外还实行新闻检查、书报刊物检查和戏剧电影检查等检查制度，规定各类出版物、电影戏剧必须先送各类检查机关审查，凡被认为宣传共产主义、阶级斗争和反对国民党政策政纲的一律查禁和纠办。

——节选自熊月之主编：《上海通史》（第七卷）《民国政治》，第249—250页，上海人民出版社，1999年。

（二）

和中外政治关系一样，在中外经济关系中，中国的活动自由也受到类似的制约。除了所谓的"不平等条约"强加给中国经济主权的限制外，在国民党统治之前的时期，中外经济合作关系一贯地被认为是次等合作伙伴关系。铁路联合企业就是其中一个明显的例子，如中东铁路，中方负责人在俄国的经营管理中只不过是一个傀儡。中外煤矿和中外合资银行也一概排斥中方担任任何管理者的角色。而且，正如在政治领域一样，在经济领域，列强在第一次世界大战后仍试图持久地维持针对中国的统一阵线。列强之间的合作优先于与中国的合作，这一点在1920年有关英、法、美、日四国银行国际财团形成的时候就已被证明。这个财团坚持对中国市场的"门户开放"政策，特别是不对任何一国开放太多。在其存在的17年间，它甚至没有批准过一项针对单独一国的贷款。对早期的国民党政府而言，中国近代历史的一个显著教训就是要和外国列强单独打交道，而不是把它们作为一个整体来应对。这一点并不让人吃惊。在1928年至1931年间比较成功的（相对以前的成果）条约修订运动中，这是其中的一个主要因素。到20世纪30年代早期，中国通过谈判恢复了对海关、关税、邮政通信、盐业垄断收入和在华近三分之二租界的控制权。在政治关系中，随着俄国和德国在20世纪20年代从"强国"行列中退出，以及20世纪30年代其他列强与日本之间关系日趋恶化，一项基于双边谈判结盟的外交政策成为可能。在追求经济援助和投资过程中，国民党政府还特别强调双边关系，并试图藉此促进各国之间寻求对"新中国"市场份额的竞争。为此，政府还在1928年至1930年间，派遣了许多批次的官员分别前往欧洲国家和美国考察。

可以肯定的是，在南京国民政府执政期间，中国在国际联盟的"全球伙伴关系"中是一个积极的参与者。但是，除了在20世纪30年代中期从国联得到一定程度上有用的技术援助外，在外交和安全事务中，中国与这个国际团体不愉快的经历只是加强了它对通过其他途径来维护自身利益的渴望。

国民党统治的早期与很多国家建立双边关系的策略并不是没有风险。对于一个没有"天然盟友"的军事弱国而言，在政治自治和危险的孤立之间有着一条细微难察的界线。条约修订期间,中国可能已经表现出其在外交上的独立性,但同时也暴露出它在危急时刻没有可以依赖的坚定盟友。在1929年和1931年,中国分别与两个最强大的邻国发生了冲突。1929年,中国与苏联就中东铁路问题爆发了一场短暂而激烈的武装冲突;两年后,中国又面临着日军对满洲的肆意侵略。在这两起事件中,中国发现自身濒于孤立,缺乏有效的外交支持而且没有足够的军事力量独立去抵抗这些邻居。

与日本的冲突迅速激化了。日本自世纪之交就开始对域外特权的谋求在1931年变成了对中国五分之一领土的侵占,中华民族也为了生存进行斗争。1931年后,对日斗争在中国外交政策中占据了主导地位,也使得中国开始了一系列的合作伙伴关系,这是其在条约修订时期不曾预料到的。

没有一个术语可以描述随后20世纪30年代和40年代早期的中德、中俄和中美关系,它们在范围、期限和亲密程度方面都有所不同。在1941年12月太平洋战争爆发之前(甚至那时也没有一个明确解释双方相互责任的中美结盟协议),中国没有一个正式意义上的"盟友"。三个伙伴关系中最密切的德国,也即将在该阶段末期与日本结盟。这一阶段中国从其外交关系中所谋求的甚至可以描述为一种新形式的"赞助":以合作和援助来帮助中国维持统治。这一形式采取提供军事工业能力和道义政治指导的形式(德国),或更直接的军事、财政和战略援助形式(苏联和美国)。这在国民党历史上已有一些先例:早在20世纪20年代初期孙中山就谋求德国和苏俄的援助。在他看来,国民党只寻求与那些能提供中国所需物资和建议却不会进一步损害中国主权的国家合作。

——节选自William C. Kirby著、范瑞明译:《有限的伙伴关系:1928年至1944年中国与德国、苏联和美国的关系》,《社会科学研究》2010年第3期。

(三)

一国之内,在四围白色政权的包围中,有一小块或若干小块红色政权的区域长期地存在,这是世界各国从来没有的事。这种奇事的发生,有其独特的原因。而其存在和发展,亦必有相当的条件。

第一,它的发生不能在任何帝国主义的国家,也不能在任何帝国主义直接统治的殖民地,必然是在帝国主义间接统治的经济落后的半殖民地的中国。因为这种奇怪现象必定伴着另外一件奇怪现象,那就是白色政权之间的战争。帝国主义和国内买办豪绅阶级支持着的各派新旧军阀,从民国元年以来,相互间进行着继续不断的战争,这是半殖民地中国的特征之一。不但全世界帝国主义国家没有一国有这种现象,就是帝国主义直接统治的殖民地也没有一处有这种现象,仅仅帝国主义间接统治的中国这样的国家才有这种现象。这种现象产生的原因有两种,即地方的农业经济(不是统一的资本主义经济)和帝国主义划分势力范围的分裂剥削政策。因为有了白色政权间的长期的分裂和战争,便给了一种条件,使一小块或若干小块的共产党领导的红色区域,能够在四围白色政权包围的中间发生和坚持下来。湘赣边界的割据,就是这许多小块中间的一小块。有些同志在困难和危急的时候,往往怀疑这样的红色政权的存在,而发生悲观的情绪。这是没有找出这种红色政权所以发生和存在的正确的解释的缘故。我们只须知道中国白色政权的分裂和战争是继续不断的,则红色政权的发生、存在并且日益发展,便是无疑的了。

第二,中国红色政权首先发生和能够长期地存在的地方,不是那种并未经过民主革命影响的地方,例如四川、贵州、云南及北方各省,而是在一九二六和一九二七两年资产阶级民主革命过程中工农兵士群众曾经大大地起来过的地方,例如湖南、广东、湖北、江西等省。这些省份的许多地方,曾经有过很广大的工会和农民协会的组织,有过工农阶级对地主豪绅阶级和资产阶级的许多经济的政治的斗争。所以广州产生过三天的城市民众政权,而海陆丰、湘东、湘南、湘赣边界、湖北的黄安等地都有过农民的割据。至于此刻的红军,也是由经过民主的政治训练和接受过工农群众影响的国民革命军中分化出来的。那些毫未经过民主的政治训练、毫未接受过工农影响的军队,例如阎锡山、张作霖的军队,此时便决然不能分化出可以造成红军的成分来。

第三,小地方民众政权之能否长期地存在,则决定于全国革命形势是否向前发展这一个条件。全国革命形势是向前发展的,则小块红色区域的长期存在,不但没有疑义,而且必然地要作为取得全国政权的许多力量中间的一个力量。全国革命形势若不是继续地向前发展,而有一个比较长期的停顿,则小块红色区域的长期存在是不可能的。现在中国革命形势是跟着国内买办豪绅阶级和国际资产阶级的继续的分裂和战争,而继续地向前发展的。所以,不但小块红色区域的长期存在没有疑义,而且这些红色区域将继续发展,日渐接近于全国政权的取得。

第四,相当力量的正式红军的存在,是红色政权存在的必要条件。若只有地方性质的赤卫队而没有正式的红军,则只能对付挨户团,而不能对付正式的白色军队。所以虽有很好的工农群众,若没有相当力量的正式武装,便决然不能造成割据局面,更不能造成长期的和日益发展的割据局面。所以"工农武装割据"的思想,是共产党和割据地方的工农群众必须充分具备的一个重要的思想。

第五,红色政权的长期的存在并且发展,除了上述条件之外,还须有一个要紧的条件,就是共产党组织的有力量和它的政策的不错误。

——节选自毛泽东:《中国的红色政权为什么能够存在?(1928年10月5日)》(原题为《政治问题和边界党的任务》),中共中央文献研究室、中央党案馆编:《建党以来重要文献选编(1921—1949)》第5册,第625—627页,中国文献出版社,2011年。

(四)

蒋介石悬赏八万元要周恩来的首级,可是在周恩来的司令部门前,只有一个哨兵。

我到了屋子里以后看到里面很干净,陈设非常简单。土炕上挂的一顶蚊帐,是唯一可以看到的奢侈品。炕头放着两只铁制的文件箱,一张木制的小炕桌当作办公桌。哨兵向他报告我的到来的时候,周恩来正伏案在看电报。

"我接到报告,说你是一个可靠的新闻记者,对中国人民是友好的,并且说可以信任你会如实报道,"周恩来说。"我们知道这一些就够了。你不是共产主义者,这对于我们是没有关系的。任何一个新闻记者要来苏区访问,我们都欢迎。不许新闻记者到苏区来的,不是我们,是国民党。你见到什么,都可以报道,我们要给你一切帮助来考察苏区。"

给我这样自由活动的诚意,我是有一点惊奇和怀疑的。我原来以为即使允许我到苏区去旅行,对于拍照、搜集材料或访问谈话等总会对我加以一定的限制的。他的话听起来太理想了;总归有什么地方会出毛病的……

关于我的"报告",显然来自共产党在西安的秘密总部。共产党同中国的所有重要城市,包括上海、汉口、南京、天津等处,都有无线电的交通。他们在白区城市内的无线电台虽然经常被破获,国民党要想长期切断他们与红区的通讯联系,却从来没有成功过。据周恩来告诉我,自从红军用白军那里缴获的设备成立了无线电通讯部门之后,他们的密码从来没有给国民党破译过。

周恩来的无线电台设在离开他的司令部不远。他靠了这个电台和苏区里所有各个重要的地方,各个战线都保持联系。他甚至和总司令朱德直接通讯,那时朱德的部队驻扎在西南数百英里外的川藏边境。在西北的苏区临时首都保安有一个无线电学校,大约有90个学生正在那里受无线电工程的训练。他们每天收听南京、上海和东京的广播,把新闻供给苏区的报纸。

周恩来盘腿坐在小炕桌前,把无线电报推开一边——据他说,其中大多数是对面山西省黄河沿岸红军东线各地驻军的报告。他动手替我起草一个旅程。写完以后,他交给我一张纸,开列着为时共需92天的旅程中的各个项目。

"这是我个人的建议,"他说,"但是你是否愿意遵照,那完全是你自己的事情。我认为,你会觉得这次旅行时非常有趣的。"

但需要92天!而且几乎一半的日子要花在路上。那里究竟有什么可以看呢?难道红区有这样辽阔吗?我嘴里没有作声,但是心里对这旅程是有保留的。可是,实际结果是,我花的时间比他所建议的还长得多,随后我还舍不得离开,因为我看到的太少了。

周恩来答应让我骑马到保安去,有三天的路程,并且给我安排好第二天早晨就动身,因为我可以跟着回到临时首都去的一部分通讯部队同行。我听说毛泽东和苏区其他干部都在那里,周恩来同意打一个电报给他们,告诉他们我就要来到。

我一边和周恩来谈话,一边深感兴趣地观察着他,因为在中国,像其他许多红军领袖一样,他是一个传奇式的人物。他个子清瘦,中等身材,骨骼小而结实,尽管胡子又长又黑,外表上仍不脱孩子气,又大又深的眼睛富于热情。他确乎有一种吸引力,似乎是羞怯、个人的魅力和领袖的自信的奇怪混合的产物。他讲英语有点迟缓,但相当准确。他对我说已有五年不讲英语了,这使我感到惊讶。

我从周恩来的一位以前的同学那里,从外国人称为中国"国民革命"的1925到1927年的大革命时代中与他共事的国民党人士那里,了解到一些关于周恩来的情况。但是从周恩来自己身上,我后来还了解到更多的情况。他使我感兴趣,还有一个特别的原因。他显然是中国人中间最罕见的一种人,一个行动同知识和信仰完全一致的纯粹知识分子。他是一个书生出身的造反者。

——节选自[美]斯诺著、董乐山译:《西行漫记》(Red Star Over China),第36—38页,解放军文艺出版社,2002年。

(五)

大革命时期,广西也和南方其他各省一样,在党的领导下,蓬勃地展开了革命运动,"打倒军阀"、"打倒土豪劣绅"、"减租减息"等口号,春雷一样响遍城市、乡村,工会、农民协会等革命的群众组织纷纷建立。当时,党也掌握了一部分武装,领导人民展开了武装斗争,声势浩大。

蒋介石国民党反动集团叛变革命,进行清党反共、屠杀工农群众、出卖国家民族利益、勾结帝国主义之后,中国共产党坚持中国革命斗争,反对国民党投降叛变,号召全国人民组织工农武装建立苏维埃政权,继续承担中国人民革命的光荣任务。大革命失败时,广西党的组织和工农群众的工作也受到了极大的摧残,成千成万的共产党员及革命群众被反动派捕杀或监禁了,其余的转入了地下继续斗争,只有韦拔群同志领导着右江地区的群众,仍坚持着公开的武装斗争。

1929年初,蒋桂军阀战争结束,李宗仁部师长李明瑞和杨腾辉,当了广西省绥靖正、副司令,俞作柏做了广西省主席。那时,我们党中央决定利用这个时机,派遣一些同志利用各种社会关系进入广西,到李明瑞部队中进行工作,也有的分头到左、右江农村进行工作,发展革命力量,争取领导权,以便创建红军,建立苏维埃政权。先后到达广西的有邓小平、张云逸、叶季壮、袁任远、李干辉、袁振武(也烈)、李谦、冯达飞等同志,由邓小平同志负责领导。

我们到达不久,军械船也到了。过不一会,忽然看见叶季壮同志陪着一个不认识的同志,向大队部走来。那位同志中等身材,20多岁年纪,神采奕奕,举止安详。我们连忙迎上前去,叶季壮同志就给我介绍说:"这位就是邓小平同志!"——"哦!你就是邓小平同志!"我不禁欢呼起来,三四个月来,我经常得到他的许多宝贵的工作指示,解决了许多工作中的疑难,但却一直没有见过面。小平同志也很激动,紧紧握着我的手不放,同志的温暖感情充满心间,使我们一时忘记了说话。坐下来后,雷经天和特委会的几位同志也来了,大家互相介绍,兴奋地谈笑。这时邓小平同志说我们明天到百色去,大部分军械都带去,目前不用的重武器和弹药,则疏散到东兰、田东的山区里保存起来。大家都赞成这个意见,便马上行动起来,继续走了两天,到达百色。从此,小平同志就和我住在一起。这时已是10月了。

小平同志首先召开了一个党的委员会议(后来称前敌委员会,书记是小平同志)。会上决定了几件事:第一,公开在部队和群众中宣传我们党的主张,发动群众。第二,整顿、补充部队,实行官兵平等,建立士兵委员会,发扬民主,反对军阀制度,反对贪污,反对虐待士兵。第三,是组织和武装群众。在有工作基础的地方,通过地方党组织,将枪支发给群众,以便进行反霸斗争。第四,是继续清洗部队中的反革命分子。

根据党委的决定,大家立刻行动起来。在部队中公开宣传党的主张,严办了一向克扣军饷、打骂士兵、为大家所痛恨的梁营长(即先派驻百色的第三营),因而大大推动了部队的民主改革,战士的政治觉悟普遍提高,革命积极性也增强了。

部队整顿之后,便分散各地帮助群众打地主恶霸,收缴其武装,并将没收其财产,发给群众。在部队和地方党的共同努力下,当地的群众革命运动便大大地开展起来。群众政治觉悟提高,热爱自己的军队,纷纷报名参军,因而部队便迅速地扩大了。革命烈火燃烧着右(左)江地区,声威震动了全省各地。右(左)江是壮族人民占多数的地区,革命运动的开展,也标志着壮族人民和汉族人民以及其他各族人民的团结斗争;而韦拔群同志则是右江地区出色的群众领袖,他领导着群众坚持英勇的武装斗争,作出了有历史意义的贡献。

我们在党委会上还研究了这样一个问题:四大队不能指挥地方政府,必须有个公开的行政名义,才能取得税收,为起义筹措经费。大家想到旧政府原设有右江督办和左江督办,便决定使用这个名称,并在右江宣布我为右江督办,在左江宣布俞作豫同志为左江督办。宣布后,我立即通知右江各县县长、税务局长将全部税款上缴。这一带比较富庶,特别是烟税更加可观,我们一次便收得了几万银元。

可惜的是那时毫无经验,对政权的重大作用认识不足,对革命的根本问题就是政权问题体会亦浅。因而,当我们取得政权之后,只知道收税解决财政问题,却不会利用它来做更多有利于革命的事情。例如那时候我们完全可以发动农民群众向政府告状,揭发地主豪绅的罪恶及种种不法行为(如私设公堂、监狱、杀害人命等),然后利用政权的力量,抄没其家财,收缴其武装,将他们一网打尽;也可用各种办法,如以编训名义,将各县土豪武装分别集中起来,然后缴下他们的枪械。我们没有这样做,这就使后来发动群众斗争依然遭到困难,并且影响了革命根据地的巩固。这是当时我们工作中的一个最大的缺点。

正如上述,地主恶霸没有受到致命的打击,反革命气焰还十分嚣张,因此,我们发动群众,将镇压反革命的工作坚决地展开后,有的大豪绅竟跑到南宁去勾结反动的广西警备三大队,请求他们到右江来驻防,以对付我们革命的群众运动。我们已先获得消息,早作了布置,决定让他们进到田东,立即坚决、干脆予以消灭。当该大队长熊镐派人前来联络时,我便佯作欢迎。结果,预定的计划执行得非常顺利,来敌除了一部分稍稍抵抗了一阵外,其余的几乎没有费我们一枪一弹,1 000多敌人全部当了俘虏,缴了700多支枪。地主们这着棋被打垮后,气焰顿时收敛了不少。我们趁着有利形势,配合地方武装,展开活动,群众便大大地发动起来。

——节选自张云逸:《百色起义与红七军的建立》,中共文昌县委党史研究室编:《张云逸研究史料》,第1—9页,广西人民出版社,1994年。

第六章
中华民族的抗日战争

内 容 提 要

本章有五节内容,叙述从九一八事变发生到抗日战争结束这一历史阶段,面对日本帝国主义疯狂和野蛮的侵略,中国人民在中国共产党的领导推动下从奋起反击的局部抗战到团结一致的全国抗战,依靠中华民族的整体力量赢得最后胜利的曲折历程。通过本章的学习,要求学生认识日本法西斯的侵华罪行给中华民族带来的深重灾难;认识以国共两党第二次合作为基础的抗日民族统一战线的意义,了解国民党以及正面战场在抗日战争中的地位和作用;深刻领会中国共产党及其领导的人民抗日力量是中华民族抗日战争的中流砥柱;懂得中国人民抗日战争是弱国战胜强国的范例,认识中华民族抗日战争胜利的历史意义、原因,了解中国人民抗日战争在世界反法西斯战争中的地位。

第一节 日本发动灭亡中国的侵略战争

本节主要概述日本帝国主义逐步发动全面侵华战争的过程,以及日本侵略对中华民族造成的深重灾难。

一、日本灭亡中国的计划及其实施

(1) 从九一八事变到华北事变。1927年,日本召开"东方会议",企图把"满蒙"从中国本土彻底分割出去,并决心为之诉诸武力。1931年,日本关东军制造了九一八事变。日本变中国为其独占殖民地的阶段由此开始。1932年2月,中国东北全境沦陷。1935年,日本在华北制造了华北事变。

(2) 卢沟桥事变与日本的全面侵华战争。1937年7月7日,发生卢沟桥事变,日本全面侵华战争由此开始。由于遭到中国军民的顽强抵抗,日军在1938年10月占领广州、武汉以后,被迫停止对正面战场的战略性进攻。1944年4月至1945年1月,日本发动打通中国大陆交通线的豫湘桂战役,这是日军在中国的最后一次大规模进攻。

二、残暴的殖民统治和中华民族的深重灾难

(1) 日本在其占领区的残暴统治。1895年《马关条约》签订后,日本就开始了在台湾长达50年的殖民统治。1931年日军占领中国东北后,开始了对东北长达14年的殖民统治。1935年华北事变后,日军策动、拼凑了一些地方性傀儡政权。

(2) 侵华日军的严重罪行。首先,制造惨绝人寰的大屠杀。其次,疯狂掠夺中国的资源与财富。再次,强制推行奴化教育。

第二节 从局部抗战到全国性抗战

本节主要概述中国从局部抗战到全国性抗战的历史过程,以及中国共产党倡导的抗日民族统一战线的形成及其重大历史意义。

一、中国共产党举起武装抗日的旗帜

在九一八事变后,9月20日,中共中央即发表宣言,揭露日本帝国主义侵占东北的目的。1932年4月15日,中华苏维埃共和国临时中央政府宣布对日作战。中国共产党积极参加和推动各地的抗日救亡运动,而且直接领导了东北人民的抗日武装斗争。

二、局部抗战与救亡运动

(1) 抗日救亡运动的兴起。九一八事变后,抗日救亡运动在全国兴起。中国共产党及其领导的工农红军和广大的工人、农民是抗日救亡运动的中坚力量。

(2) 共产党人与部分国民党人合作抗日。在东北,中共满洲省委同以原东北军为主体的抗日义勇军进行合作。1932年,中共中央号召各界民众组织义勇军支援国民党第十九路军在淞沪一带的抗战。1933年5月,原西北军将领冯玉祥在张家口成立察哈尔民众抗日同盟军,并谋求同共产党合作。同年11月,国民党第十九路军将领蔡廷锴、蒋光鼐等在福州发动反蒋抗日事变。此前,第十九路军代表同中央根据地的红军代表签署了《反日反蒋的初步协定》。1934年4

月,由中国共产党提出,宋庆龄等1 779人领衔发表《中国人民对日作战的基本纲领》。

三、停止内战,一致对外

(1) 一二·九运动与中共的抗日民族统一战线新政策。华北事变后,在中国共产党号召和中共地下党组织的领导下,1935年12月,北平学生发动了声势浩大的一二·九运动,促进了中华民族的觉醒,标志着中国人民抗日救亡运动新高潮的到来。

1935年8月1日,中共发表《为抗日救国告全国同胞书》,呼吁集中一切国力,为抗日救国的神圣事业而奋斗。12月,中共中央在陕北瓦窑堡召开政治局扩大会议,提出了在抗日的条件下与民族资产阶级重建统一战线的新政策。1936年5月,在共产党人的积极参与下,宋庆龄等发起成立全国各界救国联合会。中国共产党对东北军和国民党第十七路军的统一战线工作取得突破性进展。

(2) 西安事变及其和平解决。1936年12月,爱国将领张学良、杨虎城发动了西安事变。中国共产党派周恩来等到西安参加和平谈判,促成了事变的和平解决。西安事变的和平解决成为时局转换的枢纽,十年内战的局面由此结束,国内和平基本实现。1937年2月,中共中央致电国民党五届三中全会,提出停止内战、一致对外等五项要求和四项保证。国民党五届三中全会表示同意国共两党进行谈判。

四、全国性抗战的开始

(1) 国共合作,共赴国难。1937年卢沟桥事变爆发后,中国抗日战争进入全国性抗战的新时期。中国在东方开辟了世界第一个大规模的反法西斯战场。8月,国共两党达成将红军主力改编为国民革命军第八路军等协议。接着,南方的红军和游击队,除琼崖红军游击队外,改编为国民革命军新编第四军。国民党中央通讯社发表《中共中央为公布国共合作宣言》;蒋介石发表实际承认共产党合法地位的谈话。以国共两党第二次合作为基础的抗日民族统一战线正式形成。

(2) 全民族同仇敌忾,奋起抗战。中国工人、农民、知识分子和其他爱国人士积极投入抗日洪流。在中国共产党的领导、影响下,各少数民族人民与汉族人民一起,以各种方式投入抗日斗争。海外华侨始终与祖国同呼吸、共命运。他们以各种方式支援祖国的抗战。

第三节 国民党与抗日的正面战场

本节主要概述国民党以及正面战场在抗日战争中的地位和作用。

一、战略防御阶段的正面战场

从 1937 年 7 月卢沟桥事变,到 1938 年 10 月广州、武汉失守,中国抗战处于战略防御阶段。以国民党军队为主体的正面战场,担负了抗击日军战略进攻的主要任务。国民党军队组织了淞沪、忻口、徐州、武汉会战等一系列大战役。

二、战略相持阶段的正面战场

抗日战争进入相持阶段后,日本对国民党政府采取以政治诱降为主、军事打击为辅的方针。1939 年 1 月,国民党五届五中全会决定成立"防共委员会",确定了"防共、限共、溶共、反共"的方针。1944 年 4 月至 1945 年 1 月,国民党军队在豫湘桂战役中遭到大溃败。这激起了大后方人民对蒋介石集团的严重不满。

第四节 中国共产党成为抗日战争的中流砥柱

本节主要概述中国共产党的全面抗战路线、持久战方针、敌后游击战争策略、在抗日民族统一战争内所遵循的策略方针,以及抗日根据地的建设和大后方抗日民主运动的发展。

一、全面抗战的路线和持久战的方针

(1) 实行全面的全民族抗战的路线。1937 年 8 月,中国共产党在陕北洛川召开政治局扩大会议,制定了抗日救国十大纲领,强调要打倒日本帝国主义,关键在于使已经发动的抗战成为全面的全民族的抗战。

(2) 采取持久战的战略方针。1938 年 5 月至 6 月间,毛泽东发表《论持久战》的讲演,系统阐明了持久抗战的总方针。

二、敌后战场的开辟与游击战争的发展及其战略地位

(1) 敌后战场的开辟和发展。中国抗日战争逐渐形成战略上互相配合的两个战场,一个是主要由国民党军队担负的正面战场,一个是由共产党领导的人民军队为主担负的敌后战场。

(2) 游击战的战略地位和作用。在战略防御阶段,从全局看,国民党正面战场的正规战是主要的,敌后的游击战是辅助的。在战略相持阶段,敌后游击战争成为主要的抗日作战方式。游击战还为人民军队进行战略反攻准备了条件。

三、坚持抗战、团结、进步的方针

(1) 统一战线中的独立自主原则。中国共产党强调,必须在统一战线中坚持独立自主原则,既统一,又独立。

(2) 坚持抗战、团结、进步,反对妥协、分裂、倒退。1939年7月,中国共产党明确提出"坚持抗战到底,反对中途妥协"、"巩固国内团结,反对内部分裂"、"力求全国进步,反对向后倒退"三大口号,坚决揭露打击汪精卫集团的叛国投降活动,继续争取同蒋介石集团合作抗日。

(3) 巩固抗日民族统一战线的策略总方针。为了抗日民族统一战线的坚持、扩大和巩固,中国共产党总结反"摩擦"斗争的经验,制定了"发展进步势力,争取中间势力,孤立顽固势力"的策略总方针。

四、抗日民主根据地的建设

(1) 三三制的民主政权建设。加强政权建设,是抗日根据地建设的首要的、根本的任务。抗日民主政府在工作人员分配上实行"三三制"原则,即共产党员、非党的左派进步分子和不左不右的中间派各占1/3。

(2) 减租减息,发展生产。各地抗日民主政权十分重视根据地的经济建设。根据地内停止实行没收地主土地的政策,普遍实行减租减息政策。为了克服根据地面临的严重困难局面,1942年,中国共产党领导根据地军民开展了大生产运动。

(3) 文化建设与干部教育。全民族抗战开始后,大批知识青年冲破国民党的封锁线奔赴延安。中共中央及时作出大量吸收知识分子的决定,把发展抗日的革命文化运动提上重要议事日程。

五、推进大后方的抗日民主运动和进步文化工作

(1) 抗日民主运动的开展。抗战时期,中国共产党在国民党统治区(习惯上称"大后方")开展促进团结抗日等方面的大量工作。中国共产党对国民党统治区的工作,先是通过中共中央长江局具体领导,后由中共中央南方局具体领导。

(2) 抗战文化工作的开展。全民族抗战开始以后,在中国共产党的推动和影响下,文化界各抗敌协会相继成立,成为文化界广泛的抗日民族统一战线建立

的重要标志。

六、中国共产党的自身建设

（1）马克思主义中国化命题的提出。1938年9月至11月,中国共产党在延安举行了扩大的六届六中全会。在这次全会上,毛泽东明确地提出了"马克思主义的中国化"这个命题。全会基本上纠正了王明的右倾错误,进一步确立了毛泽东在全党的领导地位。

（2）新民主主义理论的系统阐明。在20世纪30年代后期和40年代前期,毛泽东撰写了《〈共产党人〉发刊词》、《中国革命和中国共产党》、《新民主主义论》等一批重要的理论著作,系统阐明了新民主主义理论。以毛泽东为主要代表的中国共产党人创立的新民主主义理论,是马克思主义基本原理同中国具体实际相结合的成果。

（3）整风运动和实事求是思想路线在全党的确立。在20世纪40年代前期,中国共产党以延安为中心,在全党范围内开展了一场整风运动。整风运动是一场伟大的思想解放运动。一切从实际出发、理论联系实际、实事求是的马克思主义思想路线,在全党范围确立了起来。1945年4月至6月召开的中共七大将以毛泽东为主要代表的中国共产党人把马克思列宁主义基本原理同中国具体实际相结合所创造的理论成果,正式命名为毛泽东思想,并将毛泽东思想规定为党的一切工作的指针。同年6月19日召开的中共七届一中全会,选举产生了中央政治局,毛泽东为中央委员会主席。

第五节 抗日战争的胜利及其意义

本节主要概述抗日战争的胜利及其原因和意义、中国抗日战争在世界反法西斯战争中的地位。

一、抗日战争的胜利

1945年上半年,世界反法西斯战争进入最后阶段。7月26日,中、美、英三国发表波茨坦公告,敦促日本投降。9月2日,日本天皇和政府以及日本大本营代表签署向同盟国的投降书。至此,中国人民抗日战争胜利结束,世界反法西斯战争也胜利结束。9月9日,中国战区日军投降签字仪式在南京举行。侵华日军128万人向中国投降。

二、中国人民抗日战争在世界反法西斯战争中的地位

（1）世界反法西斯战争的东方主战场。中国的抗日战争是世界反法西斯战争的重要组成部分，是世界反法西斯战争的东方主战场。中国的持久抗战牵制和削弱了日本的力量，大大减轻了其他反法西斯战场的压力，为同盟国军队实施战略反攻创造了有利条件。中国作为亚洲太平洋地区盟军对日作战的重要后方基地，还为盟国提供了大量战略物资和军事情报。

（2）世界反法西斯力量对中国的援助。中国人民抗日战争的胜利，是同世界所有爱好和平与正义的国家和人民、国际组织及各种反法西斯力量的同情和支持分不开的。苏联是最早为中国抗日战争提供援助的国家。太平洋战争爆发前后，美国采取了支持中国、联合中国共同抗日的政策。英国及法国等国也向中国提供了经济援助或军事合作。朝鲜、越南、加拿大等国的反法西斯战士直接参加了中国人民抗日战争。

三、抗日战争胜利的原因和意义

（1）抗日战争胜利的原因。第一，以爱国主义为核心的民族精神是中国人民抗日战争胜利的决定性因素。第二，中国共产党的中流砥柱作用是中国人民抗日战争胜利的关键。第三，全民族抗战是中国人民抗日战争胜利的重要法宝。第四，中国人民抗日战争的胜利，同世界所有爱好和平和正义的国家和人民、国际组织以及各种反法西斯力量的同情和支持也是分不开的。

（2）抗日战争胜利的意义。第一，中国人民抗日战争的胜利，彻底粉碎了日本军国主义殖民奴役中国的图谋。第二，中国人民抗日战争的胜利，促进了中华民族的大团结，形成了伟大的抗战精神。第三，中国人民抗日战争的胜利，对世界各国夺取反法西斯战争的胜利、维护世界和平的事业产生了巨大影响。第四，中国人民抗日战争的胜利，开辟了中华民族复兴的光明前景。

习 题 训 练

（一）单项选择题

1. 日本帝国主义发动的变中国为其独占殖民地的侵华战争开始于（　　）。

A. 九一八事变 B. 一·二八事变
C. 七七事变 D. 八一三事变

2. 1932年3月,在日本侵略者阴谋策划下建立的傀儡政权是(　　)。
A. 伪"满洲国" B. 伪"华北自治政府"
C. 伪"中华民国维新政府" D. 伪"中华民国国民政府"

3. 1935年,日本帝国主义制造的侵华事件是(　　)。
A. 九一八事变 B. 一·二八事变
C. 华北事变 D. 卢沟桥事变

4. 1933年5月,原国民党西北军将领冯玉祥在张家口成立的抗日武装力量是(　　)。
A. 东北抗日同盟军 B. 察哈尔抗日同盟军
C. 东北抗日义勇军 D. 察哈尔抗日义勇军

5. 1934年4月,中国共产党提出并由宋庆龄、何香凝、李杜等领衔发表了(　　)。
A.《反日反蒋的初步协定》 B.《停战议和一致抗日通电》
C.《为抗日救国告全国同胞书》 D.《中国人民对日作战的基本纲领》

6. 1935年,北平学生在中共号召和领导下举行的抗日救亡运动是(　　)。
A. 五四运动 B. 一二·九运动
C. 一二·一运动 D. 一二三〇运动

7. 1935年12月,中国共产党召开的提出抗日民族统一战线新政策的会议是(　　)。
A. 西湖特别会议 B. 瓦窑堡会议
C. 洛川会议 D. 晋绥干部会议

8. 1936年5月,宋庆龄、沈钧儒等爱国民主人士发起成立的抗日团体是(　　)。
A. 中华民族解放行动委员会 B. 中国民权保障同盟
C. 全国各界救国联合会 D. 保卫中国同盟

9. 1936年9月,中共中央为促进抗战在党内指示中提出的总方针是(　　)。
A. "反蒋抗日" B. "逼蒋抗日"
C. "促蒋抗日" D. "联蒋抗日"

10. 1936年12月,国民党爱国将领张学良和杨虎城发动的"兵谏"事件是(　　)。
A. 北京事变 B. 福建事变 C. 西安事变 D. 皖南事变

11. 中国人民抗日战争进入全国性抗战的新阶段是在(　　)。
A. 九一八事变爆发后 B. 一·二八事变爆发后
C. 华北事变爆发后 D. 卢沟桥事变爆发后

12. 1937年8月,国共两党达成协议将红军主力改编为(　　)。
    A. 国民革命军第四路军	B. 国民革命军新编第四军
    C. 国民革命军第八路军	D. 国民革命军新编第八军

13. 从1937年卢沟桥事变到1938年广州、武汉失守,中国抗日战争处于(　　)。
    A. 战略防御阶段	B. 战略相持阶段
    C. 战略反攻阶段	D. 战略决战阶段

14. 1938年3月,国民党军队在抗日正面战场取得大捷的战役是(　　)。
    A. 淞沪战役	B. 台儿庄战役
    C. 忻口战役	D. 武汉战役

15. 在抗日战争的淞沪会战中,率领"八百壮士"孤军据守上海四行仓库的爱国将领是(　　)。
    A. 佟麟阁	B. 赵登禹
    C. 谢晋元	D. 戴安澜

16. 标志国民党在抗日战争中由片面抗战逐步转变为消极抗战的是(　　)。
    A. 五届三中全会的召开	B. 五届四中全会的召开
    C. 五届五中全会的召开	D. 五届六中全会的召开

17. 1937年8月,中国共产党洛川会议上制定了(　　)。
    A. 抗日救国十大纲领	B. 抗日民族统一战线的策略总方针
    C. 中国人民对日作战的基本纲领	D. 持久抗战的总方针

18. 抗日战争全面爆发后,中国军队取得第一次重大胜利的战役是(　　)。
    A. 平型关战役	B. 雁门关战役
    C. 阳明堡战役	D. 台儿庄战役

19. 毛泽东在《论持久战》中指出,中国抗日战争取得最后胜利最为关键的阶段是(　　)。
    A. 战略防御阶段	B. 战略相持阶段
    C. 战略反攻阶段	D. 战略决战阶段

20. 中国共产党在抗日民族统一战线中坚持的根本原则是(　　)。
    A. 独立自主	B. 又团结又斗争
    C. 自力更生	D. 有理、有利、有节

21. 中国共产党制定的抗日民族统一战线策略总方针的中心环节是(　　)。
    A. 打击顽固势力	B. 争取中间势力
    C. 孤立顽固势力	D. 发展进步势力

22. 中国共产党在抗日民主根据地实行的土地政策是(　　)。

A. 减租减息 B. 没收地主土地归农民所有
C. 平均地权 D. 没收一切土地归农民所有

23. 中国共产党领导的抗日根据地建立的政权是（ ）。
    A. 苏维埃政权 B. 无产阶级政权
    C. 人民民主政权 D. 三三制的民主政权

24. 在抗日战争时期，中国共产党开展延安整风运动最主要的任务是（ ）。
    A. 反对主观主义以整顿学风 B. 反对宗派主义以整顿党风
    C. 反对官僚主义以整顿作风 D. 反对党八股以整顿文风

25. 1938年，毛泽东在中共六届六中全会上明确提出的命题是（ ）。
    A. 枪杆子里面出政权 B. 马克思主义的中国化
    C. 兵民是胜利之本 D. 没有调查就没有发言权

26. 1945年4月，作为解放区代表的董必武随同中国代表团出席的会议是（ ）。
    A. 开罗会议 B. 德黑兰会议
    C. 雅尔塔会议 D. 旧金山会议

（二）多项选择题

1. 日本帝国主义在20世纪30年代制造的一系列侵华事件包括（ ）。
   A. 九一八事变 B. 一·二八事变
   C. 华北事变 D. 卢沟桥事变

2. 九一八事变后，被中共中央先后选派到东北领导抗日斗争的共产党员有（ ）。
   A. 罗登贤 B. 杨靖宇 C. 赵尚志 D. 赵一曼

3. 1933年11月，在福州发动抗日反蒋事变的国民党爱国将领是（ ）。
   A. 马占山 B. 蔡廷锴 C. 蒋光鼐 D. 杨虎城

4. 1935年，中国共产党在瓦窑堡会议上严厉批评的党内错误倾向是（ ）。
   A. "左"倾冒险主义 B. "左"倾关门主义
   C. 右倾机会主义 D. 右倾投降主义

5. 在抗日战争的战略防御阶段，国民党军队在正面战场组织的重大战役有（ ）。
   A. 淞沪会战 B. 忻口会战
   C. 徐州会战 D. 武汉会战

6. 在抗日战争战略防御阶段的北平南苑战斗中，先后为国捐躯的国民党爱国将领是（ ）。
   A. 佟麟阁 B. 赵登禹 C. 张自忠 D. 戴安澜

7. 1939年1月,国民党五届五中全会确定的方针是( )。
   A. 防共　　　　B. 限共　　　　C. 溶共　　　　D. 反共
8. 毛泽东在《论持久战》中分析指出,中日双方存在的互相矛盾主要特点是( )。
   A. 敌强我弱　　　　　　　　B. 敌小我大
   C. 敌退步我进步　　　　　　D. 敌寡助我多助
9. 在中国共产党领导的敌后战场上为国捐躯的抗日将领有( )。
   A. 左权　　　　B. 赵尚志　　　　C. 彭雪枫　　　　D. 杨靖宇
10. 1939年7月,中国共产党明确提出的三大口号是( )。
    A. 发展进步势力,反对顽固势力　　B. 坚持抗战到底,反对中途妥协
    C. 巩固国内团结,反对内部分裂　　D. 力求全国进步,反对向后倒退
11. 中国共产党制定的抗日民族统一战线策略总方针是( )。
    A. 发展进步势力　　　　　　B. 争取中间势力
    C. 孤立顽固势力　　　　　　D. 打击顽固势力
12. 抗日民族统一战线中的中间势力主要是指( )。
    A. 民族资产阶级　　　　　　B. 城市小资产阶级
    C. 开明绅士　　　　　　　　D. 地方实力派
13. 毛泽东指出,在抗日民族统一战线中争取中间势力的主要条件是( )。
    A. 共产党要有充足的力量
    B. 尊重中间势力的利益
    C. 坚持有理、有利、有节的原则
    D. 同顽固派作坚决的斗争并取得胜利
14. 中国共产党领导的抗日民主政权在人员组成上是( )。
    A. 工人阶级占三分之一　　　　B. 共产党员占三分之一
    C. 非党的左派进步分子占三分之一　D. 中间派占三分之一
15. 中国共产党在抗日战争时期开展延安整风运动的主要内容( )。
    A. 反对主观主义以整顿学风　　B. 反对宗派主义以整顿党风
    C. 反对官僚主义以整顿作风　　D. 反对党八股以整顿文风
16. 1944年9月,中共参政员林伯渠在国民参政会上提出的重要主张包括( )。
    A. 实行全面抗战路线　　　　B. 废除国民党一党专政
    C. 召开各党派会议　　　　　D. 成立民主联合政府

(三) 辨析题

1. 1938年10月占领广州、武汉后,日本调整了侵华政策。

2. 西安事变的和平解决标志着抗日民族统一战线的正式形成。
3. 《抗日救国十大纲领》体现了中国共产党全面抗战的路线。
4. 中国共产党在全民族抗战中发挥了中流砥柱的作用。

(四) 简答题

1. 在抗日战争的战略防御阶段,国民党正面战场进行的主要战役及其退败的原因。
2. 中国共产党关于抗日民族统一战线的策略总方针。
3. 中国的抗日战争在世界反法西斯战争中的地位。

(五) 论述题

1. 毛泽东《论持久战》一文的主要内容及其指导意义。
2. 中国人民抗日战争胜利的原因和历史意义。

参 考 答 案

(一) 单项选择题

1. A 2. A 3. C 4. B 5. D 6. B 7. B 8. C 9. B 10. C
11. D 12. C 13. A 14. B 15. C 16. C 17. A 18. A 19. B 20. A
21. D 22. A 23. D 24. A 25. B 26. D

(二) 多项选择题

1. ABCD 2. ABCD 3. BC 4. AB 5. ABCD 6. AB 7. ABCD
8. ABCD 9. ABCD 10. BCD 11. ABC 12. ACD 13. ABD 14. BCD
15. ABD 16. BCD

(三) 辨析题

1. 正确。由于遭到中国军民的顽强抵抗,日军在1938年10月占领广州、武汉以后,被迫停止对正面战场的战略性进攻。在坚持灭亡中国的总方针下,日本调整侵华政策,实施"以华制华"和"以战养战"策略,对国民党政府采取政治诱降为主、军事打击为辅的方针;在占领区加紧扶植傀儡政权,建立和发展汉奸组织;逐步将主要兵力用于对共产党领导的敌后抗日根据地进行"扫荡"。

2. 错误。1936年12月12日,爱国将领张学良、杨虎城在对蒋介石"哭谏"无效的情况下,为了实现停止内战,共同抗日,毅然实行"兵谏",扣留了蒋介石。中国共产党从民族大义出发,为了团结国民党共同抗日,确定促成事变和平解决的基本方针,派周恩来等到西安参加谈判,迫使蒋介石作出了停止"剿共"、联合红军抗日等六项承诺。西安事变的和平解决成为时局转换的枢纽,十年内战的局面由此结束,国内和平基本实现。

3. 正确。1937年8月,中国共产党召开洛川会议,制定了抗日救国十大纲领,强调要打倒日本帝国主义,关键在于使已经发动的抗战成为全面的全民族的抗战。为此,必须实行全国军事的总动员、全国人民的总动员;必须改革政治机构,给人民以充分的抗日民主权利,并适当改善工农大众的生活。会议强调,必须坚持统一战线中无产阶级的领导权,在敌人后方放手发动独立自主的山地游击战争,在国民党统治区放手发动抗日的群众运动。

4. 正确。中国共产党的中流砥柱作用是中国人民抗日战争胜利的关键。中国共产党自成立之日起就把实现中华民族伟大复兴作为自己的历史使命。中国共产党倡导和推动国共合作,建立、坚持和发展广泛的抗日民族统一战线。中国共产党坚持全面抗战路线,制定正确的战略策略,开辟广大敌后战场,成为坚持抗战的中坚力量。中国共产党始终坚持抗战、反对投降,坚持团结、反对分裂,坚持进步、反对倒退,同各爱国党派团体和广大人民一起,共同维护团结抗战大局,引领着夺取战争胜利的正确方向,成为夺取战争胜利的民族先锋。

(四)简答题

1. 在抗日战争的战略防御阶段,日本侵略者以国民党军队为主要作战对象。以国民党军队为主体的正面战场,担负了抗击日军战略进攻的主要任务。国民党军队组织了淞沪、忻口、徐州、武汉会战等一系列大战役。国民党正面战场除了台儿庄战役取得大捷外,其他战役几乎都是以退却、失败而结束的。造成这种状况的客观原因,是由于在敌我力量对比上,日军占很大的优势;主观原因,则是国民党战略指导方针上的失误。蒋介石集团在决心抗战的同时,却又害怕群众的广泛动员可能危及自身的统治,因而实行的是片面抗战的路线,即不敢放手发动和武装民众,将希望单纯寄托在政府和正规军的抵抗上;在战略战术上,没有采取积极防御的方针,而是进行单纯的阵地防御战。

2. 为了抗日民族统一战线的坚持、扩大和巩固,中国共产党总结反"摩擦"

斗争的经验,制定了"发展进步势力,争取中间势力,孤立顽固势力"的策略总方针。进步势力主要是指工人、农民和城市小资产阶级。他们是统一战线的基础,抗日战争的主要依靠力量。中间势力主要是指民族资产阶级、开明绅士和地方实力派。争取中间势力需要一定的条件:一是共产党要有充足的力量;二是尊重他们的利益;三是要同顽固派作坚决的斗争,并能一步一步地取得胜利。顽固势力是指大地主大资产阶级的抗日派,即以蒋介石集团为代表的国民党亲英美派。同顽固派作斗争时,应坚持有理、有利、有节的原则。

3. 中国人民抗日战争从一开始就具有拯救人类文明、保卫世界和平的重大意义,是世界反法西斯战争的重要组成部分,是世界反法西斯战争的东方主战场。从1937年中国全民族抗战开始到1939年9月大战在欧洲爆发之前,中国人民孤军奋战,英勇地抗击了百万日军的进攻。中国的抗战牵制和削弱了日本的力量,使之不敢贸然北进,从而使苏联得以集中兵力对付德国,避免东西两面作战;同时推迟了日本发动太平洋战争的时间,并使之在发动和进行战争时由于兵力不足而不能全力南进,从而减轻了美、英军队受到的压力。中国坚持持久抗战,抗击和牵制着日本陆军主力,大大减轻了其他反法西斯战场的压力,为同盟国军队实施战略反攻创造了有利条件。中国作为亚洲太平洋地区盟军对日作战的重要后方基地,还为盟国提供了大量战略物资和军事情报。

(五) 论述题

1. 1938年5月至6月间,毛泽东发表《论持久战》的讲演,总结抗战10个月来的经验,集中全党智慧,系统阐明了持久抗战的总方针。毛泽东指出,中日战争是半殖民地半封建的中国和帝国主义的日本之间进行的一个决死的战争。一方面,日本是强国,中国是弱国,强国弱国的对比,决定了抗日战争只能是持久战。另一方面,日本是小国,发动的是退步的、野蛮的侵略战争,在国际上失道寡助;而中国是大国,进行的是进步的、正义的反侵略战争,在国际上得道多助。中国已经有了代表中华民族和中国人民根本利益的、在政治上成熟的中国共产党及其领导的抗日根据地和人民军队。因此,最后胜利又将是属于中国的。毛泽东还科学地预测了抗日战争的发展进程。即:抗日战争将经过战略防御、战略相持、战略反攻三个阶段。其中,战略相持阶段,是中国抗日战争取得最后胜利的最关键的阶段。只要坚持持久抗战、坚持抗日民族统一战线,中国将在这个阶段中获得转弱为强的力量。

毛泽东阐明的持久战战略思想,揭示了抗日战争的发展规律和坚持抗战、争取抗战胜利必须实行的战略方针,对全国抗战的战略指导产生了积极的影响。

2. 抗日战争胜利的原因：第一，以爱国主义为核心的民族精神是中国人民抗日战争胜利的决定性因素。第二，中国共产党的中流砥柱作用是中国人民抗日战争胜利的关键。第三，全民族抗战是中国人民抗日战争胜利的重要法宝。第四，中国人民抗日战争的胜利，同世界所有爱好和平和正义的国家和人民、国际组织以及各种反法西斯力量的同情和支持也是分不开的。

抗日战争胜利的意义：第一，中国人民抗日战争的胜利，彻底粉碎了日本军国主义殖民奴役中国的图谋。第二，中国人民抗日战争的胜利，促进了中华民族的大团结，形成了伟大的抗战精神。第三，中国人民抗日战争的胜利，对世界各国夺取反法西斯战争的胜利、维护世界和平的事业产生了巨大影响。第四，中国人民抗日战争的胜利，开辟了中华民族复兴的光明前景。

延 伸 阅 读

（一）

对西安事变以及和平解决的历史意义能否持正确的态度，不仅是我们秉承唯物史观来研究历史的必然要求，而且对于新时期解决如何在更大范围上实现民族的共同利益具有参考价值。近年来对此问题的研究成果是趋向肯定的，大致有如下观点：

有学者认为西安事变首先缓解了中共和红军面临的危难局面，从客观上为中国革命的大发展保存了力量。因为当时红军仅4万5千人（其中有许多新兵），刚经过长征，装备极差，经济也很困难。如从"围剿"开始，由于双方力量极度悬殊，红军的势力至少很难不受重大损失，甚至有失利的危险。其次，西安事变的爆发及其和平解决，使面临危亡的中华民族实现了由内战到抗战的历史转变。再次，西安事变的爆发及其和平解决提高了我党的威信，壮大了革命力量并为最后打倒日本帝国主义和推翻蒋家王朝奠定了基础。

张梅岭从宏观角度把西安事变看作中国近代历史的转折点。原因是：第一，西安事变是中国国民党由"安内攘外"向联共抗日的转折点；第二，西安事变是中国共产党由弱到强、由小到大的转折点；第三，西安事变是国共两党由兵戈相见向联合抗日的转折点；第四，西安事变是中国由内部纷争向团结抗战的转折点。在认同西安事变是中国近代史的转折点这个观点的基础上，有学者将研究的领域放得更宽些,将西安事变和中国的民主进程联系起来,认为:西安事变及其和平解决是中国社会政治由专制独裁到逐步民主的转折点,激发了全国人民参政议政的积极性,为建立独立、自由民主、统一和富强的新中国准备了条件。在西安事变与爱国主义方面,有学者认为西安事变表明:中华民族是一个具有爱国主义光荣传统的伟大民族,在民族危难之时,强烈的爱国主义可以冲破任何阶级的隔阂或对立,而使全民族团结一致,同舟共济,共御外敌,爱国主义情操正是中华民族之魂。

西安事变改写了世界历史。有学者在"纪念西安事变60周年学术研讨会"上撰文指出:中国之所以能在1937年奋起抗战,西安事变实为契机。西安事变引起中国国内政局的一大变动就是全国军民、男女老幼、朝野上下真心诚意的投入民族解放运动。而中国的抗日战争,改变了日本"南进"、"北进"之争的方向,终于把日本军阀拖入泥淖,不能自拔。其结果便是日本舍北向南,因此它把历史的方向也就全部改变了。

杨奎松则从张学良方面为切入点,透彻分析了张发动西安事变的目的是否已经达到。"张学良发动事变的基本政治诉求,即是张、杨在事变当日公开通电中提出的八项政治主张",除了改组政府和令中央军离开西北这两点事实上难以实现以外,蒋在西安承诺的条件也大都陆续得到了落实。内战停止了,联红容共实行了,上海救国会的爱国领袖释放了,召集国民大会的相关法令颁布了,谋求与苏联合的外交谈判也切实进行了,甚至张学良和他的东北同胞期望的对日抗战,也在事变结束半年之后迅速开始了。因此可以说,张学良虽然身陷囹圄,然而他的目的基本上达到了。

郑德荣在充分肯定西安事变重大历史意义的同时,认为由于蒋介石和南京政府背信弃义,将张学良长期扣留,实际上剥夺了他的人身自由,使其不能驰骋疆场与日军作战,去亲手实现自己积蓄多年的爱国夙愿。同时,张的东北军也被调往河南、安徽等异地他乡,被蒋介石分化瓦解。杨虎城则被撤销职务,受遣出洋考察,后又遭长期囚禁,乃至最终惨遭国民党特务杀害而永不瞑目,他的部队也被调离或拆散。蒋介石正是以此"善后处理",达到了排除异己的目的。这是事变的结局不尽人意之处,没有完全实现事变发动者的初衷。显然,这是由蒋介石和南京政府一手造成的。

——节选自廖良初、郭燕海:《近十年西安事变研究述评》,《湖南社会科学》2006年第6期。

(二)

目前的形势告诉我们,日本帝国主义吞并中国的行动,震动了全中国与全世界。中国政治生活中的各阶级,阶层,政党,以及武装势力,重新改变了与正在改变着他们之间的相互关系。民族革命战线与民族反革命战线是在重新改组中。因此,党的策略路线,是在发动,团聚与组织全中国全民族一切革命力量去反对当前主要的敌人:日本帝国主义与卖国贼头子蒋介石。不论什么人,什么派别,什么武装队伍,什么阶级,只要是反对日本帝国主义与卖国贼蒋介石的,都应该联合起来,开展神圣的民族革命战争,驱逐日本帝国主义出中国,打倒日本帝国主义的走狗在中国的统治,取得中华民族的彻底解放,保持中国的独立与领土的完整。只有最广泛的反日民族统一战线(下层的与上层的),才能战胜日本帝国主义及其走狗蒋介石。

当然,不同的个人,不同的团体,不同的社会阶级与阶层,不同的武装队伍,他们参加反日的民族革命各有他们不同的动机与立场。有的只是为了保持他们原有的地位,有的为了要争取运动的领导权,使运动不至超出他们所容许的范围以外,有的真是为了中华民族的彻底解放。正因为他们的动机与立场各有不同,有的在斗争开始时,就要动摇叛变的,有的会在中途消极或退出战线的,有的愿意奋斗到底的。但是我们的任务,是在不但要团结一切可能的反日的基本力量,而且要团结一切可能的反日同盟者,是在使全国人民有力出力,有钱出钱,有枪出枪,有知识出知识,不使一个爱国的中国人,不参加到反日的战线上去。这就是党的最广泛的民族统一战线策略的总路线。只有这种路线,我们才能动员全国人民的力量去对付全国人民的公敌:日本帝国主义与卖国头子蒋介石。

中国工人阶级与农民,依然是中国革命的基本动力。广大的小资产阶级群众,革命的智识分子是民族革命中可靠的同盟者。工农小资产阶级的坚固联盟,是战胜日本帝国主义与汉奸卖国贼的基本力量。一部分民族资产阶级与军阀,不管他们怎样不同意土地革命与苏维埃制度,在他们对于反日反汉奸卖国贼的斗争采取同情,或善意中立,或直接参加之时,对于反日战线的开展都是有利的。因为这就削弱了总的反革命力量,而扩大了总的革命力量。为达到此目的,党应该采取各种适当的方法与方式,争取这些力量到反日战线中来。不但如此,即在地主买办阶级营垒中间,也不是完全统一的。由于中国过去是许多帝国主义互相竞争的结果,产生了各国帝国主义在中国的互相竞争的卖国贼集团,他们中间的矛盾与冲突,党亦应使用许多的手段,使某些反革命力量暂时处于不积极反对反日战线的地位。对于日本帝国主义以外的其他帝国主义的策略也是如此,党在发动,团聚与组织全中国人民的力量,以反对全中国人民的公敌时,应该坚决不动摇的同反日统一战线内部一切动摇,妥协,投降与叛变的倾向做斗争。一切破坏中国人民反日运动者,都是汉奸卖国贼,应该群起而攻之。共产党应该以自己积极的澈底的正确的反日反汉奸反卖国贼的言论与行动,去取得自己在反日战线中的领导权。也只有在共产党的领导之下,反日运动,才能得到澈底的胜利。反日战线中的广大民众,应该满足他们的基本利益的要求(农民的土地要求,工人,兵士,贫民,知识分子等改良生活待遇的要求),只有满足了他们的要求,才能动员广大的群众走进反日的阵地上去,才能使反日运动得到持久性,才能使运动走到澈底的胜利。也只有如此,才能取得党在反日运动中的领导权。

——节选自张闻天:《中共中央关于目前政治形势与党的任务决议(1935年12月25日)》,中央党史研究室张闻天选集传记组编:《张闻天文集》第二卷,第32—33页,中共党史出版社,1993年。

(三)

以爱国主义为核心的伟大民族精神是中国人民抗日战争胜利的决定因素。古往今来,任何一个有作为的民族,都以自己的独特精神著称于世。爱国主义是中华民族民族精神的核心。近代以来,中国人民为争取民族独立和解放进行的一系列抗争,就是中华民族觉醒的历史进程,就是中华民族精神升华的历史进程。这种民族觉醒和民族精神升华,在抗日战争时期达到了全新的高度。正如毛泽东同志所说:"这个战争促进中国人民的觉悟和团结的程度,是近百年来中国人民的一切伟大的斗争没有一次比得上的。"面对民族存亡的空前危机,中国人民的爱国热情像火山一样迸发出来。全体中华儿女众志成城、共御外侮,为民族而战,为祖国而战,为尊严而战,汇聚起气势磅礴的力量。中国人民抱定了"我们万众一心,冒着敌人的炮火前进"的决心,抱定了血战到底、抗战到底的信念,谱写了惊天地、泣鬼神的爱国主义篇章。

中国共产党的中流砥柱作用是中国人民抗日战争胜利的关键。近代以后,中国人民历次反侵略战争失败的一个重要原因,是政治统治集团的腐朽无能和民族内部软弱涣散。在内忧外患中诞生和成长起来的中国共产党,自成立之日起就把实现中华民族伟大复兴作为自己的历史使命,捍卫民族独立最坚定,维护民族利益最坚决,反抗外来侵略最勇敢。中国共产党坚持全面抗战路线,制定正确战略策略,开辟广大敌后战场,成为坚持抗战的中坚力量。无论条件多么艰苦、形势多么险恶、战争多么残酷,中国共产党始终坚持抗战、反对投降,坚持团结、反对分裂,坚持进步、反对倒退,同各爱国党派团体和广大人民一起,共同维护团结抗战大局。中国共产党人以自己的政治主张、坚定意志、模范行动,支撑起全民族救亡图存的希望,引领着夺取战争胜利的正确方向,成为夺取战争胜利的民族先锋。

全民族抗战是中国人民抗日战争胜利的重要法宝。人民群众是战争胜利最深厚的伟力。中国共产党坚持动员人民、依靠人民,提出和实施持久战的战略总方针和一整套人民战争的战略战术,广泛开展伏击战、破袭战、地雷战、地道战、麻雀战等游击战的战术战法,使日本侵略者陷入了人民战争的汪洋大海之中。中国共产党领导开辟的敌后战场和国民党指挥的正面战场协力合作,形成了共同抗击日本侵略者的战略局面。中国人民抗日战争胜利是全民族抗战的胜利,是全体中华儿女的荣光!

在中国人民抗日战争的进程中,苏联、美国、英国等反法西斯盟国为中国人民提供了宝贵的人力物力支持。朝鲜、越南、加拿大、印度、新西兰、波兰、丹麦以及德国、奥地利、罗马尼亚、保加利亚、日本等国的反法西斯战士直接参加了中国人民抗日战争。我们不会忘记给予中国人民道义和物质等方面支持的国家和国际友人,不会忘记在南京大屠杀和其他惨案中为中国难民提供帮助的外国朋友,不会忘记同中国军队并肩作战、冒险开辟驼峰航线的美国飞虎队,不会忘记不远万里前来中国救死扶伤的白求恩、柯棣华医生等外国医护人员,不会忘记真实报道和宣传中国抗战业绩的外国记者,不会忘记在中国战场上英勇献身的苏军烈士!中国人民将永远铭记各国人民为中国人民抗日战争胜利作出的宝贵贡献!

在中国人民抗日战争的壮阔进程中,形成了伟大的抗战精神,中国人民向世界展示了天下兴亡、匹夫有责的爱国情怀,视死如归、宁死不屈的民族气节,不畏强暴、血战到底的英雄气概,百折不挠、坚忍不拔的必胜信念。伟大的抗战精神,是中国人民弥足珍贵的精神财富,永远是激励中国人民克服一切艰难险阻、为实现中华民族伟大复兴而奋斗的强大精神动力。

——节选自习近平:《在纪念中国人民抗日战争暨世界反法西斯战争胜利六十九周年座谈会上的讲话(2014年9月3日)》,《中共党史研究》2014年第9期。

第七章
为新中国而奋斗

内 容 提 要

本章有四节内容,叙述自抗日战争结束后到新中国建立前这一历史阶段,中国人民在中国共产党领导下为最终完成民族独立和人民解放的历史任务、建立人民共和国而进行的英勇斗争。通过本章的学习,要求学生了解抗战胜利后的时局及其对中国历史发展的影响;认识国民党政权遭到广大人民反对并迅速走向崩溃的根本原因;理解"第三条道路"幻想破灭和中国共产党领导的多党合作政治协商格局形成的历史必然性;认识人民共和国的创建和共产党执政地位的确立是历史和人民的选择;了解中国新民主主义革命胜利的基本经验。

第一节 从争取和平民主到进行自卫战争

本节主要讲述抗日战争结束后中国共产党是如何从争取和平民主走向自卫战争的。

一、中国共产党争取和平民主的斗争

(1) 战后国际国内政治形势。抗日战争胜利后,国民党统治集团作为大地主、大资产阶级的政治代表,其根本目标是使战后的中国回复到战前的状态。国民党的反共方针得到了美国政府的支持。美国力求在中国推动建立一个统一的亲美政府。

(2) 中国共产党争取和平民主的方针。中国人民在经历了长期的战争之后,有和平建国的强烈要求,中国共产党充分考虑这种愿望,1945年8月25日,中共中央在对时局的宣言中明确提出"和平、民主、团结"的口号。

(3) 重庆谈判和政治协商会议。为了争取和平民主,中共与国民党进行重庆谈判,签订了《政府与中共代表会谈纪要》即双十协定,确认和平建国的基本方针。1946年1月10日,政治协商会议上,中共代表团与民主党派和无党派人士的代表密切合作,推动政协会议达成五项协议。

(4) 维护和破坏政协协议的较量。国民党政权所代表的是大地主、大资产阶级的利益,这决定了它既不能容忍、也经受不住任何的民主改革。待它认为相应的准备已经完成时,国民党统治集团以扩大内战的行动使政协协议成为一纸空文。

二、国民党发动内战和解放区军民的自卫战争

(1) 全面内战爆发。1946年6月底,国民党军以进攻中原解放区为起点,挑起了全国性的内战,一切和平谈判之门都被国民党关闭,国共关系彻底破裂。

(2) 以革命战争反对反革命战争。毛泽东指出:我们必须打败蒋介石,是因为蒋介石发动的战争,是一个在美帝国主义指挥之下的反对中国民族独立和中国人民解放的反革命的战争。

(3) 以自卫战争粉碎国民党的军事进攻。为了打退国民党对解放区的军事进攻,在政治上,在党的领导下建立最广泛的人民民主统一战线;在军事上,采取集中优势兵力、各个歼灭敌人的作战原则。在1946年6月至1947年6月的一年的时间里,人民军队在解放区粉碎了国民党军队的全面进攻和重点进攻。

第二节 国民党政府处在全民的包围中

本节主要论述人民解放战争的推进、国民党统治区第二条反蒋战线的斗争。

一、全国解放战争的胜利发展

(1) 人民解放军转入战略进攻。经过人民解放军一年的作战,战争形势发生了重大变化。1947年6月底,揭开了人民解放战争战略进攻的序幕。

(2) 提出"打倒蒋介石,解放全中国"的口号。1947年10月10日,中国人民解放军总部提出"打倒蒋介石,解放全中国"的口号,极大地鼓舞了解放军全体指战员和全国人民的斗志。同年12月,杨家沟会议制定了夺取全国胜利的行动纲领。

二、土地改革与农民的广泛发动

(1) 从《五四指示》到《中国土地法大纲》。1946年的《关于清算、减租及土地问题的指示》和1947年的《中国土地法大纲》彻底解决了农民的土地问题,获得

了农民群众的大力支持。

(2) 土地改革运动的热潮。全国土地会议以后,解放区广大农村迅速掀起土地制度改革(习惯称"土改")运动的热潮。经过土地改革运动,广大农民分得土地并在政治上获得翻身,人民解放战争获得了源源不断的人力、物力的支援,为打败蒋介石、建立新中国奠定了深厚的群众基础。

三、第二条战线的形成和发展

(1) 国民党统治区的政治经济危机。在国民党统治区,学生、农民、工人等全国各阶层被置于饥饿和死亡的界线上,迫使全国人民团结起来,同国民党政府进行殊死的斗争。

(2) 学生运动的高涨。针对国民党内战,爱国学生运动蓬勃发展,他们越来越把希望寄托在人民解放战争胜利之上。

(3) 人民民主运动的发展。在学生运动高涨的同时,全国各阶层和各党派发起了反抗国国民党政府的斗争,国民党政府已处于全民的包围之中。

第三节 中国共产党与民主党派的合作

本节主要讲述民主党派与中国共产党的团结合作,第三条道路的幻灭以及多党合作、政治协商格局的形成。

一、各民主党派的历史发展

中国各民主党派是中国共产党领导的爱国统一战线的重要组成部分。中国各民主党派形成时的社会基础,主要是民族资产阶级、城市小资产阶级及其知识分子,以及其他爱国民主分子。在中国的政治生活中,各民主党派和无党派民主人士是一支重要的力量。

二、中国共产党与民主党派的团结合作

无论是国共谈判、召开政协会议还是解放战争过程中,中国共产党对各民主党派采取了积极的争取和团结的政策,对于中国人民解放事业的发展起了积极的作用。

三、第三条道路的幻灭

(1) 第三条道路的主张。抗日战争胜利后,某些民主党派的领导人物曾经

鼓吹"中间路线"。他们所提倡的是资产阶级共和国的方案,他们所主张的实质上是旧民主主义的道路。

(2) 国民党当局对民主党派的迫害。国民党当局不断以暴力对民主党派施行迫害,民主党派的第三条道路幻灭了。

(3) 民主党派历史上的转折点。民盟和中国国民党革命委员会等民主党派明确表示参加新民主主义革命,中国人民民主统一战线得到了进一步巩固和加强。

四、中国共产党领导的多党合作、政治协商格局的形成

北平解放后,民主党派参加新政协并将在新中国参政,标志着民主党派地位的根本变化。它们在中国共产党的领导下,和共产党一道担负起管理国家和建设国家的历史重任。

第四节 创建人民民主专政的新中国

本节主要论述解放战争的顺利推进、人民民主专政的新中国成立、中国革命胜利的主要原因和基本经验。

一、南京国民党政权的覆灭

(1) 辽沈、淮海、平津三大战役。1948年秋,人民解放战争进入夺取全国胜利的决定性的阶段。中国人民解放军先后发动了辽沈、淮海、平津三大战役,国民党赖以维持其反动统治的主要军事力量基本上被摧毁。

(2) 人民解放军向全国进军。由于国民党政府拒绝在《国内和平协定》上签字,1949年4月21日,毛泽东、朱德发布《向全国进军的命令》,人民解放军发起渡江战役。4月23日,人民解放军占领南京,宣告延续了22年之久的国民党反动统治的覆灭。

二、人民政协与《共同纲领》

(1) 为新中国绘制蓝图。1948年9月召开的中共中央政治局会议、1949年3月召开的中共七届二中全会以及毛泽东的《论人民民主专政》,标志着新中国建设的开始进行。

(2) 人民政协会议的召开与《共同纲领》的制定。1949年9月21日,中国人民政治协商会议通过了《中国人民政治协商会议共同纲领》,通过了中央人

民政府组织法,一致选举中央人民政府,创建中华人民共和国的筹备工作胜利完成。

三、中国革命胜利的原因和基本经验

(1) 中国革命胜利的原因。中国革命的发生不是偶然的,它有着深刻的社会根源和雄厚的群众基础。中国革命之所以能够走上胜利发展的道路,是由于有了中国工人阶级的先锋队——中国共产党的领导;同时与国际无产阶级和人民群众的支持也是分不开的。

(2) 中国革命胜利的基本经验。中国人民的反帝反封建反官僚资本主义的革命斗争,是在中国共产党的领导下,并在它所提出的新民主主义的理论、纲领、路线和方针政策的指引下,经过长期的艰苦、曲折的斗争,逐步取得胜利的。中国共产党在领导人民革命的过程中,积累了丰富的经验,锻造出了有效的克敌制胜的武器。毛泽东指出:"统一战线,武装斗争,党的建设,是中国共产党在中国革命中战胜敌人的三个法宝,三个主要的法宝。"

习 题 训 练

(一) 单项选择题

1. 在第二次世界大战结束后,美国采取的对华政策是( )。
   A. 保持中立的政策　　　　　　B. 武力干涉的政策
   C. 扶蒋反共的政策　　　　　　D. 遏制中国的政策

2. 1945年8月,中共中央在对时局的宣言中明确提出的口号是( )。
   A. 和平、民主、团结　　　　　B. 巩固国内和平,实现民主改革
   C. 打倒蒋介石,解放全中国　　D. 独立、自由、和平

3. 1945年8月至10月,国共双方举行的谈判是( )。
   A. 西安谈判　　　　　　　　　B. 重庆谈判
   C. 南京谈判　　　　　　　　　D. 北平谈判

4. 1945年10月10日,国共两党在谈判基础上签署的文件是( )。
   A.《为公布国共合作宣言》　　B.《政府与中共代表会谈纪要》
   C.《和平建国纲领》　　　　　D.《国内和平协定》

5. 1946年6月26日,国民党军队挑起全国性内战的起点是( )。
   A. 大举围攻东北解放区　　　B. 大举围攻山东解放区
   C. 大举围攻陕北解放区　　　D. 大举围攻中原解放区

6. 1947年6月,刘邓大军主力千里跃进大别山揭开了人民解放战争( )。
   A. 战略防御的序幕　　　　　B. 战略相持的序幕
   C. 战略进攻的序幕　　　　　D. 战略决战的序幕

7. 1947年10月10日,中国人民解放军总部发表宣言提出的口号是( )。
   A. 和平、民主、团结　　　　B. 打倒蒋介石,解放全中国
   C. 将革命进行到底　　　　　D. 打过长江去,解放全中国

8. 1946年5月,中共中央发布的实现"耕者有其田"政策的重要文件是( )。
   A.《兴国土地法》　　　　　　B.《中国土地法大纲》
   C.《在晋绥干部会议上的讲话》　D.《关于清算、减租及土地问题的指示》

9. 1947年,中国共产党在全国土地会议上制定和通过的重要文件是( )。
   A.《井冈山土地法》　　　　　B.《兴国土地法》
   C.《中国土地法大纲》　　　　D.《关于清算、减租及土地问题的指示》

10. 1945年,在昆明发生的以"反对内战,争取和平"为主要口号的学生运动是( )。
    A. 一二·九运动　　　　　　B. 一二·一运动
    C. 一二三〇运动　　　　　　D. 五二〇运动

11. 1946年,北平学生发动的抗议驻华美军暴行的斗争运动是( )。
    A. 一二·九运动　　　　　　B. 一二·一运动
    C. 一二三〇运动　　　　　　D. 五二〇运动

12. 1947年,在国统区爆发的大规模爱国学生运动是( )。
    A. 一二·九运动　　　　　　B. 一二·一运动
    C. 一二三〇运动　　　　　　D. 五二〇运动

13. 1947年,台湾省人民为反抗国民党当局的暴政举行了( )。
    A. 一二·一运动　　　　　　B. 二二八起义
    C. 五二〇运动　　　　　　　D. 黑旗军起义

14. 1947年10月后,国统区爱国学生运动的主要斗争口号是( )。
    A. 反饥饿　　　　　　　　　B. 反内战
    C. 反迫害　　　　　　　　　D. 反独裁

15. 在1947年5月宣告成立的少数民族自治政府是( )。
    A. 内蒙古自治政府　　　　　B. 宁夏回族自治政府

C. 广西壮族自治政府　　　　　　D. 新疆维吾尔自治政府

16. 1946年5月4日,在重庆正式成立的民主党派是(　　)。
    A. 中国民主同盟　　　　　　　B. 中国民主建国会
    C. 中国民主促进会　　　　　　D. 九三学社

17. 在1947年10月被国民党当局宣布为"非法团体"并明令"严加取缔"的民主党派是(　　)。
    A. 中国民主同盟　　　　　　　B. 中国民主建国会
    C. 台湾民主自治同盟　　　　　D. 中国国民党革命委员会

18. 1947年11月,在香港正式成立的民主党派是(　　)。
    A. 中国民主同盟　　　　　　　B. 中国民主建国会
    C. 台湾民主自治同盟　　　　　D. 中国国民党革命委员会

19. 1948年1月,在香港宣告正式成立的民主党派是(　　)。
    A. 中国民主政团同盟　　　　　B. 中国国民党革命委员会
    C. 中国民主促进会　　　　　　D. 中国民主建国会

20. 1948年1月,公开确认中国共产党"值得每个爱国的中国人赞佩"的民主党派是(　　)。
    A. 中国民主同盟　　　　　　　B. 中国农工民主党
    C. 中国民主促进会　　　　　　D. 中国国民党革命委员会

21. 标志中国民主同盟站到新民主主义革命立场上来的会议是(　　)。
    A. 民盟一届一中全会　　　　　B. 民盟一届二中全会
    C. 民盟一届三中全会　　　　　D. 民盟一届四中全会

22. 1949年4月,中国人民解放军发起的重大战役是(　　)。
    A. 辽沈战役　　　　　　　　　B. 淮海战役
    C. 平津战役　　　　　　　　　D. 渡江战役

23. 1949年6月,毛泽东发表了系统阐明中国共产党关于建立新中国主张的(　　)。
    A. 《对目前时局的宣言》　　　B. 《目前形势和我们的任务》
    C. 《将革命进行到底》　　　　D. 《论人民民主专政》

24. 毛泽东在《论人民民主专政》一文中指出,人民民主专政的主要基础是(　　)。
    A. 工人阶级和农民阶级的联盟
    B. 工人阶级和民族资产阶级的联盟
    C. 农民阶级和城市小资产阶级的联盟
    D. 城市小资产阶级和民族资产阶级的联盟

（二）多项选择题

1. 1946 年 1 月 10 日政治协商会议在重庆开幕,出席会议的主要党派有( )。
   A. 中国国民党　　　　　　B. 中国共产党
   C. 中国民主同盟　　　　　D. 中国青年党

2. 抗战胜利后,中国共产党为做好进行自卫战争准备而在解放区开展的中心工作是( )。
   A. 练兵　　　B. 减租　　　C. 整风　　　D. 生产

3. 1946 年 6 月 23 日,在国民党当局制造的下关惨案中被打伤的民主进步人士包括( )。
   A. 李公朴　　　B. 雷洁琼　　　C. 郭沫若　　　D. 马叙伦

4. 1947 年 2 月至 6 月,中国人民解放军粉碎了国民党军队( )。
   A. 对陕甘宁边区的重点进攻　　B. 对东北解放区的重点进攻
   C. 对中原解放区的重点进攻　　D. 对山东解放区的重点进攻

5. 1947 年 6 月底,揭开人民解放战争战略进攻的序幕是( )。
   A. 刘邓大军挺进大别山　　B. 陈粟大军挺进苏鲁豫皖
   C. 陈谢兵团挺进豫西　　　D. 林罗大军挺进东北

6. 1947 年 5 月,国统区爱国学生运动的主要斗争口号是( )。
   A. 反饥饿　　　　　　　　B. 反内战
   C. 反迫害　　　　　　　　D. 反独裁

7. 全国解放战争时期,在国民党统治区爆发的爱国学生运动有( )。
   A. 一二·九运动　　　　　B. 一二·一运动
   C. 一二三〇运动　　　　　D. 五二〇运动

8. 全国解放战争时期,为国统区民主运动斗争献出生命的中国民盟爱国人士是( )。
   A. 邓演达　　　　　　　　B. 李公朴
   C. 闻一多　　　　　　　　D. 杜斌丞

9. 1948 年,中共中央在纪念五一国际劳动节的口号中提出的主张包括( )。
   A. 召开政治协商会议　　　B. 召集人民代表大会
   C. 成立民主联合政府　　　D. 建立民族自治制度

10. 1948 年 9 月至 1949 年 1 月,人民解放军同国民党军队进行战略决战的战役是( )。

A. 辽沈战役 B. 淮海战役
C. 平津战役 D. 渡江战役

11. 毛泽东在中共七届二中全会上提出,务必使同志们继续地保持( )。
    A. 谦虚、谨慎、不骄、不躁的作风 B. 艰苦奋斗的作风
    C. 团结、紧张、严肃、活泼的作风 D. 联系群众的作风
12. 毛泽东在《论人民民主专政》一文中指出,由新民主主义到社会主义主要依靠( )。
    A. 工人阶级 B. 农民阶级
    C. 城市小资产阶级 D. 民族资产阶级
13. 在 1949 年中华人民共和国中央人民政府成立时,担任副主席职务的民主人士是( )。
    A. 李济深 B. 宋庆龄
    C. 张澜 D. 黄炎培
14. 毛泽东指出,中国共产党在中国革命中战胜敌人主要的法宝是( )。
    A. 土地革命 B. 统一战线
    C. 武装斗争 D. 党的建设

(三)辨析题

1. 在抗战胜利后,中国共产党争取和平民主的努力是毫无意义的。
2. 土地改革运动的深入开展,为打败蒋介石、建立新中国奠定了深厚的群众基础。
3. 在中国革命统一战线中存在两个联盟,其中劳动者的联盟是基本的、主要的。

(四)简答题

1. 中国共产党必须打败蒋介石、能打败蒋介石的主要原因。
2. 抗战胜利后,中国共产党与民主党派团结合作的主要体现。
3. 第三条道路的主张及结局。
4. 中国共产党领导的多党合作和政治协商制度形成的基础。

(五)论述题

1. 中国新民主主义革命取得胜利的主要原因。
2. 中国共产党领导中国革命取得胜利的基本经验。

参 考 答 案

（一）单项选择题

1. C 2. A 3. B 4. B 5. D 6. C 7. B 8. D 9. C 10. B
11. C 12. D 13. B 14. C 15. A 16. D 17. A 18. C 19. B 20. A
21. C 22. D 23. D 24. A

（二）多项选择题

1. ABCD 2. ABD 3. BD 4. AD 5. ABC 6. AB 7. BCD
8. BCD 9. ABC 10. ABC 11. AB 12. AB 13. ABC 14. BCD

（三）辨析题

1. 错误。在抗战胜利后，中国共产党争取和平民主的努力，尽管最终未能阻止全面内战的爆发，但是，它使得各界群众增强了对中国共产党的了解，懂得了什么人应当对这场战争承担责任。这在政治上是一个重大的胜利。与此同时，在中国共产党积极争取下，中国人民毕竟争得了将近一年的和平的暂息时期。这也为扩大和巩固解放区、做好进行自卫战争的准备，提供了有利的条件。

2. 正确。经过土地改革运动，广大农民分得土地并在政治上获得翻身以后，其政治觉悟和组织程度空前提高，农村生产力得到解放，工农联盟进一步巩固和加强。人民解放战争获得了源源不断的人力、物力的支援。经过这个运动，中国最主要的人民群众——农民进一步认识到，中国共产党是自身利益的坚决维护者，因而自觉地在党的周围团结起来。这就为打败蒋介石、建立新中国奠定了深厚的群众基础。

3. 正确。中国革命统一战线中存在着两个联盟：一个是劳动者的联盟，主要是工人、农民和城市小资产阶级的联盟，其中工农联盟是基础；一个是劳动者与非劳动者的联盟，主要是劳动者与民族资产阶级的联盟，有时还包括与一部分大资产阶级的暂时的联盟。在这两个联盟中，前者是基本的、主要的；后者是辅助的、同时又是重要的。中国革命的发展必须坚决依靠第一个联盟，争取建立和扩大第二个联盟。

（四）简答题

1. 中国共产党必须打败蒋介石，是因为蒋介石发动的战争，是一个在美帝国主义指挥之下的反对中国民族独立和中国人民解放的反革命的战争。在这种时候，如果中国共产党表示软弱、表示退让，不敢坚决地起来用革命战争反对反革命战争，中国就将变成黑暗世界，中华民族的前途就会被断送。中国共产党能够打败蒋介石，是因为蒋介石军事力量的优势和美国的援助，只是临时起作用的因素；而蒋介石发动的战争的反人民性质，人心的向背，则是经常起作用的因素，在这方面，中国共产党占着优势。人民解放军的战争所具有的爱国的正义的革命的性质，必然要获得全国人民的拥护。这就是战胜蒋介石的政治基础。

2. 中国各民主党派主张爱国、反对卖国，主张民主、反对独裁。这些方面同中国共产党的新民主主义革命政纲基本上是一致的。在战后进行国共谈判和召开政协会议时，民主党派作为"第三方面"，主要是同共产党一起，反对国民党的内战、独裁政策，为和平民主而奔走呼号的。它们为政协会议的成功作出了自己的贡献，还为维护政协协议进行过不懈的努力。在国民党当局撕毁政协协议、发动全面内战时，民盟和其他民主党派的大多数人，在拒绝参加国民党一手包办的伪"国民大会"和虚假的"多党政府"以及反对国民党炮制的伪"宪法"等一系列重大问题上，是同共产党站在一起的。它们还积极参加和支持国民党统治区的爱国民主运动，在第二条战线的斗争中尽了自己的一份力量。

3. 抗日战争胜利后，某些民主党派的领导人某些民主党派的领导人物曾经鼓吹"中间路线"。他们认为，当时的形势是，国民党不能用武力消灭共产党，共产党也不能用武力推翻国民党，这似乎为实行中间路线提供了千载一时的机会。

中间路线的鼓吹者主张：在政治上"必须实现英美式的民主政治"，但不准地主官僚资本家操纵；在经济上，"应当实行改良的资本主义"，但不容官僚买办资本横行。而实行的方法，则是走和平的改良的道路。他们所提倡的，是资产阶级共和国的方案；他们所主张的，实质上是旧民主主义的道路。

中国在战后面临的是两种命运、两个前途的尖锐斗争，客观形势决定了人们没有走中间路线的余地。持有中间路线想法的人们一接触到实际斗争，尤其是内战重起，就使他们只能在靠近共产党或靠近国民党中选择道路，而不能有其他道路。

4. 中国各民主党派在形成时，主要是民族资产阶级、城市小资产阶级及其知识分子，以及其他爱国民主分子社会基础。它们曾试图通过第三条道路争取在中国建立欧美式的资产阶级共和国。但历史经验表明，资产阶级共和国的方案在中国是行不通的。中国各民主党派和无党派民主人士的绝大多数人,经过实践的教育,确认了中国共产党关于通过建立人民共和国、走向社会主义的政治主张的正确性;认识到只有接受中国共产党的领导,才能在中国政治生活中有效地发挥积极作用,才有光明的前途。中国共产党领导的多党合作和政治协商制度,是在这个基础上形成的。中国这种崭新的政党制度的确立,符合中国历史发展的规律和中国人民的根本利益,也符合各民主党派和无党派民主人士的意愿。

(五) 论述题

1. 由于帝国主义、封建主义、官僚资本主义的残酷压迫,中国人民走上了反帝反封建反官僚资本主义斗争的伟大道路。工人、农民、城市小资产阶级群众是民主革命的主要力量。随着斗争的发展,民族资产阶级也逐步向共产党靠拢。各民主党派和无党派民主人士、各少数民族、爱国的知识分子和华侨等,都在这场斗争中发挥了积极的作用。没有广大人民和各界人士的广泛参加和大力支持,中国革命的胜利是不可能的。

中国共产党是用马克思主义科学理论武装起来的,它是以马克思列宁主义基本原理与中国实践相结合的毛泽东思想作为一切工作的指针。因此,中国共产党能够制定出适合中国情况的、符合中国人民利益的纲领、路线、方针和政策,为中国人民的斗争指明正确的方向。中国共产党人在革命过程中始终英勇地站在斗争的最前线,并以行动表明了自己是最有远见,最富于牺牲精神,最坚定而又最能虚心体察民情并依靠群众的坚强的革命者,从而赢得了广大中国人民的衷心拥护。

中国革命之所以能够赢得胜利,同国际无产阶级和人民群众的支持也是分不开的。为了中国人民解放事业,一些国际友人还直接参加了中国的革命斗争,有的已经长眠在中国的土地上。

2. 中国共产党在领导人民革命的过程中,积累了丰富的经验。毛泽东指出:"统一战线,武装斗争,党的建设,是中国共产党在中国革命中战胜敌人的三个法宝,三个主要的法宝。"

第一,建立广泛的统一战线。由于中国人民受到帝国主义、封建主义和官僚资本主义的严重压迫,在中国建立革命统一战线的群众基础是十分广泛的。建立广泛的统一战线,是坚持和发展革命的政治基础。第二,坚持革命的武装斗争。由于中国没有资产阶级民主,反动统治阶级凭借武装力量对人民实行独裁恐怖统治,革命只能以长期的武装斗争作为主要形式。中国的武装斗争实质上是工人阶级领导的农民战争。中国共产党必须深入农村,发动和武装农民,在农村建立革命的根据地,以农村包围城市,才能逐步地争取革命的胜利。第三,加强共产党自身的建设。中国共产党遵循毛泽东建党学说,在长期的斗争实践中,把自己锻炼成了一个有纪律的、有马克思列宁主义理论武装的、采取自我批评方法的、联系人民群众的党,成为了掌握统一战线和武装斗争这两个武器以实行对敌冲锋陷阵的英勇战士,成为了全国各族人民拥戴的领导核心。

延伸阅读

(一)

近来东北战事失利,政府当局也不再讳言,而变相的物价高涨,更是每个升斗小民所切身感受到的事实。广大人民陷入恐惧情绪和生活煎逼之中。这些真真实实的情形,真实得不是少数人爱听或不爱听所能抹煞,更真实得不是任何粉饰之词所能粉饰得了。

国家在这样风雨飘摇之秋,老百姓在这样痛苦的时分,安慰在哪里呢?希望又在哪里呢?享有特权的人享有特权如故,人民莫可如何。靠着私人或政治关系而发横财之辈,不是逍遥海外,即是倚势豪强如故。对于这辈人民公敌,共产党的最大助手,不用说到现在还没有人替老百姓施用政治力量强制他们捐输资财以戡乱救民,甚至不曾用指甲轻弹他们一下。人事上也偏私如故,似乎没有国人置喙的余地。国事弄成这个样子,老百姓装着一肚子闷气,我们该将怎么作呢?若不再为四万万国家主人翁抒发送股闷气的万分之一,何以对毕生以救国救民为己任的国父在天之灵?何以对为革命事业而牺牲生命的千万烈士之魂?更何以对全国受苦受难的同胞们?

国家发展到现在,应该可以使人痛切觉悟,欲求戡平共党祸乱,挽回目前军事上不利的形势,固然不可不从注重加强军队之有形的装备着手,而更重要的则是由军事力量所从出的政治改革着手。

目前少数人这样享有一切特权,他们的生活骄奢淫逸,一文钱也不肯出,没有一个人去当兵,却完全要穷苦的老百姓抽丁纳粮,这如何能使人心平气服?如何不令反对者有所借口?

国事演变到这个地步,势必牺牲极端少数的人来挽救最大多数的人。只有这样做才能将这个局势扭转过来。革命与反革命的试金石,就看是走多数派的路线还是走少数派的路线。如果我们走少数派的路线,那末尽管口里喊革命,事实上是反革命。如果我们走多数派路线,甚至口里不标榜革命,老百姓还是知道我们是革命的。假若吾人能天下为公,用人唯才,疏远小人,罢黜一切害民之官,严办豪强特权之辈,减轻人民负担,将千千万万人民的负担放在极端少数豪门巨富身上,那末人民耳目必然为之一新,前方军心立即因之而大振,区区共党匪徒,不足平也?

最根本的关键是收拾人心,而收拾人心,绝对不能靠一纸公文命令,必须政府负责者先作几件大快人心之事,振奋沉闷已久之人心,以事实来证明大公无私和剿匪并非保卫特权阶级的利益,而确系为保卫领土之完整,为保卫人民之自由与民主,为保卫我们的历史与文化。若是吾人能作到此点,形势必会为之一变。

赶快收拾人心,只有这一个机会了。

——节选自《社论:赶快收拾人心》,《中央日报》1948年11月4日。

(二)

西柏坡时期,毛泽东和他的战友们指挥了震惊中外的三大战役,表现了以毛泽东为首的党中央、中央军委高超的战略战术和指挥艺术,极大地丰富和发展了毛泽东军事思想。一、三大战役的胜利是毛泽东军事战略思想的伟大胜利早在土地革命时期,毛泽东在研究中国革命战争的战略问题时,曾提出过战略决战的问题。抗日战争初期,毛泽东在《论持久战》中进一步阐述了这一思想,并将其作为战略反攻阶段的任务。土地革命时期,由于我军力量所限,未同敌人进行决定命运的战略决战,并始终处于防御地位;抗日战争的最后阶段又以日本的迅速投降而结束,也未形成大规模战略决战的条件。直到解放战争的最后阶段,敌我力量发生了根本性的变化并形成了战略决战的格局,中共中央和毛泽东才考虑大决战的战略战术问题,并使战略决战理论在战争实践中得到了丰富和发展。

党中央、毛泽东运筹帷幄之中,决胜千里之外,在西柏坡部署指挥了以辽沈、淮海、平津三大战役为标志的伟大的战略决战,取得了辉煌胜利。从1948年9月12日至翌年1月31日,历时4个月零19天,歼敌154万人,连同济南战役和7月份以来进行的其他战役,共歼敌231万余人,规模之大,歼敌之多,在中外战争史上是空前的。

第一,正确分析形势,善于把握决战时机,敢打必胜。解放战争的第三年,全国的政治、经济、军事形势朝着有利于我而不利于敌的方向发展。毛泽东满怀喜悦地指出:"中国人民的革命战争,现在已经达到了一个转折点,这即是中国人民解放军已经打退了美国走狗蒋介石的数百万反动军队的进攻,并使自己转入了进攻","这是一个历史的转折点。"毛泽东适时地抓住了有利形势,作出了战略决战的重大决策。

第二,慎重选定决战方向和首要突击方向。毛泽东审慎而正确地选定了决战方向和首要的突击方向。他在确定战略决战第一个打击目标时,充分考虑就地歼灭敌军的可能性,及战争胜利对整个战局发展的影响等重要因素。毛泽东在1948年2月指出:"对我军战略利益来说,是以封闭蒋军在东北加以各个歼灭为利。"为此,毛泽东要求东北我军发起了第一个大规模的决战战役。在确定各决战战役的首要突击方向问题上,毛泽东经过深思熟虑后决定:辽沈战役中首战北宁线,打下锦州;淮海战役中,确定第一阶段作战重心是歼灭黄伯韬兵团,实施中间突破,切断敌徐州集团海上补给线,为我军第二、第三阶段分批歼敌创造有利条件;平津战役中,毛泽东则要求在完成对北平、天津、张家口之敌的战略包围之后,先吃掉两头,即歼灭张家口、新保安、天津、塘沽守敌,以彻底粉碎傅作义集团西窜或南逃的企图。

第三,实施大规模运动战和阵地战相结合,坚定而灵活地实施战役合围。如在辽沈战役中,对长春之敌采取长久围困;对防御薄弱的沈阳之敌,采取行进间突破;而对设防坚固的锦州守敌,采取城市攻坚战;对援锦之敌,则采取运动战与阵地战相结合的作战方式。在淮海战役中,毛泽东十分重视战役合围战法的运用。我军歼灭黄伯韬兵团、黄维兵团、杜聿明兵团等,都是采取战役合围的作战方法而取得成功的。

纵观毛泽东指挥我军进行战略决战的历史,无论是把握决战时机,还是决策决战的方向和方式上,都贯串了把握战略全局,充分利用决战的有利因素,避开和克服不利因素,敢打必胜的军事思想。这是毛泽东战略决战理论的核心,也是我军取得战略决战胜利的根本指导思想。

——节选自张志平、白元达、李庆安:《西柏坡时期毛泽东军事思想的丰富和发展》,谢忠厚主编:《西柏坡研究文集》,河北人民出版社,1999年。

(三)

1948年给自由主义者既带来希望又带来失望。在中国共产党对民主党派民主人士积极争取下,是年1月,民盟领导人沈钧儒等在香港恢复民盟总部,并指出"中间路线"不符合中国的现实环境,是"行不通"的,认为中国共产党"值得每个爱国的中国人赞佩",表示今后要与他们携手合作。与此同时,其他民主党派也明确表示同共产党合作,参加新民主主义革命。4月,中共中央号召召开新政协,筹建民主联合政府,得到各民主党派一致响应。这给绝望中的自由主义者带来了实行民主的新希望和新道路。而3月召开"行宪国大"后,随着经济崩溃和军事失败,使国民党更趋向于依靠暴力对自由主义者进行镇压。7月,蒋介石决定查封南京《新晚报》和上海《观察》周刊。5个月后即12月24日《观察》周刊终被查封。这又使自由主义者对国民党彻底失望,通过国民党走民主之路已不可能。随着解放战争的胜利进程,1948年1月至12月间,自由主义者在思想观点上与中共逐步一致,最终选择与中共合作。

首先,自由主义者认同了暴力革命。施复亮指出:自由主义者固然希望避免流血的革命,但它更痛恨顽固的反动。革命虽然要流血,但它可能产生进步。"真正的自由主义者,决不可因为害怕明天可能遇到个人的某些不自由,就容忍或助长今天多数人民所深受的种种不自由。假使明天得到自由的人多于今天,也就是一种进步。追求这种自由的力量,也就是一种进步的力量。这种进步的力量,也许比自由主义者更进步,其斗争方法也许非自由主义者所能赞同,但也不可加以敌视。"他认为"团结进步的力量,联合进步的力量,推动中国走上进步的道路,这应该是今天中国自由主义者责无旁贷的责任"。而"假使中国当前政治斗争的结果,只有两个可能的前途,不是殖民地化的法西斯的前途,便是社会主义革命胜利的前途,那么自由主义者自然只有选择后一个前途而不能有所迟疑"。在破坏旧中国、反对国民党上,自由主义者与中共可以说是战友。

其次,自由主义者赞同实行社会主义。自由主义者认为"从西安事变以来中共的做法,一直没有超过民族主义和民主主义的范畴",而自由主义者必然是民族和民主主义者,两者是相通的。除此之外,自由主义者也追求社会主义。严仁赓把社会主义当作"我们的理想"。施复亮认为,"20多年来,我对于中国政治有一个基本认识,认为中国民主革命的彻底完成,必然要走上社会主义"。李孝友认为"共产主义的最终理想毫无悖于自由主义者的公道正义精神"。因此,自由主义者赞成在中国实行社会主义的经济制度。

第三,自由主义者也反对封建主义。自由主义者认为中国只有在推翻帝国主义和封建主义的压迫后,才能走上社会主义道路,自由主义者的使命就是摧毁封建社会。但自由主义者承认自由主义运动虽然对中国社会和文化发生了极大影响,但30多年来根深蒂固的封建势力却丝毫未动。李孝友认为其原因是自由主义者未能植根于广大人民,尤其是广大的农民中去,唯有农民觉醒与土地改革后,封建势力才能无所依附。而中共在农村的土地革命,已使整个封建势力战栗不已。李孝友认为在摧毁封建主义上自由主义者可与共产党合作。他指出如果仅仅因为中共对个人自由有威胁而要消灭中共,准备与腐朽的封建势力同流合污,最多也不过使历史倒退几十年罢了。他的结论是,"在目前与其说自由主义与共产主义的对立,始能显自由主义的面目,不如说自由主义与封建社会对立更能显露其特性与使命。虽然自由主义与共产主义须要对立,但须在两者共同的敌人封建社会摧毁或却步以后,这种对立始有可能"。

此后,自由主义者纷纷前往解放区。1948年12月储安平、王芸生等前往北平,1949年9月,储安平作为中华新闻工作者协会筹备会候补代表参加了新政协。自由主义者对历史潮流的顺应,对国民党的抛弃,对民主道路的修正,对中共态度的转变,虽然这一过程是艰难的,但他们中的多数人最终选择了新中国,选择了中国共产党。

——节选自程舒伟、郑瑞峰:《1946—1948年自由主义者对中国共产党态度的演变》,《武汉理工大学学报(社会科学版)》2008年第2期。

(四)

一、本盟为求中国民主和平独立统一的实现而奋斗,此一目标,始终不变。惟因国际与国内形势的转变,为何方能达到这一目标,则今天与二中全会时显已不同,过去本盟主张以"和平"求民主,以"公开"争合法。但在今天,南京国民党反动集团既已关闭和平之门,且不复容许任何不同意一党专政的反对党存在,则欲实现中国的和平民主,已不可能由谈判妥协中求之。我们必须粉碎一个独裁反动贪污腐化的政权,才能建立一个和平民主廉洁有效能的新政权。我们今后必须发动,领导中国人民积极从事此项斗争。我们过去一贯的主张是反对内战,恢复和平,今日也依然如此。但我们所要反对的是国民党反动集团所进行的反人民的内战,我们所要求的是真正的永久的民主的和平。

二、对于卖国独裁的国民党反动集团,我们要反对的不只是独裁者个人,而是那代表地主豪绅买办封建的整个集团。为了彻底消灭整个反动集团的统治,中国人民就得彻底消除这一反动统治所寄托的经济基础,那就是彻底消灭封建剥削的土地关系,实行耕者有其田,彻底实行土地改革,在消极方面可以铲除反动统治的经济基础,使之无所凭借,在积极方面也可为真正的民主政治开了一条道路,因为占人口百分之八十五以上是农民,如果得不到真正的解放,都市之商业就谈不到繁荣,实现民主政治也就会变成一句空话。

三、对于过去一年多来,美国反动派在中国所执行的援蒋政策,本盟不能不加以严重的指责。自从去年魏德迈来华调查之后,美国的对华侵略政策非但没有丝毫的转变,反而以各种各样直接间接的方式加强援助国民党反动独裁势力。在美国政府中,援蒋虽有所谓急进缓进之分,但在基本上同样支持中国的反动独裁力量以反对中国革命的民主势力,这一点却是极清楚的。本盟认为美国目前的这种对华政策,决不足以代表爱好和平民主的美国人民,不过是执行着少数金融寡头独占资本家的意志,而这种对华政策执行的结果,业已使中国的战火扩大,使中国人民的痛苦加深。本盟站在中国人民的立场,坚决地反对美国目前的对华政策,反对美国把中国当成远东反苏反共的基地,反对美国反动派一切直接间接危害中国主权的行动。本盟并且愿意唤起美国政府的注意:中国人民决不承认美国政府与南京政府所签订的一切损害中国人民利益的条约,并认为美国政府给予南京政府的所有援助,都是与中国人民为敌。

四、为了反对独裁卖国,实现真正的民主的和平,本盟愿伸出手来,欢迎一切民主党派的合作,而且要与一切民主党派结成坚强的民主统一战线。中国共产党为民主事业而奋斗的历史,日寇投降以来,为实现国内和平的努力,是值得每个爱国的中国人赞佩,本盟今后要与他们携手合作。同时,对于最近国民党革命委员会的成立,因为他是国民党的新生,也是中山先生革命精神的复活,本盟亦致其深挚的期望,并愿与共同奋斗。民主和平自由独立的新中国的实现,是有赖于中国民主同盟、中国共产党、国民党民主派以及其他各民主党派与无党无派民主人士的亲密合作,才能达到的。

以上各项,为本盟最近对时局的态度与主张。最后,我们以十分兴奋的心情指出:今日中国民主与反民主力量的对比,已经起了重大的变化,即民主力量已占着绝对的优势。尽管国民党反动独裁派如何穷凶极恶,倒行逆施,但这并不是他力量的强大,反而证明了他的日暮途穷。在今天,我们对于民主的胜利,有绝对坚定的信心,一个和平民主独立统一的新中国之实现,为期已经不远。我们知道今天中国的民主运动,决不是孤军奋斗。南京的反动独裁集团,有美国反动派替它撑腰,但我们也有全世界的包括美国人民在内的民主力量给我们支援。自然,这决不是民主前途已经没有曲折或者没有困难。但这种困难,只要我们对内加强团结人民与各民主党派,对外与全世界的民主力量及亚洲的被压迫民族联合起来,为实现全世界的民主和平而奋斗,这些困难便绝对可以克服,这也就是说:中国的民主,世界的和平,就一定可以实现。

——节选自中国民主同盟中央文史资料委员会编:《中国民主同盟历史文献》,第374—378页,文史资料出版社,1983年。

地编 从新中国成立到社会主义现代化建设新时期（1949—2015）

综述
辉煌的历史征程

内 容 提 要

下篇综述的内容分为三部分,概述中华人民共和国成立及其历史意义与社会性质的历史变化、中华人民共和国成立以来经历的四个发展阶段和两个发展时期及其相互关系、开创和发展中国特色社会主义的历史进程。通过下编综述的学习,要求学生认识新中国诞生的伟大意义和新民主主义社会与社会主义社会的联系与区别、新中国成立以来历史进程的基本线索和两个时期的内在联系、中国特色社会主义的发展脉络。

一、中华人民共和国的成立和中国 进入社会主义初级阶段

本部分主要概述中华人民共和国的成立开辟了中国历史的新纪元和中国新民主主义社会与社会主义社会的基本状况。

(一) 新中国的成立及其伟大意义

(1) 新中国的成立。1949 年 10 月 1 日,中华人民共和国宣告成立。

(2) 新中国成立的伟大意义。第一,帝国主义列强压迫中国、奴役中国人民的历史从此结束,中国人民从此站立起来了。第二,本国封建主义、官僚资本主义统治的历史从此结束,中国人民第一次成为国家的主人。第三,军阀割据、战乱频仍、匪患不断的历史从此结束,国家基本统一,民族团结,社会政治局面趋向稳定,各族人民开始过上安居乐业的生活。第四,为实现由新民主主义向社会主义的过渡,并在社会主义道路上实现中华民族的伟大复兴,创造了前提条件。第

五,中国共产党成为全国范围内的执政党。总之,中华人民共和国的成立,标志着中国新民主主义革命取得了基本的胜利,标志着半殖民地半封建社会的结束和新民主主义社会在全国范围内的建立,标志着近代以来中华民族面临的第一项历史任务的基本完成。

(二) 新民主主义社会的建立

(1) 革命的两个阶段。中国共产党领导的革命包括新民主主义革命和社会主义革命两个阶段。新民主主义革命的目的是建立新民主主义社会,然后发展到第二阶段以建立社会主义社会。1949年中华人民共和国的成立,标志着新民主主义革命阶段的基本结束和社会主义革命阶段的开始,即进入由新民主主义到社会主义的过渡时期。

(2) 中共中央对新民主主义社会的分析。新民主主义革命胜利并解决了土地问题后,中国社会经济中存在着五种成分,其中主要是三种,即社会主义经济、个体经济和私人资本主义经济。三种基本的经济成分及与之相应的三种基本的阶级力量(工人阶级、农民及其他小资产阶级、资产阶级)之间的矛盾,就集中地表现为无产阶级与资产阶级的矛盾、社会主义与资本主义的矛盾。

(三) 中国进入社会主义初级阶段

(1) 中国进入社会主义社会的标志。自1956年社会主义改造基本完成以后,中国进入社会主义。

(2) 中国社会主义社会的发展初级阶段。在进入社会主义的时候,落后的生产力发展水平决定了中国的社会主义必须经历一个相当长的初级阶段。在社会主义初级阶段,主要矛盾是人民日益增长的物质文化需要同落后的社会生产之间的矛盾;根本任务是进一步解放和发展生产力,逐步实现社会主义现代化。中国仍处于并将长期处于社会主义初级阶段,是中国的基本国情,是建设中国特色社会主义的总依据。

二、新中国发展的两个历史时期及其相互关系

本部分主要概述新中国成立以后的历史分期及其相关问题。

(一) 新中国成立至今经历的发展阶段

(1) 从1949年10月1日中华人民共和国成立到1956年,是基本完成社会

主义改造的七年。

（2）从1956年社会主义改造基本完成到1966年"文化大革命"前夕，是开始全面建设社会主义的十年。

（3）从1966年5月到1976年10月，是"文化大革命"的十年。

（4）从1978年12月中共十一届三中全会召开以来至今，是改革开放和社会主义现代化建设的新时期。

（二）新中国历史发展的相关问题

（1）围绕的主题和主线。全国各族人民在中国共产党领导下探索、开创、发展中国特色社会主义，为实现国家繁荣富强、人民共同富裕的历史任务而不懈奋斗。

（2）所做的两件大事。一是进行社会主义革命，确立了社会主义基本制度，并积累了社会主义建设的重要经验。二是进行改革开放新的伟大革命，形成了党在社会主义初级阶段的基本理论、基本路线、基本纲领、基本经验、基本要求，开创、坚持、发展了中国特色社会主义。

（3）改革开放前和改革开放后两个历史时期。中国共产党领导人民进行社会主义建设，有改革开放前和改革开放后两个历史时期，这是两个相互联系又有重大区别的时期，但本质上都是中国共产党领导人民进行社会主义建设的实践探索。

三、开创和发展中国特色的社会主义

本部分主要概述新中国最大的历史成就——探索、开创、坚持、发展中国特色社会主义的历史进程。

（1）以毛泽东为主要代表的中国共产党人在探索中取得了社会主义建设的独创性理论成果和巨大成就，为新的历史时期开创中国特色社会主义提供了宝贵经验、理论准备、物质基础。

（2）以邓小平为主要代表的中国共产党人，作出了把党和国家工作重心转移到经济建设上来、实行改革开放的历史性决策，科学回答了建设中国特色社会主义的一系列基本问题，成功地开创了中国特色社会主义。

（3）以江泽民为主要代表的中国共产党人，面对国内外形势十分复杂、世界社会主义出现严重曲折的严峻考验，成功地把中国特色社会主义推向21世纪。

（4）以胡锦涛为主要代表的中国共产党人，抓住重要战略机遇期，成功地在新的历史起点上坚持和发展了中国特色社会主义。

(5) 中共十八大以来,习近平总书记从时代和全局高度发表的一系列重要讲话,开拓了马克思主义发展的新境界,是中国特色社会主义理论体系的最新成果。

习 题 练 习

(一) 单项选择题

1. 中华人民共和国的成立,标志着中国进入到(   )。
   A. 资本主义社会   B. 新民主主义社会
   C. 社会主义社会   D. 共产主义社会

2. 1949年中华人民共和国成立后,中国进入到(   )。
   A. 由旧民主主义到新民主主义的过渡时期
   B. 由新民主主义到社会主义的过渡时期
   C. 新民主主义革命到建设的过渡时期
   D. 社会主义革命到建设的过渡时期

3. 在民主革命取得全国性胜利并完成土地革命后,中国国内存在的主要矛盾是(   )。
   A. 农民阶级和地主阶级的矛盾   B. 工人阶级和资产阶级的矛盾
   C. 人民大众和封建主义的矛盾   D. 人民大众和资本主义的矛盾

4. 中国社会主义革命阶段开始的标志是(   )。
   A. 中华人民共和国的成立   B. 中共七届三中全会的召开
   C. 党在过渡时期总路线的提出   D. 第一届全国人民代表大会的召开

5. 新民主主义社会形态的特点是(   )。
   A. 固定的   B. 不变的   C. 过渡的   D. 独立的

6. 在新民主主义向社会主义过渡时期,经济上处于领导地位的是(   )。
   A. 私人资本主义经济   B. 国家资本主义经济
   C. 社会主义性质的国营经济   D. 半社会主义性质的合作社经济

7. 中国进入到新民主主义社会后在国际上面临的主要矛盾是(   )。
   A. 新中国同殖民主义的矛盾   B. 新中国同帝国主义的矛盾
   C. 新中国同美国的矛盾   D. 新中国同英国的矛盾

8. 中华人民共和国成立后,从1949年到1956年的历史发展阶段属于(　　)。
   A. 基本完成社会主义改造的时期
   B. 开始全面建设社会主义的时期
   C. "文化大革命"的时期
   D. 改革开放和社会主义现代化建设的新时期

9. 我国社会主义基本制度确立的标志是(　　)。
   A. 中华人民共和国的成立　　　　B. 党在过渡时期总路线的提出
   C. 第一届全国人民代表大会的召开　D. 社会主义三大改造的完成

10. 中华人民共和国成立后,从1956年到1966年的历史发展阶段属于(　　)。
    A. 基本完成社会主义改造的时期
    B. 开始全面建设社会主义的时期
    C. "文化大革命"的时期
    D. 改革开放和社会主义现代化建设的新时期

11. 中华人民共和国成立后,从1966年5月到1976年10月的历史发展阶段属于(　　)。
    A. 基本完成社会主义改造的时期
    B. 开始全面建设社会主义的时期
    C. "文化大革命"的时期
    D. 改革开放和社会主义现代化建设的新时期

12. 中华人民共和国成立后,从1978年至今的历史发展阶段属于(　　)。
    A. 基本完成社会主义改造的时期
    B. 开始全面建设社会主义的时期
    C. "文化大革命"的时期
    D. 改革开放和社会主义现代化建设的新时期

13. 在社会主义初级阶段,全党和全国的工作中心是(　　)。
    A. 阶级斗争　　　　　　　　　　B. 经济建设
    C. 坚持四项基本原则　　　　　　D. 坚持改革开放

14. 中国进入到改革开放和社会主义现代化建设的新时期的标志是(　　)。
    A. 中共八大的召开　　　　　　　B. 中共十大的召开
    C. 中共十一届三中全会的召开　　D. 中共十二届三中全会的召开

15. 领导中国人民成功开创了中国特色社会主义的是(　　)。
    A. 以毛泽东为主要代表的中国共产党人
    B. 以邓小平为主要代表的中国共产党人

C. 以江泽民为主要代表的中国共产党人

D. 以胡锦涛为主要代表的中国共产党人

16. 建设中国特色社会主义的总依据是（　　）。

　　A. 中国人口多、底子薄

　　B. 中国社会生产力落后

　　C. 中国是世界上最大的发展中国家

　　D. 中国仍处于并将长期处于社会主义初级阶段

（二）多项选择题

1. 中华人民共和国的成立标志着（　　）。

　　A. 中国新民主主义革命取得了胜利

　　B. 半殖民地半封建社会历史的结束

　　C. 新民主主义社会在全国范围内的建立

　　D. 社会主义制度的形成

2. 中国进入到新民主主义社会后存在的经济成分包括（　　）。

　　A. 国营经济和合作社经济　　　　B. 个体经济

　　C. 私人资本主义经济　　　　　　D. 国家资本主义经济

3. 中国进入到新民主主义社会后存在的三种主要经济成分是（　　）。

　　A. 社会主义经济　　　　　　　　B. 个体经济

　　C. 私人资本主义经济　　　　　　D. 官僚资本主义经济

4. 在中国新民主主义社会中，与三种基本的经济成分相对应的三种基本阶级力量是（　　）。

　　A. 地主阶级　　　　　　　　　　B. 工人阶级

　　C. 农民及其他小资产阶级　　　　D. 资产阶级

5. 在新民主主义社会中，三种基本经济成分及其相应阶级力量之间的矛盾集中地表现为（　　）。

　　A. 农民阶级与地主阶级的矛盾　　B. 资本主义与封建主义的矛盾

　　C. 无产阶级与资产阶级的矛盾　　D. 社会主义与资本主义的矛盾

6. 中国仍处于并将长期处于社会主义初级阶段，这是（　　）。

　　A. 中国的基本国情　　　　　　　B. 中国最大的实际

　　C. 建设中国特色社会主义的总依据　D. 制定路线、方针、政策的基本依据

7. 在民主革命取得全国性胜利后，中国存在的两种基本的矛盾是（　　）。

　　A. 中华民族和帝国主义的矛盾　　B. 人民大众和封建主义的矛盾

C. 中国和帝国主义国家的矛盾　　D. 工人阶级和资产阶级的矛盾
8. 新中国成立以后至今经历的历史发展阶段有(　　)。
   A. 基本完成社会主义改造的时期
   B. 开始全面建设社会主义的时期
   C. "文化大革命"的时期
   D. 改革开放和社会主义现代化建设的新时期
9. 中华人民共和国的成立标志着(　　)。
   A. 社会主义革命的结束
   B. 全面建设社会主义的开始
   C. 争取民族独立、人民解放的历史任务的基本完成
   D. 实现国家繁荣富强、人民共同富裕的历史任务的开始
10. 中国共产党领导人民进行社会主义有改革开放前后两个时期,这两个时期是(　　)。
    A. 相互联系的　　　　　　　　B. 有重大区别的
    C. 彼此割裂的　　　　　　　　D. 根本对立的
11. 新中国历史发展的主体和主线是(　　)。
    A. 建立新民主主义社会
    B. 建立社会主义社会
    C. 探索、开创、发展中国特色社会主义
    D. 为国家繁荣富强、人民共同富裕而奋斗

(三) 辨析题

1. 新民主主义社会是一个过渡性的社会。
2. 1949年中华人民共和国成立,标志着中国进入到社会主义社会。
3. 中华人民共和国的成立,标志着近代以来中华民族面临的两大历史任务的完成。
4. 中国社会主义建设改革开放前和改革开放后这两个时期,既相互联系又有重大区别。

(四) 简答题

1. 新民主主义社会的主要特点和性质。
2. 新中国成立至今的历史经历的发展阶段。
3. 社会主义初级阶段的主要矛盾和根本任务以及党的基本路线。

（五）论述题

1. 中华人民共和国的成立开辟了中国历史的新纪元。
2. 新中国成立后，中国共产党紧紧依靠中国人民所做的两件大事。

参 考 答 案

（一）单项选择题

1. B 2. B 3. B 4. A 5. C 6. C 7. B 8. A 9. D 10. B 11. C 12. D 13. B 14. C 15. B 16. D

（二）多项选择题

1. ABC 2. ABCD 3. ABC 4. BCD 5. CD 6. ABCD 7. CD 8. ABCD 9. CD 10. AB 11. CD

（三）辨析题

1. 正确。中华人民共和国成立后，中国进入到新民主主义社会。在经济上存在的五种成分中主要是三种，即社会主义经济、个体经济和私人资本主义经济；三种基本的经济成分及与之相应的三种基本的阶级力量（工人阶级、农民及其他小资产阶级、资产阶级）之间的矛盾。其中既有社会主义因素，又有资本主义因素。因此，它是一个属于社会主义体系的和逐步过渡到社会主义社会去的过渡性质的社会。

2. 错误。中华人民共和国成立，标志着中国的新民主主义革命取得了基本的胜利，标志着半殖民地半封建社会的结束和新民主主义社会在全国范围内的建立。新民主主义社会是一个属于社会主义体系的过渡性的社会。1956年社会主义改造基本完成，标志着中国进入社会主义社会。

3. 错误。中华人民共和国的成立，标志着中国新民主主义革命取得了基本的胜利，也就是标志着近代以来中国面临的第一项历史任务，即求得民族独立和人民解放的任务基本上完成了；这就为争取实现第二项历史任务的目标，即实现国家的繁荣富强和人民的共同富裕，创造必要的前提、开辟了光明的道路。

4. 正确。这两个历史时期本质上都是中国共产党领导人民进行社会主义建设的实践探索。中国特色社会主义是在改革开放历史新时期开创的,但也是在新中国已经建立起社会主义基本制度并进行了20多年建设的基础上开创的。虽然这两个历史时期在进行社会主义建设的思想指导、方针政策、实际工作上有很大区别,但两者绝不是彼此割裂的,更不是根本对立的。

(四)简答题

1. 全国胜利并解决了土地问题以后,中国新民主主义社会经济中存在着五种成分,即:社会主义性质的国营经济,半社会主义性质的合作社经济,农民和手工业者的个体经济,私人资本主义经济和国家资本主义经济。其中,主要的经济成分是三种,即社会主义经济、个体经济和私人资本主义经济。三种基本的经济成分及与之相应的三种基本的阶级力量(工人阶级、农民及其他小资产阶级、资产阶级)之间的矛盾,就集中地表现为无产阶级与资产阶级的矛盾、社会主义与资本主义的矛盾。新民主主义社会既有社会主义因素,又有资本主义因素,是一个属于社会主义体系的和逐步过渡到社会主义社会去的过渡性质的社会。

2. 第一,从1949年10月1日中华人民共和国成立到1956年,是基本完成社会主义改造的时期。第二,从1956年社会主义改造基本完成到1966年"文化大革命"前夕,是开始全面建设社会主义的十年。第三,从1966年5月到1976年10月,是"文化大革命"的十年。第四,从1978年12月中共十一届三中全会召开以来至今,是改革开放和社会主义现代化建设的新时期。

3. 社会主义初级阶段的主要矛盾,是人民日益增长的物质文化需要同落后的社会生产之间的矛盾。我国社会主义建设的根本任务,是进一步解放和发展生产力,并为此而改革生产关系和上层建筑中不适应生产力发展的方面和环节,逐步实现社会主义现代化。中国共产党在社会主义初级阶段的基本路线是:领导团结全国各族人民,以经济建设为中心,坚持四项基本原则,坚持改革开放,自力更生,艰苦创业,为把我国建设成为富强、民主、文明、和谐的社会主义现代化国家而奋斗。

(五)论述题

1. 第一,帝国主义列强压迫中国、奴役中国人民的历史从此结束,中华民族一洗近百年来蒙受的屈辱,开始以崭新的姿态自立于世界的民族之林。占人类总数四分之一的中国人从此站立起来了。第二,本国封建主义、官僚资本主义统治的历史从此结束,长期以来受尽压迫和欺凌的广大中国人民在政治上翻了身,第一次成为新社会、新国家的主人。一个真正属于人民的共和国建立起来了。第三,军阀割据、战乱频仍、匪患不断的历史从此结束,国家基本统一,民族团结,社会政治局面趋向稳定,各族人民开始过上安居乐业的生活。人民可以集中力量从事经济文化等方面建设的时期开始到来了。第四,从根本上改变了中国社会的发展方向,为实现由新民主主义向社会主义的过渡,创造了前提条件。第五,中国共产党成为全国范围内的执政党。它可以运用国家政权凝聚和调集全国力量,解放并发展社会生产力,以造福于各族人民,造福于整个中华民族。这就为巩固民族独立和人民解放的成果,为进行社会主义现代化建设提供了根本的政治保证。

2. 一是进行社会主义革命,确立社会主义制度,创造性地实现由新民主主义到社会主义的转变,开始全面建设社会主义,建立起独立的比较完整的工业体系和国民经济体系,积累了在中国这样一个社会生产力水平十分落后的东方大国进行社会主义建设的重要经验。二是进行改革开放新的伟大革命,相继实现从高度集中的计划经济体制到充满活力的社会主义市场经济体制、从封闭半封闭到全方位开放的历史性转变,形成了党在社会主义初级阶段的基本理论、基本路线、基本纲领、基本经验、基本要求,开创、坚持、发展了中国特色社会主义。

延 伸 阅 读

(一)

建国头七年的成绩是大家一致公认的。我们的社会主义改造是搞得成功的,很了不起。这是毛泽东同志对马克思列宁主义的一个重大贡献。今天我们也还需要从理论上加以阐述。当然缺点也有。从工作来看,有时候在有的问题上是急了一些。

"文化大革命"前的十年,应当肯定,总的是好的,基本上是在健康的道路上发展的。这中间有过曲折,犯过错误,但成绩是主要的。那个时候,党和群众心连心,党在群众中的威信比较高,社会风尚好,广大干部群众精神振作。所以,尽管遇到困难,还是能够比较顺利地渡过。经济上发生过问题,但总的说还是有发展。充分肯定成绩,同时也要讲到反右派斗争、"大跃进"、庐山会议的错误。总的说来,我们还是经验不够,自然也有胜利之后不谨慎。当然,毛泽东同志要负主要责任。这一点,他曾经作了自我批评,承担了责任。这些事情写清楚了,再写"左"的思想的发展,以至于导致"文化大革命"的爆发。

关于"文化大革命"这一部分,要写得概括。胡乔木同志的意见,我是赞成的。"文化大革命"同以前十七年中的错误相比,是严重的、全局性的错误。它的后果极其严重,直到现在还在发生影响。说"文化大革命"耽误了一代人,其实还不止一代。它使无政府主义、极端个人主义泛滥,严重地败坏了社会风气。但是,这十年中间,也还有健康的方面。所谓"二月逆流",不是逆流,是正流嘛,是同林彪、"四人帮"的反复斗争嘛。

胡耀邦同志主张决议稿写出后多听听老干部、政治家,包括黄克诚、李维汉等同志的意见,这很对,我赞成。

——节选自邓小平:《对起草〈关于建国以来党的若干历史问题的决议〉的意见(1980年3月—1981年6月)》,《邓小平文选(1975—1982年)》,第266—267页,人民出版社,1983年。

(二)

这里说的"一个主义"是指它们都是坚持把马克思主义的普遍真理与中国实际相结合,解决中国社会发展进程中所面临的重大问题;它们是不同的社会模式,但都属于社会主义的。

在中国社会主义发展过程中,在"一个主义"指导下的社会主义实践,为什么会形成两种不同的社会主义模式呢?特别是改革开放以前为什么会形成那种存在严重弊端的模式?原因是多方面的,主要有:

第一,毛泽东的社会主义理论和邓小平的建设有中国特色的社会主义理论产生于不同的时代和不同的国际环境。一个是革命与战争年代,一个是和平和发展成为时代主题的年代。这种不同的时代和国际环境不能不给社会主义模式打上烙印。以对外关系为例,建国初期,帝国主义政治上孤立、军事上包围、经济上封锁我们,这是当时我们闭关自守的客观的、也是主要的原因。正如邓小平所说的,"我们建国以来长期处在于同世界隔绝的状态。这在相当长一个时期不是我们自己的原因,国际上反对中国的势力,反对中国社会主义的势力,迫使我们处于隔绝、孤立状态"。当然也有主观原因,这时我们对对外开放、学习西方文明成果缺乏认识,以至于到1960年代有条件加强国际的交往和合作时仍然自己孤立自己。把对外开放作为建设中国特色社会主义的一项基本国策确定下来,正是在经济全球化迅猛推进、民主化潮流势不可挡的新的国际环境中,总结了闭关锁国造成中国长期落后的深刻历史教训的结果。所以不能脱离时代条件和国际背景来比较不同的社会主义模式。

第二,经验和认识问题。在中国搞社会主义是前无古人的伟大事业。只有在实践中不断总结经验教训才能向前推进。建国初期,没有其他的经验可以借鉴,惟一的榜样就是曾经给苏联带来巨大发展的苏联社会主义模式。于是学习苏联、甚至照搬照抄也就不难理解。人们有理由抱怨和指责曾经给中国带来灾难的失误,但平心而论,没有曲折、没有教训人们也很难聪明起来。没有超阶段、搞"大跃进"、刮共产风的教训,就不能深刻认识社会主义初级阶段理论的重要性;没有"以阶级斗争为纲"、进行"无产阶级专政下继续革命"的历史教训,就不易提出要紧紧扭住经济建设这个中心不放;没有在长期实践中体验指令性的计划经济体制的弊病,就不能有那么大的理论勇气去突破传统的社会主义理论的框架,建立社会主义的市场经济体系。曾经是毛泽东时代党的领导核心成员、多次坦率地承认对改革开放以前党的失误也负有责任的邓小平同志,后来成了中国改革的总设计师,也说明这个道理。毛泽东时代积累的建设社会主义的丰富经验,包括十年"文革"的反面教训,以及后来苏东共产党人丧权亡党的惨痛历史教训,都是形成邓小平理论和新的社会主义模式的极其重要的条件。后人在前人积累的经验教训的基础上突破前人,又为其后人突破自己奠定基础,实践无止境,创新也无止境。这是社会前进的一般规律。当然这一切并非自然发生。历史的停滞甚至倒退也是常有的事,重要的是能否正确总结和汲取历史经验教训。

第三,建立社会主义是一项十分复杂的系统工程,要解决好一系列的矛盾关系,难度极大。许多事情都不是简单的姓"马"还是姓"修",是"左"还是右,姓"社"还是姓"资"的非此即彼的问题,而是要在解决这些矛盾、推进发展中寻求一个合理的"度"。真理多走了一步便成了谬误,难就难在如何做到"适度"。不加分析,简单地指责前人是无济于事的。比如以经济建设为中心的问题,难道像毛泽东这样伟大的历史人物也不懂吗?建国初期,确实存在着巩固政权的严重的政治任务,即使在平常的经济建设中也存在端正政治方向的问题,但把政治的作用夸大到高于一切、压倒一切的中心地位,把政治问题集中到就是巩固权力,在剥削阶级消灭以后还把阶级斗争问题作为党的工作的纲,这就由过"度"导致谬误。再如坚持党的领导与人民群众当家作主的关系、既要吸取国外优秀文明成果又要拒绝和抵制西方的落后和腐朽文化的关系问题、公平与效率的关系问题,如何找到其最佳的结合点,即做到"适度",原则上规定、理论上说清楚就不易,做起来、操作起来就更难了。稍微偏一点就会出问题,问题多了就会成为倾向性的错误,成为体制性的错误。我们对待这些错误,只有放到当时的具体历史条件下去分析和评价。

——节选自黄宗良：《一个主义，两种模式——从毛泽东到邓小平中国社会主义的飞跃》，《北京大学学报（哲学社会科学版）》2003年第1期。

（三）

胡绳：建国以来，首先讲1949年至1976年。三章讲27年，不大容易处理。正确与错误，成绩与挫折，交织起来。我们初步理出了一点头绪，还强调有成就的。前七年不用说：一方面继续完成民主革命，土改；另一方面成功地进行社会主义改造。接着的十年中，有些有成绩。即使"大跃进"，即使总的说错误了，也有成就。对"文革"总体上必须否定，但这个时期，党还是继续表现了它的生命力，不能说这段历史的主体就是两个反革命集团，真正作为历史主体的还是抵制"文革"、坚持党的基本路线的干部、党员和人民，才能纠正"文革"的错误。强调这些时，也必须正视错误。"大跃进"、人民公社、"文化大革命"这些错误，努力去做比较深入的分析。重点放在探索中国自己特色的社会主义道路上。探索，前七年有成就，如何继续前进？这探索前无古人，也发生些问题。

最难处理的是1956至1966年这十年。现在写的是社会主义建设在探索中曲折前进。1956年八大后一年多，郑州会议到庐山会议八个月，加上1960年冬天以后的五年调整，这些时间里有许多正面经验。这些时期，毛主席，还有陈云、周恩来、朱德、少奇、小平、子恢、先念等提出了很多好的思想，注意尽量写进去。对这十年是说，党的指导思想有两个发展趋向：一个是正确的，比较正确的，党在探索中国自己的社会主义道路中形成的正确或比较正确的理论观点与实践经验；另一个是错误趋向，也是在探索中发生的，走偏了方向，失之毫厘，谬以千里，何况不止毫厘，形成错误的理论观点、政策思想与实践经验。为什么？人家说你们"文革"就是前面十年造成的。两种趋向，不能否认有错误趋向，但正确趋向是存在的，后来连到十一届三中全会，当然不可能将以后的都说出来，是苗头。中间给"文革"中断了。"文革"前十年中这些成就或错误，都是党在探索自己社会主义道路过程中发生的，只要能正确加以总结，都可以成为党的财富。

1966年以后的"文革"，时间太长，必须给它一章。再过一百年后来看，也许只是一个曲折。定论已经有了，怎么写？根据《关于建国以来党的若干历史问题的决议》，对"文革"的错误、毛泽东晚年的错误，比较深入地做了些分析。写法中尽量不用"文革"时的语言，当然还有，如"斗批改"、"吐故纳新"。对实质性问题作些分析，不搞得太烦琐。

从1949年到"文革"这27年，大体按这样的脉络写。

然后，最后一章讲"文革"后，主要是十一届三中全会后，当然必须讲徘徊中前进的两年。讲公道些，是徘徊，但还是在前进。现在有的书对这两年只讲徘徊、"两个凡是"。

总的，这两年中发生的问题是：政治上是继续"两个凡是"，经济上是"洋冒进"。十一届三中全会为什么成为转折点？书中做了论述。不只是这徘徊的两年的转折，而且是整个党的历史上的大转折。十一届三中全会方向逐渐明确，思想逐渐成熟，走中国自己的道路，"一个中心，两个基本点"，坚持改革开放，坚持四项基本原则，路子越走越宽，也有些曲折，也如实写了。

——节选自金冲及：《一本书的历史：胡乔木、胡绳谈〈中国共产党的七十年〉》，第185—187页，中央文献出版社，2014年。

第八章
社会主义基本制度在中国的确立

内 容 提 要

本章的内容分为三节,主要叙述 1949 年至 1956 年期间,中国共产党领导中国人民为完成从新民主主义向社会主义过渡进行准备、为实现国家繁荣富强选择社会主义发展道路、为确立社会主义制度开展生产资料所有制改造及工业化建设的历史。通过本章的学习,要求学生认识中国新民主主义社会的性质和特点、中国走社会主义发展道路的历史必然性、中国社会主义革命的特点、社会主义基本制度在中国确立的深远意义。

第一节　从新民主主义向社会主义过渡的开始

本节主要概述了新中国在建立初期面临的严峻考验及其应对举措,开始向社会主义过渡的实际步骤。

一、完成民主革命遗留任务和恢复国民经济

(1) 面临的严峻考验。新中国成立初期,刚刚执掌全国政权的中国共产党面临的严峻考验主要是:第一,能不能保卫住人民胜利的成果,巩固新生的人民政权。第二,能不能战胜严重的经济困难,迅速恢复和发展国民经济。第三,能不能巩固民族独立,维护国家主权和安全。第四,能不能经受住执政的考验,继续保持谦虚、谨慎、不骄、不躁的作风和艰苦奋斗的作风。

(2) 开展的主要工作。中国共产党和人民政府着重抓了以下四个方面的工作:第一,完成民主革命的遗留任务。第二,领导国民经济恢复工作。第三,巩

固民族独立,维护国家主权和安全。第四,加强中国共产党的自身建设。新中国成立初期所进行的上述工作及其取得的显著成就有力地证明,中国共产党和人民政府能够经受住执政的考验。

二、开始向社会主义过渡

(1) 没收官僚资本,确立社会主义性质的国营经济的领导地位。
(2) 开始将资本主义纳入国家资本主义轨道。
(3) 引导个体农民在土地改革后逐步走上互助合作的道路。

第二节 社会主义道路：历史和人民的选择

本节主要概述了中国要走工业化就必须走社会主义道路的原因,中国共产党过渡时期总路线的提出及其所反映的历史必然性。

一、工业化的任务和发展道路

(1) 提出国家工业化任务。进行经济建设,首先要把中国从一个落后的农业国变成一个先进的工业国。从1953年开始的发展国民经济的第一个五年计划,把优先发展重工业作为建设的中心环节。

(2) 选择社会主义工业化的道路。近代以来的历史表明,资本主义工业化的道路在中国走不通。对于中国这样一个经济文化落后的国家来说,通过社会主义道路实现国家工业化,这是最好的选择。

二、过渡时期总路线反映了历史的必然性

(1) 过渡时期总路线的提出。中共中央于1953年正式提出党在过渡时期的总路线明确规定：党在这个过渡时期的总路线和总任务,是要在一个相当长的时期内,逐步实现国家的社会主义工业化,并逐步实现国家对农业、手工业和资本主义工商业的社会主义改造。

(2) 实行社会主义改造的国内外条件。第一,社会主义性质的国营经济力量相对来说比较强大,它是实现国家工业化的主要基础。第二,资本主义经济力量弱小,发展困难,不可能成为中国工业起飞的基础。第三,对个体农业进行社会主义改造,是保证工业发展、实现国家工业化的一个必要条件。第四,当时的国际环境也促使中国选择社会主义。

第三节　有中国特点的向社会主义过渡的道路

本节主要概述了有中国特点的社会主义改造的基本经验和社会主义制度的全面确立为中国以后一切的进步和发展奠定了基础。

一、社会主义工业化与社会主义改造同时并举

(1) 党在过渡时期的总路线的特点。一方面要实现社会主义工业化，另一方面要实现对农业、手工业和资本主义工商业的改造。

(2) 第一个五年计划的实施。第一个五年计划期间，中国着重建设了一大批基础性的重点工程，为国家的工业化奠定了初步的坚实基础。发展国民经济第一个五年计划规定的到 1957 年应达到的指标，在 1956 年底就提前达到了。

二、农业合作化运动的发展

(1) 农业合作化任务的提出。1951 年 12 月，中共中央下发了《关于农业生产互助合作的决议(草案)》。

(2) 农村合作化的基本方针。第一，走先合作化、后机械化的道路。第二，实行积极发展、稳步前进、逐步过渡的方针。第三，坚持自愿和互利的原则，采取典型示范、逐步推广的方法。第四，把是否增产作为衡量合作社是否办好的标准。第五，把社会改造同技术改造相结合。

(3) 农业合作化的发展和基本完成。到 1956 年底，农业合作化基本完成。中国农村在发展稳定的气氛中完成了从几千年的分散个体劳动向集体所有、集体经营的历史性转变。

(4) 手工业合作化的实现。到 1956 年底，手工业的合作化也基本完成了。

三、对资本主义工商业赎买政策的实施

(1) 经过国家资本主义走向社会主义。新中国成立初期，着重发展的是加工订货、经销代销等初级形式的国家资本主义。1954 年，开始实行个别企业、全行业公私合营的高级形式的国家资本主义。到 1956 年底，对资本主义工商业的改造基本完成。

(2) 和平赎买政策的实现。经过国家资本主义来改造资本主义工商业意味着国家对资本家采取和平赎买的政策。这一政策付诸实施并取得成功。

四、社会主义基本制度在中国的全面确立

(1) 人民民主政治建设的稳步推进。1954年9月,中华人民共和国第一届全国人民代表大会第一次会议讨论并通过了《中华人民共和国宪法》,选举了国家领导人,确立了社会主义基本政治制度。

(2) 社会主义改造的基本完成。1956年,随着社会主义改造的基本完成,基本实现了农业和手工业由个体所有制变为社会主义的集体所有制,私营工商业由资本主义所有制变为社会主义的全民所有制,社会主义的基本经济制度在中国全面地建立起来了。

(3) 在社会主义条件下推进工业化、现代化。社会主义制度的全面确立,为推进中国的工业化、现代化事业,为中国以后一切的进步和发展奠定了基础。

习 题 练 习

(一) 单项选择题

1. 中国大陆基本解放和实现统一的标志是( )。
   A. 中华人民共和国的成立　　　　B. 中共七届三中全会的召开
   C. 西藏的和平解放　　　　　　　D. 土地改革的完成

2. 1950年,中央人民政府颁布了( )。
   A.《中国土地法大纲》
   B.《关于清算、减租及土地问题的指示》
   C.《中华人民共和国土地改革法》
   D.《关于发展农业生产合作社的决议》

3. 1950年5月,中央人民政府颁布了( )。
   A.《中华人民共和国土地改革法》　B.《中华人民共和国婚姻法》
   C.《关于镇压反革命活动的指示》　D.《民族区域自治实施纲要》

4. 毛泽东在中共七届三中全会的报告中指出,要用三年左右的时间争取( )。
   A. 全国大陆的完全解放　　　　　B. 土地改革的彻底完成
   C. 国家财政经济状况的根本好转　D. 抗美援朝战争的最后胜利

5. 新中国建立初期,社会主义国营经济建立的主要途径是通过( )。

A. 没收官僚资本 B. 征用外国资本
C. 赎买民族资本 D. 合并公营资本

6. 世界上第一个同中华人民共和国建立外交关系的国家是( )。
   A. 苏联 B. 朝鲜 C. 越南 D. 蒙古

7. 新中国成立初期与苏联签订的条约是( )。
   A.《中苏友好同盟条约》 B.《中苏同盟互助条约》
   C.《中苏友好条约》 D.《中苏友好同盟互助条约》

8. 在抗美援朝战争开始后,担任中国人民志愿军司令员兼政治委员是( )。
   A. 朱德 B. 彭德怀 C. 陈毅 D. 刘伯承

9. 1951年底到1952年春,中国共产党在党政机构工作人员中开展的运动是( )。
   A. 肃反运动 B. 整风、整党运动
   C. "三反"运动 D. "五反"运动

10. 1952年1月,中共中央决定开展打击不法资本家的( )。
    A. 镇压反革命运动 B. 工商业调整运动
    C. "三反"运动 D. "五反"运动

11. 新中国开始实行发展国民经济的第一个五年计划是在( )。
    A. 1950年 B. 1951年 C. 1952年 D. 1953年

12. 新中国实行发展国民经济第一个五年计划的中心环节的是( )。
    A. 优先发展轻工业 B. 优先发展重工业
    C. 重点发展农村经济 D. 重点发展城市经济

13. 中国共产党在过渡时期总路线的主体是实现( )。
    A. 社会主义工业化
    B. 对农业的社会主义改造
    C. 对手工业的社会主义改造
    D. 对资本主义工商业的社会主义改造

14. 中国共产党在过渡时期总路线的主要内容是"一化三改造",其中"一化"是指( )。
    A. 社会主义工业化 B. 社会主义工业电气化
    C. 社会主义农业合作化 D. 社会主义农业机械化

15. 中共中央正式提出党在过渡时期总路线是在( )。
    A. 1949年 B. 1952年 C. 1953年 D. 1956年

16. 我国对个体农业社会主义改造的过渡性经济组织形式中,具有社会主义萌芽性质的是( )。
A. 互助组 B. 初级农业生产合作社
C. 高级农业生产合作社 D. 人民公社

17. 我国对个体农业社会主义改造的过渡性经济组织形式中,具有半社会主义性质的是( )。
A. 互助组 B. 初级农业生产合作社
C. 高级农业生产合作社 D. 人民公社

18. 我国对个体农业社会主义改造的过渡性经济组织形式中,具有完全社会主义性质的是( )。
A. 互助组 B. 初级农业生产合作社
C. 高级农业生产合作社 D. 人民公社

19. 我国对个体农业社会主义改造所坚持的原则是( )。
A. 自愿和互利 B. 动员和鼓励
C. 示范和推广 D. 发展和巩固

20. 我国对个体手工业社会主义改造由低级向高级的过渡性经济组织形式是( )。
A. 生产合作小组、供销合作社、生产合作社
B. 供销合作社、生产合作小组、生产合作社
C. 生产合作小组、生产合作社、供销合作社
D. 生产合作社、生产合作小组、供销合作社

21. 新中国建立后针对资本主义工商业的政策是( )。
A. 利用、限制、改造 B. 保护、巩固、发展
C. 管制、征用、没收 D. 联营、合作、监督

22. 我国对资本主义工商业进行社会主义改造的方式是( )。
A. 合作化 B. 国家资本主义
C. 股份制 D. 公私协作

23. 我国对资本主义工商业进行社会主义改造实行的政策是( )。
A. 无偿没收 B. 有偿征用
C. 和平赎买 D. 公私联营

24. 我国对资本主义工商业社会主义改造实行的高级形式国家资本主义是( )。
A. 加工订货 B. 统购包销
C. 经销代销 D. 公私合营

25. 我国对资本主义工商业改造的个别企业公私合营阶段,企业利润的分配办

法是( )。
  A. 公私平分 B. "四马分肥"
  C. 定股定息 D. "劳资对半"

26. 中华人民共和国第一届全国人民代表大会第一次会议召开的时间是( )。
  A. 1953年 B. 1954年
  C. 1955年 D. 1956年

27. 制定并通过第一部《中华人民共和国宪法》的会议是( )。
  A. 第一届全国人民代表大会 B. 第二届全国人民代表大会
  C. 第三届全国人民代表大会 D. 第四届全国人民代表大会

28. 我国在1955年8月成立的少数民族自治区是( )。
  A. 内蒙古自治区 B. 新疆维吾尔自治区
  C. 宁夏回族自治区 D. 西藏自治区

29. 我国在1958年10月成立的少数民族自治区是( )。
  A. 内蒙古自治区 B. 新疆维吾尔自治区
  C. 宁夏回族自治区 D. 西藏自治区

30. 我国在1965年9月成立的少数民族自治区是( )。
  A. 内蒙古自治区 B. 广西壮族自治区
  C. 宁夏回族自治区 D. 西藏自治区

(二) 多项选择题

1. 新中国成立初期,中国共产党执政面临的严峻考验是( )。
  A. 能不能保卫住人民胜利的成果,巩固新生的人民政权
  B. 能不能战胜严重的经济困难,迅速恢复和发展国民经济
  C. 能不能巩固民族独立,维护国家主权和安全
  D. 能不能经受住执政的考验,继续保持谦虚、谨慎、不骄、不躁的作风和艰苦奋斗的作风

2. 毛泽东在中共七届三中全会上指出,国家财政经济状况的根本好转的重要条件是( )。
  A. 土地改革的完成 B. 现有工商业的调整
  C. 社会主义三大改造的结束 D. 国家机构所需经费的大量节俭

3. 新中国成立初期,中国共产党和人民政府着重开展的工作是( )。
  A. 完成民主革命遗留任务
  B. 领导国民经济恢复工作

C. 巩固民族独立,维护国家主权和安全

D. 加强中国共产党的自身建设

4. 针对美国遏制新中国的情况,中国共产党提出的外交方针是(   )。

　　A. "另起炉灶"　　　　　　　　　B. "打扫干净屋子再请客"

　　C. "一边倒"　　　　　　　　　　D. "全方位"

5. 1951年底到1952年春,中国共产党在党政机构工作人员中开展运动的内容是(   )。

　　A. 反贪污　　　　　　　　　　　B. 反浪费

　　C. 反主观主义　　　　　　　　　D. 反官僚主义

6. 1952年1月,中共中央决定开展的打击不法资本家的运动是(   )。

　　A. 反行贿和反偷税漏税　　　　　B. 反盗窃国家资财

　　C. 反偷工减料　　　　　　　　　D. 反盗窃国家经济情报

7. 1949年至1952年,新中国开展的重大运动包括(   )。

　　A. 土地改革运动　　　　　　　　B. 镇压反革命运动

　　C. "三反"运动　　　　　　　　　D. "五反"运动

8. 新中国开始向社会主义过渡采取的实际步骤主要是(   )。

　　A. 没收官僚资本以确立国营经济的领导地位

　　B. 进一步鼓励私人资本主义经济发展

　　C. 将资本主义纳入国家资本主义的轨道

　　D. 引导个体农民逐步走上互助合作的道路

9. 中国共产党在过渡时期总路线的主要内容是逐步实现(   )。

　　A. 社会主义工业化

　　B. 对农业的社会主义改造

　　C. 对手工业的社会主义改造

　　D. 对资本主义工商业的社会主义改造

10. 新中国在发展国民经济第一个五年计划指导下,重点建设的钢铁基地是(   )。

　　A. 鞍山　　　　B. 包头　　　　C. 上海　　　　D. 武汉

11. 新中国在发展国民经济第一个五年计划指导下,首创建立的重要企业包括(   )。

　　A. 长春第一汽车制造厂　　　　　B. 沈阳机床厂

　　C. 北京电子管厂　　　　　　　　D. 沈阳飞机制造厂

12. 新中国在发展国民经济第一个五年计划指导下,建成的沟通西藏和内地联系的公路有(   )。

A. 青藏公路　　　　　　　　B. 川藏公路
C. 康藏公路　　　　　　　　D. 新藏公路

13. 我国对个体农业社会主义改造的过渡性经济组织形式包括(　　)。
    A. 互助组　　　　　　　　B. 初级农业生产合作社
    C. 人民公社　　　　　　　D. 高级农业生产合作社

14. 在新民主主义向社会主义过渡时期,中国民族资产阶级仍然具有的两面性是(　　)。
    A. 革命性、妥协性
    B. 落后性、腐朽性
    C. 剥削工人取得利润
    D. 拥护宪法和愿意接受社会主义改造

15. 我国对资本主义工商业社会主义改造实行的初级形式国家资本主义包括(　　)。
    A. 加工订货　　　　　　　B. 统购包销
    C. 经销代销　　　　　　　D. 公私联营

16. 我国对资本主义工商业社会主义改造实行的高级形式国家资本主义包括(　　)。
    A. 统购包销　　　　　　　B. 经销代销
    C. 个别企业公私合营　　　D. 全行业公私合营

17. 我国对资本主义工商业改造的个别企业公私合营阶段,企业利润的分配方面包括(　　)。
    A. 国家所得税　　　　　　B. 企业公积金
    C. 工人福利费　　　　　　D. 股金红利

18. 在新中国建立后成立的少数民族自治区有(　　)。
    A. 新疆维吾尔自治区　　　B. 广西壮族自治区
    C. 宁夏回族自治区　　　　D. 西藏自治区

(三) 辨析题

1. 中华人民共和国成立后头三年的主要任务是对生产资料私有制的社会主义改造。
2. 中国共产党在过渡时期总路线和总任务是实现三大改造。
3. 我国对资本主义工商业的社会主义改造采取的政策是和平赎买。

(四) 简答题

1. 新中国成立初期,中国共产党执政面临的严峻考验和主要任务。
2. 新中国在成立初期恢复国民经济的主要工作。
3. 新中国成立初期开始向社会主义过渡采取的实际步骤。
4. 中国共产党在过渡时期总路线反映了历史的必然。
5. 我国社会主义改造的主要内容及其基本完成的意义。

(五) 论述题

1. 我国对农业社会主义改造的基本原则和方针及其改造完成的意义。
2. 我国对资本主义工商业采取和平赎买的政策内容和成功意义。

参 考 答 案

(一) 单项选择题

1. C 2. C 3. B 4. C 5. A 6. A 7. D 8. B 9. C 10. D
11. D 12. B 13. A 14. A 15. C 16. B 17. B 18. C 19. A 20. A
21. A 22. B 23. C 24. D 25. B 26. B 27. A 28. B 29. C 30. D

(二) 多项选择题

1. ABCD 2. ABD 3. ABCD 4. ABC 5. ABD 6. ABCD 7. ABCD
8. ACD 9. ABCD 10. ABD 11. ABCD 12. ACD 13. ABD 14. CD
15. ABC 16. CD 17. ABCD 18. ABCD

(三) 辨析题

1. 错误。中华人民共和国成立后,民主革命遗留下的任务还是大量的,国民党军队还占据着华南和西南地区,残留大陆的土匪、特务以及各类反革命分子活动极为猖狂,新解放区尚未进行土改。此外,生产力水平低下,经济文化十分落后,财政经济严重困难,形势错综复杂。中华人民共和国成立后头三年的主要任务是完成民主革命遗留的任务,尽快地恢复国民经济,在全国范围内建立和巩固新民主主义的政治制度和经济制度。

2. 错误。中国共产党在过渡时期的总路线和总任务,是要在一个相当长的时期内,逐步实现国家的社会主义工业化,并逐步实现国家对农业、手工业和资本主义工商业的社会主义改造。这是一条"一化三改"、"一体两翼"的总路线,即社会主义建设同社会主义改造同时并举的总路线,体现了发展生产力和变革生产关系的有机统一。

3. 正确。从必要性看,对民族资本采取与对官僚资本不同的利用、限制、改造政策,是由民族资产阶级在新中国经济建设中的两面性决定的,对其进行和平改造有利于发挥其现有优势为社会主义建设服务。从可能性看,新中国成立后政治、经济等方面发生的重大变化为和平改造提供了有力的保证。从具体实现步骤上看,把国家资本主义作为利用、限制、改造资本主义的主要形式,最终逐步实现对所有制和对人的双重改造。

(四) 简答题

1. 严峻考验:第一,能不能保卫住人民胜利的成果,巩固新生的人民政权。第二,能不能战胜严重的经济困难,迅速恢复和发展国民经济。第三,能不能巩固民族独立,维护国家主权和安全。第四,能不能经受住执政的考验,继续保持谦虚、谨慎、不骄、不躁的作风和艰苦奋斗的作风。主要任务:第一,完成民主革命的遗留任务。第二,领导国民经济恢复工作。第三,巩固民族独立,维护国家主权和安全。第四,加强中国共产党的自身建设。

2. 没收官僚资本,在企业内部开展民主改革和生产改革,确立起社会主义性质的国营经济在国民经济中的领导地位,使人民政权拥有了相当重要的经济基础。同时,开展了稳定物价的斗争和统一全国财政经济的工作。到1950年3月物价基本稳定,从而治愈了旧中国无法医治的顽症,解除了人民过了几十年的因物价飞涨而带来的痛苦生活,使国家和国营经济掌握了市场的主导权;初步建立起集中统一的国家财政管理体制,以利于统一调度全国的财力、物力,集中力量办好大事。到1952年底,国民经济得到全面恢复和初步发展。

3. 第一,没收官僚资本,确立社会主义性质的国营经济的领导地位。这就为全面进行社会主义改造奠定了重要的物质基础。第二,开始将资本主义纳入国家资本主义轨道。新中国在利用资本主义工商业的过程中,已经开始对它进行适当的限制,并把其中的大部分引上了初级形式的国家资本主义的道路。第三,引导个体农民在土地改革后逐步走上互助合作的道路。1952年,全国已有40%的农户参加了互助组,少数农户还参加了半社会主义或社会主义性质的农业生产合作社。

4. 第一,社会主义性质的国营经济力量相对来说比较强大,它是实现国家工业化的主要基础。国家的社会主义工业化,是国家独立和富强的当然要求和必要条件。第二,资本主义经济力量弱小,发展困难,不可能成为中国工业起飞的基础。第三,对个体农业进行社会主义改造,是保证工业发展、实现国家工业化的一个必要条件。必须通过实行农业合作化来增产农产品以满足日益增长的人民生活和工业发展的需要。第四,当时的国际环境也促使中国选择社会主义。新中国成立以后,长期受到美国等资本主义国家经济上、外交上和军事上的严密封锁和遏制;只有社会主义的苏联能够援助中国。

5. 我国社会主义改造的主要内容是逐步实现国家的社会主义工业化,并逐步实现国家对农业、手工业和资本主义工商业的社会主义改造。这三大改造在1956年基本完成。随着社会主义改造的基本完成,社会主义的基本经济制度建立起来了,这是中国进入社会主义社会的最主要标志。社会主义改造使社会生产力从旧的生产关系的束缚中解放出来,对生产力的发展直接起到了促进作用。通过社会主义改造,中国完成了由新民主主义到社会主义的过渡,实现了历史上最伟大最深刻的社会变革。

(五) 论述题

1. 第一,在中国的条件下,可以走先合作化、后机械化的道路。在土地改革基本完成后,及时将"组织起来"作为农村工作的一件大事来抓。第二,充分利用和发挥土改后农民的两种生产积极性,通过互助组、初级农业生产合作社、高级农业生产合作社这种由低到高的互助合作的组织形式,实行积极发展、稳步前进、逐步过渡的方针。第三,农业互助合作的发展,要坚持自愿和互利的原则,采取典型示范、逐步推广的方法,发展一批,巩固一批。第四,要始终把是否增产作为衡量合作社是否办好的标准。第五,要把社会改造同技术改造相结合。在实现农业合作化以后,国家应努力用先进的技术和装备发展农业经济。

在农业合作化运动期间,农业生产力不断发展,全国农业总产值平均每年递增4.8%。农民安居乐业,生产有所发展,生活有所改善。中国农村在发展稳定的气氛中完成了从几千年的分散个体劳动向集体所有、集体经营的历史性转变。这是中国历史上一次伟大的社会变革、社会进步。

2. 中共中央在《关于资本主义工商业改造问题的决议》中指出:"我们对于资产阶级,第一是用赎买和国家资本主义的方法,有偿地而不是无偿地,逐步地而不是突然地改变资产阶级的所有制;第二是在改造他们的同时,给予他们以必要的工作安排；第三是不剥夺资产阶级的选举权，并且对于他们中间积极拥护社会主义改造而在这个改造事业中有所贡献的代表人物给以恰当的政治安排。在资产阶级没有别的出路的条件下，这是他们能够接受的方案。"

对资产阶级实行赎买，这是马克思、恩格斯提出的设想。中国共产党把这种设想付诸实施并取得成功，资产阶级中的绝大多数人公开表示接受这样的方案。这既有利于发挥他们在经营管理方面的特长，又可以为使他们成为自食其力的劳动者创造条件。我国对资本主义工商业社会主义改造的胜利完成，是我国和世界社会主义历史上最光辉的胜利之一。

延 伸 阅 读

（一）

我们已经进行了广泛的经济建设工作，党的经济政策已经在实际工作中实施，并且收到了显著的成效。但是，在为什么应当采取这样的经济政策而不应当采取别样的经济政策这个问题上，在理论和原则性的问题上，党内是存在着许多糊涂思想的。这个问题应当怎样来回答呢？我们认为应当这样地来回答。中国的工业和农业在国民经济中的比重，就全国范围来说，在抗日战争以前，大约是现代性的工业占百分之十左右，农业和手工业占百分之九十左右。这是帝国主义制度和封建制度压迫中国的结果，这是旧中国半殖民地和半封建社会性质在经济上的表现，这也是在中国革命的时期内和在革命胜利以后一个相当长的时期内一切问题的基本出发点。从这一点出发，产生了我党一系列的战略上、策略上和政策上的问题。对于这些问题的进一步的明确的认识和解决，是我党当前的重要任务。这就是说：

第一，中国已经有大约百分之十左右的现代性的工业经济，这是进步的，这是和古代不同的。由于这一点，中国已经有了新的阶级和新的政党——无产阶级和资产阶级，无产阶级政党和资产阶级政党。无产阶级及其政党，由于受到几重敌人的压迫，得到了锻炼，具有了领导中国人民革命的资格。谁要是忽视或轻视了这一点，谁就要犯右倾机会主义的错误。

第二，中国还有大约百分之九十左右的分散的个体的农业经济和手工业经济，这是落后的，这是和古代没有多大区别的，我们还有百分之九十左右的经济生活停留在古代。古代有封建的土地所有制，现在被我们废除了，或者即将被废除，在这点上，我们已经或者即将区别于古代，取得了或者即将取得使我们的农业和手工业逐步地向着现代化发展的可能性。但是，在今天，在今后一个相当长的时期内，我们的农业和手工业，就其基本形态说来，还是和还将是分散的和个体的，即是说，同古代近似的。谁要是忽视或轻视了这一点，谁就要犯"左"倾机会主义的错误。

第三，中国的现代性工业的产值虽然还只占国民经济总产值的百分之十左右，但是它却极为集中，最大的和最主要的资本是集中在帝国主义者及其走狗中国官僚资产阶级的手里。没收这些资本归无产阶级领导的人民共和国所有，就使人民共和国掌握了国家的经济命脉，使国营经济成为整个国民经济的领导成分。这一部分经济，是社会主义性质的经济，不是资本主义性质的经济。谁要是忽视或轻视了这一点，谁就要犯右倾机会主义的错误。

第四，中国的私人资本主义工业，占了现代性工业中的第二位，它是一个不可忽视的力量。中国的民族资产阶级及其代表人物，由于受了帝国主义、封建主义和官僚资本主义的压迫或限制，在人民民主革命斗争中常常采取参加或者保持中立的立场。由于这些，并由于中国经济现在还处在落后状态，在革命胜利以后一个相当长的时期内，还需要尽可能地利用城乡私人资本主义的积极性，以利于国民经济的向前发展。

第五，占国民经济总产值百分之九十的分散的个体的农业经济和手工业经济，是可能和必须谨慎地、逐步地而又积极地引导它们向着现代化和集体化的方向发展的，任其自流的观点是错误的。必须组织生产的、消费的和信用的合作社，和中央、省、市、县、区的合作社的领导机关。这种合作社是以私有制为基础的在无产阶级领导的国家政权管理之下的劳动人民群众的集体经济组织。

第六，人民共和国的国民经济的恢复和发展，没有对外贸易的统制政策是不可能的。从中国境内肃清了帝国主义、封建主义、官僚资本主义和国民党的统治（这是帝国主义、封建主义和官僚资本主义三者的集中表现），还没有解决建立独立的完整的工业体系问题，只有待经济上获得了广大的发展，由落后的农业国变成了先进的工业国，才算最后地解决了这个问题。而欲达此目的，没有对外贸易的统制是不可能的。

——节选自毛泽东：《在中国共产党第七届中央委员会第二次全体会议上的报告（1949年3月5日）》，《毛泽东选集》第四卷，第1429—1433页，人民出版社，1991年。

（二）

一九四九年，解放战争结束和人民共和国成立的一年，中国经济破敝不堪。与过去中国经济发展的最高年份相比，工业总产值减少了百分之五十左右，粮食减少百分之二十五，棉花减少百分之四十八。从一九三七年六月到一九四九年五月，国民党政府所发行的通货，膨胀了成千亿倍，物价上涨了成千亿倍。人民政府必须首先稳定物价，稳定金融，稳定财政。当时在中国的资本家中间流传着一种说法，共产党军事内行，经济外行。或者说，军事上一百分，政治上八十分，经济上零分。人们的这种不信任感是可以理解的，他们没有经验。所有的人都没有经验。人们怀疑，共产党在解放区的经验和本领够不够解决这样的全国性的大灾难？

但是中国创造了奇迹。人民共和国成立八个月，即一九五〇年五月以后，中国物价开始稳定。一九五〇年财政收支基本平衡，一九五一年和一九五二年财政还略有节余。一九五二年与一九四九年相比，工业总产值增长百分之一百四十五，比战前最高年份增长百分之二十二点三；农业总产值增长百分之五十三点四，比战前最高年份增长百分之十八点五。粮食、棉花、电力、煤、钢、机床、纱、布、纸等主要产品产量都有明显增加或大幅度增加。

这个奇迹是怎样出现的？我们了解了这个过程，也就能大致了解中国怎样选择社会主义的过程。

中国经济的恢复过程中有四个起作用的基本因素。

第一个基本因素是中国政府实行了全国财政经济的统一。这里包括统一财政收支，统一货币和现金管理，统一国营贸易和重要物资的调度。所以要实行这种统一，首先当然是为了把凡能集中使用的力量都集中起来，以便战胜当时所面临的严重困难。同时，也是为了使中国这样一个地大人多、贫穷落后的国家，能够把仅有的一点物质力量管好用好，足以维持全国的统一安定，有能力调剂各地区的余缺和应付各种意外，并且有计划有步骤地恢复和发展经济，保障和逐步改善人民生活。这种统一在中国历史上没有过。这种办法既不是出于事前预定，也不是出于国外的成规或建议，而只是在特定情况下的唯一选择。这当然是说的共产党所能作出的选择，共产党以外的任何力量即使想这样做也做不到。

第二个基本因素是中国国营经济的日益强大。

国营经济是没收国民党官僚资本的结果。解放前夕，国民党官僚资本约占全国工矿业、交通运输业固定资产的百分之八十。人民政府接管了属于官僚资本的工业企业，使国营工业的产值在一九四九年占全国工业产值的百分之三十四点七,到一九五二年,这一比重增加到百分之五十六。国营批发商业占全国批发商业营业总额的份额,一九四九年到一九五二年由百分之二十三增加到百分之六十。银行基本上由国家经营。

中国的财政经济工作的统一得力于国营经济的支持,同时又为国营经济不断增添新的血液。第一个五年计划的主要任务要由国营经济承担,这当然需要大大扩大国营经济。这是中国选择社会主义的第二个基本因素。

第三个基本因素是资本主义经济的弱小和发展困难。

中国资本主义经济,在官僚资本被人民政府没收以后,已经很弱小。为了在长期战争结束以后求得生存,不能不依靠政府和国营经济的支持。政府也采取有力的措施来帮助工厂商店开业,既为了恢复经济,也为了防止失业。但是两者之间又存在着许多难以解决的矛盾。人民政府为控制物价而进行的严重斗争反映了这种尖锐矛盾。物价稳定以后,资本主义工商业面临新的严重困难。消费者不再像通货膨胀时期那样抢购消费品,一大批工厂商店不能适应人民消费结构的变化和国家订货的需要。它们特别缺乏原材料和流动资金。在这种情况下,它们不得不接受政府所实行的一系列调整或改组的政策。大部分工业企业承办加工业务、接受国家的订货和收购包销产品,而商业企业开始为国营商业代销。改组的结果产生了一九五一年的中国资本主义经济史上前所未有的"黄金时代",工厂和商店的户数都增加了十分之一以上。

资本主义工商业的迅速发展,加剧了它们与政府、国营经济乃至社会的矛盾。大部分工商业主偷税漏税,在生产和经营中偷工减料或采取其他诈骗行为,并为此而大量行贿,从而导致一九五二年上半年的"五反"运动:反行贿、反偷税漏税、反盗窃国家资财、反偷工减料、反盗窃国家经济情报。人们开始认识到,资本主义工商业不仅需要进一步改组,而且需要通过国家资本主义的过渡形式逐步改造为社会主义。

尽管有了"五反"运动,随着国民经济的恢复和大规模经济建设的展开,社会主义经济和资本主义经济的冲突仍然日趋紧张。一九五三年粮食市场上出现了极其严重的形势。大规模的经济建设大大增加了需要供应粮食的人口,粮食的销量急剧上升,私商的抬价抢购却使国家的购粮计划难以实现,一些地方收购量甚至不到计划数的三分之一。这个情况不但威胁着所有工业企业的职工,而且威胁着全体城市居民。一九五三年冬中国被迫实行粮食、食油统购统销。随后,由于同样的原因,实行棉花的统购统销和棉布的统购统销,并使批发商业国有化。同时,加工订货和公私合营逐步由大企业扩大到中小企业。资本主义工商业的这种进退两难的情况,是中国选择社会主义的第三个基本因素。

第四个基本因素是新中国的国际环境。

中国对资本主义工商业实行全行业公私合营,对私方付年息五厘作为"赎买"的代价,使资本主义经济和平地转变为社会主义经济。这种方法确实是一个有历史意义的巨大的成功,虽然现在看来不免有些简单粗糙。八十年代的经验表明,在社会主义经济获得全面的统治地位以后,可以允许少量资本主义经济成分在国家的有效控制下继续存在(这与实行社会主义改造以前的状况当然完全不同),这对社会主义经济可以成为一个有益的补充。

——节选自胡乔木:《中国在五十年代怎样选择了社会主义》(1989年3月至4月在美国访问时所作的学术讲演),《胡乔木文集》第二卷,第253—258页,人民出版社,1993年。

(三)

我国的农业合作化运动是在彻底完成了土地改革的基础上进行的。我们党没有采取单纯依靠行政命令、"恩赐"农民土地的办法,去进行土地改革。在中华人民共和国成立以后,我们花了整整三年的时间,用彻底发动农民群众的群众路线的方法,充分地启发农民特别是贫农的阶级觉悟,经过农民自己的斗争,完成了这一任务。我们花了这样多的时间是否需要呢?我们认为这是完全需要的。由于我们采取了这样的方法,广大的农民就站立起来,组织起来,紧紧地跟了共产党和人民政府走,牢固地掌握了乡村的政权和武装。因此,土地改革不但在经济上消灭了地主阶级和大大地削弱了富农,而且在政治上彻底地打倒了地主阶级和孤立了富农。广大的觉悟的农民认为,无论是地主或者富农的剥削行为都是可耻的。这就为后来的农业的社会主义改造创造了有利的条件,大大地缩短了农业合作化所需要的时间。

在旧中国的农村人口中,有百分之六十到七十的贫农和雇农群众。他们是农村中的半无产阶级和无产阶级,很容易接受工人阶级政党的领导。他们不只是在资产阶级民主革命中有很大的积极性,在社会主义革命中也有很大的积极性。在土地改革以后,广大农民群众的经济地位是改善了,很多贫农雇农上升为中农。但是由于我国农村地少人多,全国农民平均每人只有三亩耕地(约等于五分之一公顷),南方许多地方每人只有一亩田或者只有几分田,所以在农村中仍然有百分之六十到七十的贫农和下中农。在继续个体经营的条件下,他们要想过富裕的生活是毫无把握的。这就使占农村人口大多数的贫农和不富裕的农民积极地响应我们党的号召,愿意走合作化的道路。

由于实行了以上的政策,我们就能在全国范围的土地改革完成以后不到四年的时间内,基本上完成了农业的社会主义改造,把全国的一亿一千万农户组织成为一百万个左右大小不等的、高级的和初级的农业生产合作社。

——节选自刘少奇:《在中国共产党第八次全国代表大会上的政治报告(1956年9月15日)》,中共中央文献研究室编:《建国以来重要文献选编》第9册,第40—43页,中国文献出版社,2011年。

(四)

可以说,在经济恢复时期,中国现代工业基本建设的核心就是苏联帮助援建的重点项目,即人们常提到的156项引进工程中的第一批50个项目。1950年2月中苏领导人会谈的结果是苏联政府答应帮助中国援建恢复经济急需的煤炭、电力、钢铁、有色金属、化工、机械和军工部门的50个重点项目。在执行过程中,因情况变化,撤销了1个项目,合并了2个项目,实际建设项目为47个。即能源工业项目21个,占44.7%,改建和扩建项目22个,占46.8%,东北建设项目36个,占76.6%,充分说明这一援建工程带有为工业化打基础和经济恢复的性质。

随着设计工作的进展和朝鲜战局趋向缓和,这些项目在恢复时期内陆续开始破土动工。从成套设备进口的完成情况看,有些项目是可以分阶段建成投产的。按国家统计局1953年3月11日的统计报告,1950—1953年中苏共签订技术成套设备进口合同68 394万卢布,3年累计实际进口46 974万卢布,完成合同68.7%。

除此之外,苏联还应中国政府要求,援建了一些临时提出的项目。如1951年1月重工业部部长何长工和段子俊、沈鸿受命前往莫斯科,谈判由苏联紧急援建中国航空工业的计划。经过一个多月的商谈,苏联答应帮助中国迅速建造起年修理能力为3 000台发动机和600架飞机的修造厂,当年即大修发动机1 500台,飞机300架,而且同意了中方的意见,在中国进行设计,并尽快派专家赴华开展工作。在这个基础上,1951年4月中国政府颁发了《关于航空工业建设的决定》。

在当时的情况下,中国的工业化建设必须也只能依靠苏联的帮助,这一点,中国驻苏大使张闻天看得十分透彻。1952年1月16日他给周恩来写信提出,中国今后工业化的方针,必须把自力更生同充分依靠与信任苏联的援助密切结合起来。1952年8—9月,周恩来率政府代表团赴莫斯科,与苏联政府商谈即将于1953年开始的第一个五年计划制定和中国工业化建设问题。原则确定之后,李富春等继续留下与苏方商谈苏联援助的具体细节,历时8个月。苏联政府在对周恩来交付的一五计划重点工业项目逐一进行了极为详细周密的研究后,除少数中国自己能办或因地质资源不明和一五计划期间无法上马的项目外,同意满足中国政府的要求,甚至增加了一些应该开办而中方没有考虑到的企业。双方最终确定,在1953—1959年内由苏联援助中国新建和改建91个企业。

1953年5月15日,李富春和米高扬分别代表两国政府签订了关于苏联援助中国发展国民经济的协定,其中确定的苏联援建项目为2个钢铁联合企业;8个有色金属企业;8个矿井、1个煤炭联合厂;1个石油炼油厂;32个机器制造厂;16个动力机器及电力机器制造厂,以及其他无线电和电气产品;7个化学厂;10个火力发电站;2个医药工业企业;1个食品工业企业,共91项。同时,还要帮助中国35个国防工业企业完成设计、设备供应,并给予其他各种技术援助。

总之,正如周恩来给苏联政府备忘录的回文中所说,苏联政府对于建设和改建中国的91个新企业和正在进行中的50个企业的援助以及其他方面对于发展中国经济的种种援助,将使中国人民"逐步地建立起自己的强大的重工业和国防工业,这对于中国工业化和走向社会主义是具有极其重大作用的"。

——节选自沈志华:《新中国建立初期苏联对华经济援助的基本情况(上)——来自中国和俄国的档案材料》,《俄罗斯研究》2001年第1期。

第九章
社会主义建设在探索中曲折发展

内 容 提 要

本章有三节内容,叙述从1956年到1976年这一阶段,中国社会主义建设在探索起步时取得的良好进展、在探索过程中呈现的起伏经历、二十年曲折发展赢得的重大成就和获得的宝贵经验以及留下的主要教训。通过本章的学习,要求学生认识中国共产党探索中国社会主义建设道路付出的艰辛努力和积极意义;认识中国社会主义建设在探索过程中经历曲折,特别是经历"文化大革命"这样严重曲折的深刻原因;认识中国社会主义建设尽管遭受了曲折,但依然取得了一系列为未来发展打下坚实基础的重大成果。

第一节 良好的开局

本节主要阐述社会主义改造基本完成后,中国共产党早期探索中国社会主义建设道路的历史背景和所取得的初步成果。

一、全面建设社会主义的开端

(1) 提出马克思主义同中国实际的"第二次结合"。经过发展国民经济的第一个五年计划的实践,中国共产党和人民政府已经积累了进行建设的初步经验;1956年召开的苏共二十大,进一步暴露了苏联在社会主义建设中存在的缺点和错误。在1956年4月的中共中央书记处会议上,毛泽东提出的关于实行马克思主义同中国实际的"第二次结合"的任务,中国共产党开始探索适合中国情况的社会主义建设道路。

(2) 在社会主义制度下保护和发展生产力。中共中央把拟定的《1956年到

1967年全国农业发展纲要(草案)》提请最高国务会议讨论,并向全国人民公布。1956年,中共中央召开关于知识分子问题会议。动员全党和全国人民,"向现代科学进军"。同年10月制定了《1956—1967年科学技术发展远景规划纲要》。填补了我国科学技术领域的诸多空白,奠定了中国在自然能科学和工程技术方面的重要基础。

二、早期探索的积极进展

(1)《论十大关系》的发表。1956年,毛泽东的《论十大关系》报告,围绕一个基本方针,即:"一定要努力把党内党外、国内国外的一切积极的因素,直接的、间接的积极因素,全部调动起来,把我国建设成为一个强大的社会主义国家。"《论十大关系》是以毛泽东为主要代表的中国共产党人开始探索中国自己的社会主义建设道路的标志,它在新的历史条件下从经济方面(主要的)和政治方面提出了新的指导方针,为中共八大的召开作了理论基础。

(2)中共八大路线的制定。1956年9月,中共八大指出:社会主义改造完成后中国社会的国内主要矛盾是人民对于经济文化迅速发展的需要同当前经济文化不能满足人民需要的状况之间的矛盾;全国人民的主要任务是集中力量发展社会生产力。中共八大的路线是正确的,它为社会主义事业的发展和党的建设指明了方向。

(3)《关于正确处理人民内部矛盾的问题》的发表。1957年2月,毛泽东在扩大的最高国务会议上发表《关于正确处理人民内部矛盾的问题》的讲话,提出必须区分社会主义社会两类不同性质的社会矛盾,把正确处理人民内部矛盾作为国家政治生活的主题,还对社会主义社会的基本矛盾作了科学分析。该文献是一篇重要的马克思主义文献。其创造性地阐述了社会主义社会矛盾学说,是对科学社会主义理论的重要发展,对中国社会主义事业具有长远的指导意义。

(4)整风运动和反右派斗争。1957年4月27日,中共中央下发《关于整风运动的指示》。在整风运动中人们提出的各种意见,绝大多数是诚恳的。但确有极少数资产阶级右派分子乘机向党和新生的社会主义制度发动进攻。对极少数右派分子的进攻实行坚决反击,是完全正确的和必要的。但是反右派斗争被严重地扩大化了。这一理论和指导思想上的失误造成了长时期的严重后果。

第二节 探索中的严重曲折

本节主要阐述中国共产党在探索社会主义建设道路过程中所经历的严重曲

折和经验教训。

一、"大跃进"及其纠正

(1) "大跃进"和人民公社化运动的发动。1957年11月13日,《人民日报》社论提出:要在生产建设上来一个大的跃进。"大跃进"序幕由此揭开。1958年5月,中共八大二次会议通过了社会主义建设总路线。在"大跃进"的同时,还开展了农村人民公社化运动。

(2) 纠正"左"倾错误的初步努力。从1958年11月起到1959年7月庐山会议前期,毛泽东领导全党和全国人民进行了初步纠"左"的努力。

(3) 庐山会议与纠"左"进程的中断。1959年7月的庐山会议上错误地批判了彭德怀。随后在全党范围开展了"反右倾"斗争。由于"大跃进"和"反右倾"斗争的错误,加上当时的自然灾害和苏联政府单方面撕毁合同,撤走全部专家,中国国民经济在1959年到1961年发生严重困难。

(4) 国民经济的调整。1961年,国民经济出现的严重困难局面。中共八届九中全会决定对国民经济实行"调整、巩固、充实、提高"的八字方针,推动国民经济转入1962年至1965年的三年调整时期。

(5) "七千人大会"的召开。1962年1、2月间召开的扩大的中共中央工作会议(即"七千人大会"),在三年调整时期具有关键性的作用。从1962年到1965年,国民经济开始得到比较顺利的恢复和发展。1964年底的第三届全国人大会议提出"四个现代化"的宏伟目标。但是,20世纪50年代后期开始的"左"倾错误,在经济工作指导思想中尚未得到彻底纠正,在政治和思想文化上还有发展。

二、"文化大革命"及其结束

(1) "文化大革命"的发动。1966年5月,中共中央召开政治局扩大会议通过的《中共中央通知》(即"五一六通知"),系统地阐述了发动"文化大革命"的主要论点。同年8月,毛泽东主持召开中共八届十一中全会通过的《关于无产阶级文化大革命的决定》(简称"十六条"),成为"文化大革命"的指导方针。

(2) 全面内乱的形成。1967年1月,上海造反派头目王洪文等人在张春桥、姚文元的策划下,夺取了中共上海市委、市人民委员会的领导权,号称"一月革命"。在夺权过程中,各地的造反派组织普遍形成两大对立面,在全国掀起了"打倒一切、全面内战"的狂潮。此后,随着"全面夺权"事态的发展,许多地方发生大规模武斗,局势几乎失控。

(3) 粉碎林彪反革命集团。1969年4月,中共九大闭幕后,按照毛泽东的部署,全国开展了"斗、批、改"运动。1971年9月,发生林彪反革命集团阴谋夺取最高权力、策动反革命武装政变的事件,客观上宣告了"文化大革命"的理论和实践的失败。毛泽东在周恩来等协助下领导全党进行的粉碎林彪反革命集团的斗争,使党和国家避免了一场大分裂,但其不允许从根本上纠正"文化大革命"的错误。

(4) 挫败"四人帮""组阁"图谋。1973年8月召开的中国共产党第十次全国代表大会,继续了九大的"左"倾错误方针。1974年7月,毛泽东建议周恩来担任国务院总理,由邓小平担任国务院第一副总理。江青等人的"组阁"图谋遭到挫败。

(5) 1975年整顿和"文化大革命"的结束。1975年,邓小平着手对各方面的工作进行整顿,形势有了明显好转。1976年9月毛泽东逝世后,江青反革命集团加紧进行夺取党和国家最高领导权的阴谋活动。10月6日晚,中共中央政治局毅然粉碎了江青反革命集团,结束了"文化大革命"。

三、严重的曲折,深刻的教训

(1) 错误的性质。"文化大革命"是一场由领导者错误发动,被反革命集团利用,给党、国家和各族人民带来严重灾难的内乱。

(2) 犯错误的原因。"文化大革命"之所以会发生并且持续十年之久,是有深刻的社会历史原因的。这些错误发生的原因是多方面的。

(3) 对错误进行科学分析。中国共产党在犯严重错误的时候,它的性质和宗旨都没有改变。在"文化大革命"的特殊年代里,中国共产党并没有被摧毁而且还能维持统一,中国社会主义制度的根基仍然保存着,社会主义经济建设还在进行,国家仍然保持统一并且在国际上发挥着重要的影响。

第三节 建设的成就,探索的成果

本节重点阐述中国开始全面建设社会主义后所取得的重大成就。

一、独立的、比较完整的工业体系和国民经济体系的基本建立

(1) 较快的发展速度。
(2) 从根本上解决"从无到有"的问题。

二、人民生活水平的提高与文化、医疗、科技事业的发展

(1) 保障人民的基本生活需要。

(2) 提高人民的文化素质和健康水平。
(3) 取得一批重要的科技成果。

三、国际地位的提高与国际环境的改善

1950年至1953年的抗美援朝战争,以及随后日内瓦国际会议和万隆会议,提高了新中国的国际地位。中国同印度、缅甸等国共同提出了和平共处五项原则,成为处理国与国关系的公认的国际准则。20世纪50年代起,中国同广大发展中国家建立了友好关系。1971年10月新中国恢复了在联合国的合法席位。1972年2月,美国总统尼克松访华,并发表中美上海联合公报。同年9月,中日两国发表关于建交的联合声明。中苏关系也趋于缓和。

四、探索中形成的建设社会主义的若干重要原则

在社会主义发展阶段、社会主义经济建设、社会主义民主政治建设、社会主义文化建设、国防建设和军队建设、执政条件下加强共产党自身建设等方面,以毛泽东为主要代表的中国共产党人阐明了许多正确的重要思想。

习 题 训 练

(一) 单项选择题

1. 中国开始进入全面建设社会主义的历史阶段是在(　　)。
   A. 1949年中华人民共和国成立后
   B. 1952年土地改革胜利结束后
   C. 1953年党在过渡时期总路线提出后
   D. 1956年社会主义改造基本完成后
2. 在1956年4月提出实现马克思主义同中国实际"第二次结合"任务的是(　　)。
   A. 毛泽东　　　　B. 刘少奇　　　　C. 周恩来　　　　D. 邓小平
3. 我国社会主义制度的确立是为了(　　)。
   A. 努力提高经济水平
   B. 经济文化上达到世界上的先进水平
   C. 给保护和发展生产力创造更有利条件

D. 向现代科学进军

4. 1956年,毛泽东发表《论十大关系》所围绕的基本方针是(   )。
   A. 走中国特色社会主义道路
   B. 自力更生为主和争取外援为辅
   C. 调动一切积极因素为社会主义事业服务
   D. 正确处理人民内部矛盾

5. 1956年,毛泽东发表的提出走中国自己社会主义建设道路思想的著作是(   )。
   A. 《关于中华人民共和国宪法草案》
   B. 《论无产阶级专政的历史经验》
   C. 《论十大关系》
   D. 《关于正确处理人民内部矛盾的问题》

6. 1956年召开的中共八大指出,我国国内主要矛盾的实质是(   )。
   A. 生产关系和生产力之间的矛盾
   B. 无产阶级同资产阶级之间的矛盾
   C. 社会主义道路和资本主义道路之间的矛盾
   D. 先进的社会主义制度同落后的社会生产力之间的矛盾

7. 1956年召开的中共八大指出,党和全国人民当前的主要任务是(   )。
   A. 正确处理人民内部矛盾
   B. 实现社会主义四个现代化
   C. 把我国推进到社会主义社会
   D. 把我国从落后的农业国变为先进的工业国

8. 1956年召开的中共八大确认的我国经济建设的指导方针是(   )。
   A. 独立自主,艰苦创业
   B. 在多快好省中力争上游
   C. 自力更生为主,争取外援为辅
   D. 既反保守又反冒进即在综合平衡中稳步前进

9. 1956年,在中共八大上提出"三个主体,三个补充"思想的是(   )。
   A. 毛泽东   B. 陈云   C. 周恩来   D. 邓小平

10. 在中共八大召开后的1956年12月,毛泽东提出了(   )。
    A. "双重监督"的思想   B. "十大关系"的思想
    C. "健全法制"的思想   D. "新经济政策"的思想

11. 1957年2月,毛泽东在扩大的最高国务会议上发表的重要报告是(   )。

A. 《关于中华人民共和国宪法草案》
B. 《论无产阶级专政的历史经验》
C. 《论十大关系》
D. 《关于正确处理人民内部矛盾的问题》

12. 1957年6月全面开展起来的一场全国规模的群众性运动是(　　)。
    A. 肃反运动　　　　　　　　B. 整风运动
    C. 反右派运动　　　　　　　D. 人民公社运动

13. 1957年冬季掀起的农业生产高潮揭开了(　　)。
    A. "五反"运动的序幕　　　　B. 农业合作化运动的序幕
    C. "大跃进"运动的序幕　　　D. 人民公社化运动的序幕

14. 1958年通过了"鼓足干劲、力争上游、多快好省地建设社会主义"总路线的会议是(　　)。
    A. 中共八大一次会议　　　　B. 中共八大二中全会
    C. 中共八大二次会议　　　　D. 中共八届三中全会

15. 全国范围农村人民公社化运动高潮的掀起是在(　　)。
    A. 1958年1月的南宁会议后　　B. 1958年3月的成都会议后
    C. 1958年8月的北戴河会议后　D. 1958年11月的郑州会议后

16. 在1959年中共中央召开的庐山会议上遭到错误批判的是(　　)。
    A. 彭德怀　　B. 刘少奇　　C. 周恩来　　D. 邓小平

17. 1959年中共八届八中全会召开后,在全党范围开展的错误斗争是(　　)。
    A. 反右派斗争　　　　　　　B. "反右倾"斗争
    C. 反冒进斗争　　　　　　　D. 反"左"倾斗争

18. 1962年1、2月间,中共中央召开了统一思想、总结经验教训、明确工作方向的会议是(　　)。
    A. 庐山会议　　　　　　　　B. 中共八大九中全会
    C. "七千人大会"　　　　　　D. 中共八届十中全会

19. 中国共产党和政府第一次向全国人民提出实现"四个现代化"的奋斗目标是在(　　)。
    A. 第一届全国人民代表大会　B. 第二届全国人民代表大会
    C. 第三届全国人民代表大会　D. 第四届全国人民代表大会

20. 1963年至1965年间,中共中央领导进行的运动是(　　)。
    A. 人民公社运动　　　　　　B. 城乡社会主义教育运动
    C. 批林批孔运动　　　　　　D. 反击右倾翻案风运动

21. 毛泽东发动"文化大革命"的导火线是（　　）。
    A.《评新编历史剧〈海瑞罢官〉》的发表
    B."二十三条"的发表
    C."五一六通知"的发表
    D.《炮打司令部——我的一张大字报》的发表

22. 1966年8月召开的中共八届十一中全会通过了成为"文化大革命"指导方针的（　　）。
    A."六十条"　　　　　　　　　　B."二十三条"
    C."五一六通知"　　　　　　　　D."十六条"

23. 1969年召开的将"文化大革命"的错误理论和实践合法化的会议是（　　）。
    A. 中共八届十一中全会　　　　B. 中共八届十二中全会
    C. 中共九大　　　　　　　　　D. 中共十大

24. 在客观上宣告了"文化大革命"的理论和实践失败的是（　　）。
    A."一月风暴"的出现　　　　　B. 林彪反革命集团的覆灭
    C."天安门事件"的爆发　　　　D. 江青反革命集团的垮台

25. "文化大革命"结束的标志是（　　）。
    A."一月风暴"的出现　　　　　B. 林彪反革命集团的覆灭
    C."天安门事件"的爆发　　　　D. 江青反革命集团的垮台

26. 新中国建立后发生的一次全局性、长时间的严重"左"倾错误是（　　）。
    A. 反右斗争扩大化　　　　　　B."大跃进"
    C. 人民公社化运动　　　　　　D."文化大革命"

27. 新中国第一颗原子弹试验成功的时间是（　　）。
    A. 1964年10月　　　　　　　　B. 1966年10月
    C. 1967年6月　　　　　　　　 D. 1970年4月

28. 新中国第一颗氢弹试验成功的时间是（　　）。
    A. 1964年10月　　　　　　　　B. 1966年10月
    C. 1967年6月　　　　　　　　 D. 1970年4月

29. 新中国成功发射第一颗人造地球卫星的时间是（　　）。
    A. 1964年10月　　　　　　　　B. 1966年10月
    C. 1967年6月　　　　　　　　 D. 1970年4月

30. 新中国恢复在联合国的合法席位是在（　　）。
    A. 1949年　　　　　　　　　　B. 1966年
    C. 1971年　　　　　　　　　　D. 1978年

（二）多项选择题

1. 毛泽东在《论十大关系》中提出的处理共产党和民主党派关系的方针是（   ）。
   A. 长期共存   B. 互相监督   C. 肝胆相照   D. 荣辱与共

2. 毛泽东在《论十大关系》中提出的社会主义文化建设新方针是（   ）。
   A. 古为今用   B. 洋为中用   C. 百花齐放   D. 百家争鸣

3. 1956年召开的中共八大指出，我国国内的主要矛盾是（   ）。
   A. 无产阶级和资产阶级的矛盾
   B. 社会主义同资本主义的矛盾
   C. 人民对于建立先进的工业国的要求同落后的农业国的现实之间的矛盾
   D. 人民对于经济文化迅速发展的需要同当前经济文化不能满足人民需要的状况之间的矛盾

4. 毛泽东在《关于正确处理人民内部矛盾的问题》中指出的社会主义社会的基本矛盾是（   ）。
   A. 敌我之间的矛盾   B. 人民内部之间的矛盾
   C. 生产力和生产关系之间的矛盾   D. 经济基础和上层建筑之间的矛盾

5. 毛泽东在《关于正确处理人民内部矛盾的问题》中指出的两类不同性质的矛盾是（   ）。
   A. 敌我之间的矛盾   B. 人民内部之间的矛盾
   C. 生产力和生产关系之间的矛盾   D. 经济基础和上层建筑之间的矛盾

6. 1956年11月，中共八届二中全会决定开展全党整风运动要反对的错误倾向是（   ）。
   A. 主观主义   B. 宗派主义
   C. 自由主义   D. 官僚主义

7. 在1957年反右派运动严重扩大化过程中采取的错误斗争方式包括（   ）。
   A. 大鸣   B. 大放   C. 大辩论   D. 大字报

8. 1957年召开的中共八届三中全会认为当前国内的主要矛盾仍然是（   ）。
   A. 无产阶级和资产阶级
   B. 社会主义道路和资本主义道路的矛盾
   C. 生产力和生产关系的矛盾
   D. 经济基础和上层建筑矛盾

9. 从1957年开始，我国社会主义建设所坚持的"三面红旗"是指（   ）。

A. "反右倾"　　　B. 总路线　　　C. "大跃进"　　　D. 人民公社

10. 在1958年11月至1959年6月间,中共中央召开的纠正"左"倾错误的会议包括(　　)。
    A. 第一次郑州会议　　　　　　B. 武昌会议
    C. 中共八届六中全会　　　　　D. 第二次郑州会议

11. 1961年1月,中共八届九中全会正式制定的针对国民经济的方针是(　　)。
    A. 调整　　　B. 巩固　　　C. 充实　　　D. 提高

12. 周恩来在第四届全国人民代表大会一次会议上宣布,我国社会主义建设要实现(　　)。
    A. 农业现代化　　　　　　B. 工业现代化
    C. 国防现代化　　　　　　D. 交通运输业现代化

13. 在1967年2月与江青为首的中央文革小组的错误做法进行抗争的老一辈革命家有(　　)。
    A. 谭震林　　　B. 陈毅　　　C. 叶剑英　　　D. 李富春

14. 在"文化大革命"的十年动乱中先后被粉碎的反革命集团是(　　)。
    A. 高岗反革命集团　　　　　B. 林彪反革命集团
    C. 饶漱石反革命集团　　　　D. 江青反革命集团

15. 在1976年10月被一举粉碎的反革命集团的主要成员是(　　)。
    A. 江青　　　B. 张春桥　　　C. 王洪文　　　D. 姚文元

16. 在1976年10月粉碎"四人帮"斗争中起重要作用的党和国家领导人包括(　　)。
    A. 邓小平　　　B. 华国锋　　　C. 叶剑英　　　D. 李先念

17. 毛泽东指出,社会主义这个阶段可分为(　　)。
    A. 不发达的社会主义　　　　B. 初级阶段的社会主义
    C. 比较发达的社会主义　　　D. 高级阶段的社会主义

18. 陈云提出的"三个主体"和"三个补充"重要思想的主要内容是(　　)。
    A. 国家经营和集体经营是主体,一定数量的个体经营为补充
    B. 公有制是主体,一定数量的私有制经济为补充
    C. 计划生产是主体,一定范围的自由生产为补充
    D. 国家市场是主体,一定范围的自由市场为补充

19. 20世纪60至70年代,中国在尖端科学技术领域取得的重大成就有(　　)。
    A. 第一颗原子弹试验成功　　　　B. 第一颗氢弹试验成功
    C. 第一枚中远程导弹发射成功　　D. 第一颗人造地球卫星发射成功

20. 在社会主义民主政治建设方面,毛泽东提出的"六又"政治局面是(   )。
    A. 又有专政又有民主
    B. 又有纪律又有自由
    C. 又有集中又有民主
    D. 又有统一意志、又有个人心情舒畅、生动活泼

(三)辨析题

1. 毛泽东在《论十大关系》中,提出了优先发展重工业的中国工业化道路的思想。
2. 在中共"八大"上,陈云提出了"三个主体,三个补充"的思想。
3. 中国共产党在"七千人大会"上正式提出了实现"四个现代化"的宏伟目标。
4. 社会主义社会国家政治生活的主题是正确处理敌我矛盾和人民内部矛盾。
5. 独立、比较完整的工业体系和国民经济体系的建立,从根本上解决了我国工业"从无到有"的问题。

(四)简答题

1. 中共八大对国内主要矛盾和主要任务的分析。
2. 毛泽东关于社会主义社会基本矛盾的分析。
3. 毛泽东为首的第一代领导集体提出的社会主义现代化建设的战略目标和步骤。

(五)论述题

1. 毛泽东关于正确区分社会主义社会两类不同性质矛盾的学说及其意义。
2. "文化大革命"发生的社会历史原因。
3. 对中国共产党在探索社会主义建设道路过程中所犯的错误的科学分析。
4. 新中国社会主义建设取得的主要成就。

参 考 答 案

(一)单项选择题

1. D   2. A   3. C   4. C   5. C   6. D   7. D   8. D   9. B   10. D

11. D 12. C 13. C 14. C 15. C 16. A 17. B 18. C 19. C 20. B
21. A 22. D 23. C 24. B 25. D 26. D 27. A 28. C 29. D 30. C

（二）多项选择题

1. AB 2. CD 3. CD 4. CD 5. AB 6. ABD 7. ABCD 8. AB
9. BCD 10. ABCD 11. ABCD 12. ABCD 13. ABCD 14. BD
15. ABCD 16. BCD 17. AC 18. ACD 19. ABCD 20. ABCD

（三）辨析题

1. 错误。1956年4月，毛泽东在中央政治局扩大会议上发表《论十大关系》的讲话，正式提出了探索中国社会主义建设道路的任务。他以苏联经验为鉴戒，对适合我国情况的社会主义建设道路进行了初步探索，提出了走一条符合中国国情的工业化道路的思想。强调发展工业必须和发展农业同时并举，以工业为主导，以农业为基础，按照农业、轻工业、重工业的次序安排国民经济。还应处理好经济建设与国防建设，沿海工业与内地工业，中央与地方，国家、集体与个人等一系列关系，实行"两条腿"走路的方针。

2. 正确。在中共八大上，陈云提出了富有独创性的"三个主体，三个补充"思想，即以国家和集体经营为主体，一定数量的个体经营为补充；以计划生产为主体，一定范围的自由生产为补充；以国家市场为主体，一定范围的自由市场为补充的思想。这是对原有社会主义模式从理论和实践两方面的极大突破。

3. 错误。1962年，中共中央召开的县级以上党政军领导干部七千余人参加的扩大中央工作会议，被称为"七千人大会"。刘少奇向大会提交了书面报告，毛泽东发表了长篇讲话，与会者发扬民主、对前几年的工作展开批评和自我批评。会议对于恢复实事求是、民主精神起了积极作用，对于落实"八字方针"、推动形势迅速好转起了关键作用。而正式提出了实现"四个现代化"宏伟目标的是第一届全国人民代表大会。

4. 错误。社会主义社会存在着敌我矛盾和人民内部矛盾两类不同性质的矛盾，由于人民内部矛盾处于突出的地位，并大量地、广泛地存在于社会生活的各个方面，因此社会主义社会国家政治生活的主题是解决人民内部矛盾。

5. 正确。基本建立了独立的、比较完整的工业体系和国民经济体系，是从根本上解决了工业化中"从无到有"的问题。独立的、比较完整的工业体系和国民经济体系的建立，使中国在赢得政治上的独立后赢得了经济上的独立，为中国以后的发展奠定了牢固的物质技术基础，而且也为中国同包括西方发达国家在内的世界各国爱平等互利的原则下发展对外贸易和经济往来创建了前提。

（四）简答题

1. 1956年召开的中共八大指出：我们国内的主要矛盾,已经是人民对于建立先进的工业国的要求同落后的农业国的现实之间的矛盾,已经是人民对于经济文化迅速发展的需要同当前经济文化不能满足人民需要之间的矛盾。党和全国人民的当前的主要任务是集中力量来解决这个矛盾,把我国尽快地从落后的农业国变为先进的工业国。

2. 1957年,毛泽东在《关于正确处理人民内部矛盾的问题》中指出,社会主义社会的基本矛盾仍然是生产力和生产关系、经济基础和上层建筑之间的矛盾。这些矛盾可以经过社会主义制度本身的自我调整和完善,不断地得到解决。这实际上为积极促进社会主义制度的自我完善和发展奠定了理论基石。

3. 社会主义现代化建设的战略目标,是要把中国建设成为一个具有现代农业、现代工业、现代国防和现代科学技术的强国。为此,应当采取"两步走"的发展战略,第一步,建成一个独立的比较完整的工业体系和国民经济体系;第二步,全面实现农业、工业、国防和科学技术的现代化,使中国的经济走在世界前列。

（五）论述题

1. 1957年,毛泽东在《关于正确处理人民内部矛盾的问题》中概括提出了区分和处理敌我和人民内部两类矛盾的学说。他指出：社会主义社会存在着敌我之间和人民内部两类性质根本不同的矛盾,前者需要用强制的、专政的方法去解决,后者只能用民主的、说服教育的、"团结——批评——团结"的方法去解决,决不能用解决敌我矛盾的方法去解决人民内部的矛盾。毛泽东提出正确处理人民内部矛盾问题的重要指导思想是：团结全国各族人民进行一场新的战争——向自然界开战,发展我们的经济,发展我们的文化,使全体人民比较顺利地走过目前的过渡时期,巩固我们的新制度,建设我们的新国家。这一学说是对科学社会主义理论的重要发展,对中国社会主义事业具有长远的指导意义。

2. 首先,我们党在迅速进入社会主义新的历史阶段之后,对于如何在一个经济文化不发达的国家进行全面的社会主义建设,缺乏充分的思想准备和科学研究;对于什么是社会主义、怎样建设社会主义的问题,并没有完全搞清楚。其次,由于中国共产党在历史上积累下了丰富的阶级斗争经验,在社会主义改造基本完成之后,在观察和处理社会主义建设中遇到的新事物、新问题时,容易照搬过去的经验,把本不属于阶级斗争的问题看作是阶级斗争,仍然习惯于采取大规模群众性政治运动的方法去处理。第三,党的民主集中制和集体领导制度遭到严重破坏,致使党无法依靠制度的和集体的力量及时地发现并纠正错误,难以防止和制止"文化大革命"这样全局性错误的发生和发展。

3. 首先,中国共产党在犯严重错误的时候,其性质和宗旨都没有改变。中国共产党并没有被摧毁而且还能维持统一,中国社会主义制度的根基仍然保存着,社会主义经济建设还在进行,国家仍然保持统一并且在国际上发挥着重要的影响。其次,党内外广大干部群众在"文化大革命"期间对"左"倾错误的抵制和抗争,对林彪、江青两个反革命集团的斗争,一直没有停止过。这种抵制、抗争和斗争是十分艰难曲折的,但中国共产党团结广大干部群众终于战胜了他们。第三,毛泽东在全局上坚持"文化大革命"的错误,但也制止和纠正过一些具体错误。

4. 一是独立的、比较完整的工业体系和国民经济体系的基本建立。这是这一时期最大的建设成就,从根本上解决了工业化中"从无到有"的问题。独立的、比较完整的工业体系和国民经济体系的建立,不仅使中国在赢得了政治上的独立之后赢得了经济上的独立,而且为中国以后的发展奠定了牢固的物质技术基础。二是人民生活水平的提高与文化、医疗、科技事业的发展。新中国在短短的时间里取得的巨大成就,是同中国共产党的领导,同举国上下艰苦奋斗和勤俭建国的创业精神分不开的。三是国际地位的提高与国际环境的改善。新中国从建立之日起,就把坚持独立自主、维护世界和平、促进人类进步事业作为对外工作的目标,努力为国内和平建设创造良好的外部环境。

延 伸 阅 读

(一)

毛泽东同志是伟大的马克思主义者,伟大的无产阶级革命家、战略家、理论家,是马克思主义中国化的伟大开拓者,是近代以来中国伟大的爱国者和民族英雄,是党的第一代中央领导集体的核心,是领导中国人民彻底改变自己命运和国家面貌的一代伟人。

然而,在一个半殖民地半封建的东方大国进行革命,面对的特殊国情是农民占人口的绝大多数,落后分散的小农经济、小生产及其社会影响根深蒂固,又遭受着西方列强侵略和压迫,经济文化十分落后,选择一条什么样的道路才能把中国革命引向胜利成为首要问题,也是马克思主义发展史上前所未有过的难题。年轻的中国共产党,一度简单套用马克思列宁主义关于无产阶级革命的一般原理和照搬俄国十月革命城市武装起义的经验,中国革命遭受到严重挫折。

  从革命斗争的这种失误教训中,毛泽东同志深刻认识到,面对中国的特殊国情,面对压在中国人民头上的三座大山,中国革命将是一个长期过程,不能以教条主义的观点对待马克思列宁主义,必须从中国实际出发,实现马克思主义中国化。毛泽东同志创造性地解决了马克思列宁主义基本原理同中国实际相结合的一系列重大问题,深刻分析中国社会形态和阶级状况,经过不懈探索,弄清了中国革命的性质、对象、任务、动力,提出通过新民主主义革命走向社会主义的两步走战略,制定了新民主主义革命总路线,开辟了以农村包围城市、最后夺取全国胜利的革命道路。毛泽东同志创造性地解决了在中国这种特殊的社会历史条件下建设马克思主义政党的一系列重大问题,把党建设成为用科学理论和革命精神武装起来的、同人民群众有着血肉联系的、思想上政治上组织上完全巩固的马克思主义政党。毛泽东同志创造性地解决了缔造一个在党的绝对领导下的人民武装力量的一系列重大问题,建成一支具有一往无前精神、能压倒一切敌人而决不被敌人所屈服的新型人民军队。毛泽东同志创造性地解决了团结全民族最大多数人共同奋斗的革命统一战线的一系列重大问题,为党和人民事业凝聚了一支最广大的同盟军。毛泽东同志带领我们党创造性地提出和实施了一系列正确的战略策略,及时解决了中国革命进程中一道道极为复杂的难题,引导中国革命航船不断乘风破浪前进。

  中华人民共和国的成立,使中国人民成为国家、社会和自己命运的主人,实现了中国向人民民主制度的伟大跨越,实现了中国高度统一和各民族空前团结,彻底结束了旧中国半殖民地半封建社会的历史,彻底结束了旧中国一盘散沙的局面,彻底废除了外国列强强加给中国的不平等条约和帝国主义在中国的一切特权。

  这个伟大历史胜利,是毛泽东同志和他的战友们,是千千万万革命志士和革命烈士,是亿万中国人民,共同为中华民族建立的伟大历史功勋。这一伟大奋斗历程和成果充分证明了毛泽东同志所说的:"我们中华民族有同自己的敌人血战到底的气概,有在自力更生的基础上光复旧物的决心,有自立于世界民族之林的能力。"

  新中国成立后,以毛泽东同志为核心的党的第一代中央领导集体带领人民,在迅速医治战争创伤、恢复国民经济的基础上,不失时机提出了过渡时期总路线，创造性地完成了由新民主主义革命向社会主义革命的转变，使中国这个占世界四分之一人口的东方大国进入了社会主义社会，成功实现了中国历史上最深刻最伟大的社会变革。新民主主义革命的胜利，社会主义基本制度的确立，为当代中国一切发展进步奠定了根本政治前提和制度基础。

社会主义基本制度确立以后，如何在中国建设社会主义，是党面临的崭新课题。毛泽东同志对适合中国情况的社会主义建设道路进行了艰苦探索。他以苏联的经验教训为鉴戒，提出要创造新的理论、写出新的著作，把马克思列宁主义基本原理同中国实际进行"第二次结合"，找出在中国进行社会主义革命和建设的正确道路，制定把我国建设成为一个强大的社会主义国家的战略思想。

在中国共产党领导下，我国各族人民意气风发投身中国历史上从来不曾有过的热气腾腾的社会主义建设。在不长的时间里，我国社会就发生了翻天覆地的变化，建立起独立的比较完整的工业体系和国民经济体系，独立研制出"两弹一星"，成为在世界上有重要影响的大国，积累起在中国这样一个社会生产力水平十分落后的东方大国进行社会主义建设的重要经验。

毛泽东同志为中国新民主主义革命的胜利、社会主义革命的成功、社会主义建设的全面展开，为实现中华民族独立和振兴、中国人民解放和幸福，作出了彪炳史册的贡献。毛泽东同志毕生最突出最伟大的贡献，就是领导我们党和人民找到了新民主主义革命的正确道路，完成了反帝反封建的任务，建立了中华人民共和国，确立了社会主义基本制度，取得了社会主义建设的基础性成就，并为我们探索建设中国特色社会主义的道路积累了经验和提供了条件，为我们党和人民事业胜利发展、为中华民族阔步赶上时代发展潮流创造了根本前提，奠定了坚实的理论和实践基础。

——节选自习近平：《在纪念毛泽东同志诞辰120周年座谈会上的讲话（2013年12月26日）》，《人民日报》2013年12月27日。

（二）

我觉得，我们党有这么五个优点，有五好。

第一，有好的指导思想。这就是以毛泽东思想为代表的党的指导思想。毛泽东思想，就是把马克思列宁主义的普遍真理同中国革命和建设的具体实践相结合的思想。这个思想，从历史上证明了是好的。中国的革命，不是由别的思想引导到胜利的，而是由毛泽东思想引导到胜利的。

第二，有好的党中央。这就是以毛泽东同志为首的党中央。从一九三五年一月遵义会议以来，二十七年的历史证明，我们的党中央是一个好的党中央。有的同志可能会说,党中央不是也有缺点和错误吗?刘少奇同志的报告中不是说,中央对近几年来我们工作中的一些缺点和错误负主要责任吗?这个问题怎么解释呢?我们认为,没有缺点和错误的中央是没有的。问题在于我们是不是严肃认真地正视问题,是不是实事求是地对待问题。我说我们中央好,从这次会议也可以看得出来。在这次会议上,我们的中央,按照马克思列宁主义的原则,认真地总结经验,开展批评和自我批评,发扬成绩,修正错误。这样做,照列宁的话说,就是一个郑重的党的标志。我们党是合乎这个标准的。刘少奇同志的报告集中讲了我们这几年工作中的问题,特别是讲了许多缺点和错误,进行批评和自我批评。

第三,有大批好的骨干,包括大批新的积极分子。现在,我们的党员中,有百分之七十几到八十是全国解放以后入党的。但是,这些党员,都是在实际斗争中涌现出来的。我们的党员绝大多数是好的。

特别要指出的是,我们的干部绝大多数是好的,我们有好的骨干。现在,县以上的主要骨干,军队团以上的主要骨干,大多数是经过长期革命斗争锻炼的。地委一级干部大都是抗日战争初期入党的,县委书记多半是抗日战争中期入党的,当然也有一批新的。这些骨干,是经过风浪的,是很可宝贵的。现在,我们的干部又有了十二年社会主义革命和建设的经验,包括正面的经验和反面的经验。正面的经验是很重要的,反面的经验也是很重要的。刘少奇同志的报告中讲到,我们有了反面的经验,就增加了"免疫力"。我们的干部,经过历次革命斗争的锻炼,又有了十二年建设经验,是我们党的好的骨干。

第四,有好的传统、好的作风。我们党的好传统、好作风,就是毛泽东同志所概括指出的,理论与实践相结合的作风,联系群众的作风,自我批评(当然也包括批评)的作风。总的来说,就是毛泽东同志所说的实事求是的作风。

第五,有好的人民,人民对我们党有最大的信赖。我们党是一个密切联系群众的党。这也是我们一个好的传统。我们国家的人民是有高度的政治觉悟的人民。毛泽东同志多次讲过这么一个例子:在红军过草地的时候,伙夫同志一起床,他不问今天锅里有没有米煮,却先问向南走还是向北走。向南走向北走是当时最重要的战略问题。这说明我们军队里的战士都是关心战略的。

——节选自邓小平:《在扩大的中央工作会议上的讲话(1962年2月6日)》中共中央文献研究室编:《建国以来重要文献选编》第15册,第124—127页,中国文献出版社,2011年。

(三)

三中全会以来,我们党已经逐步确立了一条适合我国情况的社会主义现代化建设的正确道路。这条道路还将在实践中不断充实和发展，但是它的主要点，已经可以从建国以来正反两方面的经验、特别是"文化大革命"的教训中得到基本的总结。

一、在社会主义改造基本完成以后，我国所要解决的主要矛盾，是人民日益增长的物质文化需要同落后的社会生产之间的矛盾。党和国家工作的重点必须转移到以经济建设为中心的社会主义现代化建设上来，大大发展社会生产力，并在这个基础上逐步改善人民的物质文化生活。

二、社会主义经济建设必须从我国国情出发，量力而行，积极奋斗，有步骤分阶段地实现现代化的目标。我们过去在经济工作中长期存在的左倾错误的主要表现，就是离开了我国国情，超越了实际的可能性，忽视了生产建设、经营管理的经济效果和各项经济计划、经济政策、经济措施的科学论证，从而造成大量的浪费和损失。

三、社会主义生产关系的变革和完善必须适应于生产力的状况，有利于生产的发展。国营经济和集体经济是我国基本的经济形式，一定范围的劳动者个体经济是公有制经济的必要补充。必须实行适合于各种经济成分的具体管理制度和分配制度。

四、在剥削阶级作为阶级消灭以后，阶级斗争已经不是主要矛盾。由于国内的因素和国际的影响，阶级斗争还将在一定范围内长期存在，在某种条件下还有可能激化。既要反对把阶级斗争扩大化的观点，又要反对认为阶级斗争已经熄灭的观点。

五、逐步建设高度民主的社会主义政治制度，是社会主义革命的根本任务之一。建国以来没有重视这一任务，成了"文化大革命"得以发生的一个重要条件，这是一个沉痛教训。

六、社会主义必须有高度的精神文明。要坚决扫除长期存在而在"文化大革命"期间登峰造极的那种轻视教育科学文化和歧视知识分子的完全错误的观念，努力提高教育科学文化在现代化建设中的地位和作用，明确肯定知识分子同工人、农民一样是社会主义事业的依靠力量，没有文化和知识分子是不可能建设社会主义的。

七、改善和发展社会主义的民族关系，加强民族团结，这对于我们这个多民族国家具有重大意义。在民族问题上，过去，特别是在"文化大革命"中，我们犯过把阶级斗争扩大化的严重错误，伤害了许多少数民族干部和群众。在工作中，对少数民族自治权利尊重不够。这个教训一定要认真记取。

八、在战争危险依然存在的国际条件下，必须加强现代化的国防建设。国防建设要同国家的经济建设相适应。人民解放军要加强军事训练、政治工作、后勤工作和军事科学研究,进一步提高战斗力,逐步把自己建设成为一支强大的现代化的革命军队。要恢复和发扬军队内部和军政之间、军民之间紧密团结的优良传统。民兵建设也要进一步加强。

九、在对外关系上,必须继续坚持反对帝国主义、霸权主义、殖民主义和种族主义,维护世界和平。在和平共处五项原则的基础上,积极发展同世界各国的关系和经济文化往来。坚持无产阶级国际主义,支持被压迫民族的解放事业、新独立国家的建设事业和各国人民的正义斗争。

十、根据"文化大革命"的教训和党的现状,必须把我们党建设成为具有健全的民主集中制的党。一定要树立党必须由在群众斗争中产生的德才兼备的领袖们实行集体领导的马克思主义观点,禁止任何形式的个人崇拜。

——节选自《关于建国以来党的若干历史问题的决议(1981年6月27日中国共产党第十一届中央委员会第六次会议一致通过)》,《〈关于若干历史问题的决议〉和〈关于建国以来党的若干历史问题的决议〉》,第78—82页,中共党史出版社,2010年。

第十章
改革开放与现代化建设新时期

内 容 提 要

本章有六节内容,叙述"文化大革命"结束后,特别是1978年以来,中国社会主义在改革开放与现代化建设新时期的发展历程、取得的伟大成就和成功经验。通过本章的学习,要求学生了解中共十一届三中全会以来中国改革开放与现代化建设稳步推进的历史概况,认识中国特色社会主义道路的形成轨迹和基本内容;认识中国特色社会主义理论体系——邓小平理论、"三个代表"重要思想和科学发展观的基本内涵和指导意义;认识中国改革开放与现代化建设的伟大成绩和成功经验,并且了解今后中国特色社会主义广阔的发展前景。

第一节 历史性的伟大转折和改革开放的起步

本节主要阐述了我国从中共十一届三中全会到中共十二大前的历史概况。

一、历史性的伟大转折

(1) 在徘徊中前进和关于真理标准问题的讨论。粉碎"四人帮"之后,由于"两个凡是"错误方针的实行,党和国家的工作出现了在徘徊中前进的局面。关于真理标准问题的大讨论,强调了实践是检验真理的唯一标准,为党重新确立实事求是的思想路线,纠正长期以来的"左"倾错误,实现历史性的转折作了思想理论准备。

(2) 中共十一届三中全会的伟大转折。中共十一届三中全会重新确立了马克思主义的思想路线、政治路线和组织路线,是新中国成立以来党的历史上具有深远意义的伟大转折,揭开了社会主义改革开放的序幕,以此次全会为标志,中国进入了改革开放和社会主义现代化建设的历史新时期。

二、改革开放的起步

(1) 拨乱反正的推进和国民经济的调整。中共十一届三中全会后,党和国家开始纠正各类冤、假、错案,并采取措施调整各种社会关系。同时,对国民经济实行"调整、改革、整顿、提高"的方针。

(2) 农村改革的突破性进展。"统分结合"的农村家庭联产承包责任制的普遍实行,促进了"政社合一"的人民公社体制的解体。同一期间,城市经济体制的探索也开始了。1980年5月,中共中央在多地设立经济特区,采取多种形式吸引和利用外资,学习国外的先进技术和经营管理方法。

(3) 对外政策的调整。随着中日和平友好条约的签定和中美两国的建交,中国开始调整对外政策。其中,取得的外交成就,为中国进行改革开放和现代化的建设提供了有利的外部条件。

三、拨乱反正任务的胜利完成

(1) 阐明必须坚持四项基本原则。1979年3月,邓小平指出:坚持四项基本原则是实现四个现代化的根本前提。

(2) 全面总结新中国成立以来的历史,科学评价毛泽东和毛泽东思想。中共十一届六中全会通过了《关于建国以来党的若干历史问题的决议》,科学地评价了毛泽东和毛泽东思想的历史地位,肯定了中共十一届三中全会以来逐步确立的建设社会主义现代化强国的道路,标志着党和国家在指导思想上拨乱反正的胜利完成。

第二节 改革开放和现代化建设新局面的展开

本节主要阐述了我国从中共十二大到中共十四大前的历史概况。

一、改革开放的全面展开

(1) 社会主义现代化建设宏伟纲领的制定。中共十二大提出,中国共产党在新的历史时期的总任务是:团结全国各族人民,自力更生,艰苦奋斗,逐步实现工业、农业、国防和科学技术现代化,把我国建设成为高度文明、高度民主的社会主义国家。

(2) 改革重点从农村转向城市。中共十二届三中全会通过《关于经济体制改革的决定》，经济体制改革以城市为重点全面展开。

(3) 多层次对外开放格局的形成。1984年5月，中共中央决定进一步开放天津、上海等14个沿海港口城市。1985年2月，决定把长江三角洲、珠江三角洲、闽南厦门泉州漳州三角地区开辟为沿海经济开放区。1988年4月建立海南省，将全海南岛辟为经济特区。逐步形成了"经济特区——沿海开放城市——沿海经济开放区——内地"这样一个多层次、有重点、点面结合的对外开放格局。

(4) 整党和社会主义精神文明建设。中共十二届二中全会作出关于整党的决定，开始全面整党。经过此次整党，全党积累了在新时期正确处理党内矛盾和问题的经验，推进了党的建设。中共十二届六中全会作出《关于社会主义精神文明建设指导方针的决议》。

二、改革开放和现代化建设的深入推进

(1) 社会主义初级阶段理论和党的基本路线的提出。中共十三大比较系统地阐述了关于社会主义初级阶段的理论，完整地概括了党在社会主义初级阶段"一个中心、两个基本点"的基本路线，制定了下一步经济体制改革和政治体制改革的基本任务和奋斗目标。

(2) "三步走"发展战略的制定和实施。十三大正式制定了社会主义现代化建设"三步走"的战略部署，并开始付诸实施。进一步解决了中国现代化建设的目标、步骤等关系全局的重大问题，对中国未来几十年的发展具有深远的影响。

(3) 政治体制改革基本思路的提出。中共十二届六中全会把坚定不移地进行政治体制改革，确定为社会主义现代化建设的总体布局的重要内容之一。中共十二届七中全会讨论并原则通过中央制定的《政治体制改革总体设想》。

三、中国特色社会主义事业的继续前进

(1) 1989年政治风波的发生与平息。1989年春夏发生的政治风波，是极少数敌对势力利用党在工作中的失误，利用人民群众对腐败现象的不满，掀起的一场有计划、有组织、有预谋的政治动乱。

(2) 向新的中共中央领导集体的顺利过渡。1989年6月，中共十三届四中全会选举江泽民为中共中央总书记。同年11月，中共十三届五中全会接受了邓小平辞去中共中央军事委员会主席职务的请求，决定由江泽民任中共中央军事委员会主席。

(3) 继续开展国民经济的治理整顿工作。中共十三届五中全会通过了《关于进一步治理整顿和深化改革的决定》。"七五"计划的胜利完成和"八五"计划的开始实施,标志着国民经济治理整顿任务全面实现。

(4) 对外工作在打破对华"制裁"中全方位推进。1989年政治风波后,以美国为首的西方国家对华"制裁",中国政府按照独立自主的方针积极开展对外交往,打开了外交工作的新局面。到1992年,中国已同200多个国家和地区发展贸易、科技、文化交流和合作,赢得了更加有利的国际环境和周边环境。

(5) 全面推进中国共产党的自身建设。1989年8月,中共中央发出《关于加强党的建设的通知》,中共十三届六中全会通过了《关于加强党同人民群众联系的决定》。

第三节 中国特色社会主义事业的跨世纪发展

本节主要阐述了我国从中共十四大到中共十六大前的历史概况。

一、改革开放新的历史性突破

(1) 邓小平南方谈话。1992年1月至2月,邓小平视察南方时发表重要谈话,在重大历史关头科学地总结了十一届三中全会以来党的基本实践和基本经验,明确回答了长期困扰和束缚人们思想的许多重大认识问题。

(2) 确立社会主义市场经济体制的改革目标。以邓小平南方谈话和中共十四大为标志,改革开放和现代化建设事业进入从计划经济体制向社会主义市场经济体制转变的新阶段,由此打开了中国经济、政治、文化发展的崭新局面。

二、进一步推进改革开放和现代化建设

(1) 经济体制改革的深入推进。八届全国人大四次会议批准了"九五"计划和2010年远景目标纲要,提出要实现从计划经济体制向社会主义市场经济体制、从粗放型增长方式向集约型增长方式的两个根本转变。

(2) 正确处理改革、发展、稳定的关系。江泽民在中共十四届五中全会发表讲话,深刻阐述了要正确处理好社会主义现代化建设中的十二个重大关系。指出改革、发展、稳定的关系是总揽全局的。稳定是前提,改革是动力,发展是目标,三者相互促进。

(3) 精神文明建设与民主法制建设不断加强。中共十四届六中全会作出了

《关于加强社会主义精神文明建设若干重要问题的决议》,使社会主义精神文明建设得到进一步加强。社会主义民主法制建设也取得重大进展。

三、改革开放和现代化建设的跨世纪发展

(1) 高举邓小平理论伟大旗帜,提出跨世纪发展战略。中共十五大将邓小平理论确立为中国共产党的指导思想。大会指出:作为毛泽东思想的集成和发展的邓小平理论,是当代中国的马克思主义,是马克思主义在中国发展的新阶段。大会还提出了党在社会主义初级阶段的基本纲领。

(2) 改革开放和现代化建设在经受风险考验中前进。中共十五届三中全会通过了《关于农业和农村工作若干重大问题的决定》。中共十五届四中全会通过了《关于国有企业改革和发展若干重大问题的决定》。2001年12月11日,中国正式加入世界贸易组织,标志着中国的对外开放进入一个新阶段。

(3) 祖国统一大业的推进。根据"一国两制"的构想,1997年7月1日中国对香港恢复行使主权,1999年12月20日澳门也回归祖国。香港澳门的回归,使"一国两制"从科学构想变为现实,标志着祖国统一大业又向前迈出了重要一步。1995年1月30日,江泽民提出了发展两岸关系、推进祖国和平统一的八项主张。

(4) 推进党的建设新的伟大工程。中共十四届四中全会通过《关于加强党的建设几个重大问题的决定》。1998年11月开始开展的以讲学习、讲政治、讲正气为主要内容的"三讲"教育。中共十五届五中全会,通过了《关于加强和改进党的作风建设的决定》。

(5) "三个代表"重要思想的提出。2000年2月江泽民提出"三个代表"的重要思想。2001年7月1日,江泽民在庆祝中国共产党成立80周年大会上发表讲话,系统阐述了"三个代表"重要思想的科学内涵和基本内容。

第四节 在新的历史起点上推进中国特色社会主义

本节主要阐述了我国从中共十六大到中共十七大的历史概况。

一、全面建设小康社会战略目标的确定

(1) 新世纪前20年奋斗目标的确立。中共十六大高度评价"三个代表"重要思想的历史地位和重要作用,明确了全面建设小康社会的奋斗目标。2003年

6月后,中央采取了一系列措施,推动兴起深入学习贯彻"三个代表"重要思想的新高潮。

(2) 中央领导集体的平稳交接。2004年9月,中共十六届四中全会通过《关于同意江泽民同志辞去中共中央军事委员会主席职务的决定》,选举胡锦涛为中共中央军委主席。党和国家的中央领导集体再一次实现了平稳交接。

二、不断推动经济社会的科学发展

(1) 树立和落实科学发展观。中共十六届三中全会正式提出了坚持以人为本、全面协调可持续的科学发展观。其深刻认识和回答了新形势下实现什么样的发展、怎样发展等重大问题,成为发展中国特色社会主义必须坚持和贯彻的重大战略思想。

(2) 提出构建社会主义和谐社会的战略任务。中共十六届六中全会审议通过了《中共中央关于构建社会主义和谐社会若干重大问题的决定》。决定指出社会和谐是中国特色社会主义的本质属性。

(3) 推动经济又快又好发展和促进社会全面进步。中共十六届三中全会通过了《关于完善社会主义市场经济体制若干问题的决定》,该决定按照科学发展观的要求明确了完善社会主义市场经济体制的目标和任务。在中共十六届五中全会上,提出了建设社会主义新农村的战略任务。2005年10月,胡锦涛明确提出建设创新型国家的任务。

(4) 走和平发展的道路。2005年11月,胡锦涛在英国伦敦金融城发表演讲,系统地阐述了走和平发展道路的基本内涵和重大意义。中国致力于建设一个持久和平、共同繁荣的和谐世界,反对各种形式的霸权主义和强权政治,永不称霸。

(5) 加强党的执政能力建设和先进性建设。2004年9月,中共十六届四中全会通过《关于加强党的执政能力建设的决定》。中共中央决定从2005年初开始,用一年半的时间,在全党开展以实践"三个代表"重要思想为主要内容的保持共产党员先进性的教育活动。

2004年8月,胡锦涛在纪念邓小平诞辰一百周年大会上的讲话中提出,要高举和平、发展、合作的旗帜,坚持走和平发展的道路。2007年10月,胡锦涛在党的十七大报告中指出,中国将始终不渝走和平发展道路。

三、奋力把中国特色社会主义推进到新的发展阶段

(1) 夺取全面建设小康社会新胜利。2007年10月,中国共产党第十七次全

国代表大会在北京召开。大会强调,深入贯彻落实科学发展观要求始终坚持"一个中心、两个基本点"的基本路线。大会把科学发展观写入党章。

(2) 党和国家各项事业的向前推进。2008年9月开始,中共中央决定,在全党开展深入学习实践科学发展观活动。

第五节 开拓中国特色社会主义更为广阔的发展前景

本节主要阐述了我国从中共十八大以来的历史概况。

一、全面建成小康社会目标的确定和实现民族复兴中国梦的提出

(1) 为全面建成小康社会而奋斗。2012年11月,中国共产党第十八次全国代表大会在北京举行。十八大的精神归结到一点,就是坚持和发展中国特色社会主义。中共十八大的召开,标志着中国已经进入全面小康社会的决定性阶段。

(2) 实现中华民族伟大复兴的中国梦。中共十八大结束不久,习近平明确指出:实现中华民族伟大复兴,是中华民族近代以来最伟大的梦想。实现中国梦必须走中国道路,实现伟大复兴是全民族的共同梦想。实现全面建成小康社会目标是实现中华民族伟大复兴中国梦的关键一步。

二、协调推进"四个全面"战略布局

(1) "四个全面"的战略布局。全面建成小康社会;全面深化改革;全面依法治国;全面从严治党。

(2) 全面深化改革。2013年11月,中共十三届三中全会审议通过《关于全面深化改革若干重大问题的决定》。决定阐述了全面深化改革的重大意义、指导思想、总体思路,指出全面深化改革的总目标。

(3) 全面推进依法治国。2014年10月,中共十八届四中全会审议通过了《关于全面推进依法治国若干重大问题的决定》。2015年3月,十二届全国人大三次会议审议通过了《关于修改〈中华人民共和国立法法〉的决定》。

(4) 全面从严治党。2014年3月,习近平在十二届全国人大二次会议期间提出,各级领导干部都要树立和发扬"三严三实"。

三、具有新的历史特点的重大实践

(1) 主动适应和引领经济发展新常态。我国经济发展的一个重大变化是进

入新常态。党和政府科学研判我国经济发展的阶段性特征,主动适应和引领经济发展新常态。中国经济社会发展总体平稳、稳中有进,经济运行处于合理区间,发展的协调性和可持续性增强,经济结构有新的优化。

(2) 培育和践行社会主义核心价值观。2013年8月,中共中央召开全国宣传思想工作会议,习近平强调,要积极培育和践行社会主义核心价值观,全面提高公民道德素质,培养知荣辱、讲正气、作奉献、促和谐的良好风尚。

(3) 努力实现党在新形势下的强军目标。深化国防和军队改革,把领导指挥体制作为重点,推动军事战略创新,推动军民融合深度发展构建中国特色现代军事力量体系。

(4) 推进中国特色大国外交。中国积极构建健康稳定的大国关系;中国倡导和践行多边外交、积极参与多边事务;始终坚持维护国家主权、安全、发展利益。2013年9月和10月,习近平先后提出共建"一带一路"的建议。

第六节 坚定不移沿着中国特色社会主义道路前进

本节重点阐述了我国改革开放和社会主义现代化建设所取得的伟大成就和成功经验。

一、改革开放以来的巨大成就

(1) 国民经济保持持续健康快速发展,现代化建设事业稳步推进,综合国力和国际竞争力显著提高,人民生活总体上达到小康水平。

(2) 社会主义市场经济体制初步建立并不断完善,各项改革事业取得重大进展。

(3) 全方位对外开放取得新突破,形成全方位、多层次、宽领域的对外开放格局。

(4) 社会主义民主政治建设取得重要进展。

(5) 社会主义精神文明建设成效显著。

(6) 民族政策和宗教政策得到全面贯彻。

(7) 国防和军队建设取得历史性成就。

(8) 祖国统一大业取得重大进展。

(9) 积极开展全方位外交。

(10) 全面推进党的建设新的伟大工程。

二、取得巨大成就的根本原因和主要经验

改革开放以来我们取得一切成绩和进步的根本原因,归结起来就是:开辟了中国特色社会主义道路,形成了中国特色社会主义理论体系。

主要经验是:"十个结合"。

中共十八大在总结长期经验基础上提出了八项基本要求。这些基本要求是根据党的基本理论、基本路线、基本纲领、基本经验,深刻总结60多年来我国社会主义建设特别是中国特色社会主义建设实践提出的,表明党对中国特色社会主义规律的认识达到了新水平。

三、努力实现"两个一百年"的奋斗目标

中国共产党建立以来,在90多年的时间里,依靠和紧密团结全国各族人民,做了三件大事:进行新民主主义革命;进行社会主义革命;进行改革开放和社会主义现代化建设。当代大学生应自觉承担起历史使命,即两个一百年目标,到中国共产党成立100年时全面建成小康社会,到新中国成立100年时建成富强、民主、文明、和谐的社会主义现代化国家。

习 题 训 练

(一) 单项选择题

1. 1976年"文化大革命"结束后,造成党和国家的工作在徘徊中前进局面的根源在于( )。
   A. "阶级斗争为纲"的错误方针　　B. "批林批孔"的错误方针
   C. "反击右倾翻案风"的错误方针　D. "两个凡是"的错误方针

2. 1978年在我国出现的一场马克思主义思想解放运动是( )。
   A. 社会主义教育运动
   B. 揭批"四人帮"运动
   C. 关于真理标准的大讨论
   D. 关于计划经济和市场经济的大讨论

3. 1978年12月,邓小平在中共中央工作会议上发表的重要报告是( )。

A. 《实践是检验真理的唯一标准》
B. 《解放思想,实事求是,团结一致向前看》
C. 《必须旗帜鲜明地坚持四项基本原则》
D. 《关于建国以来党的若干历史问题的决议》

4. 新中国成立以来党的历史上具有深远意义的伟大转折的标志是(　　)。
A. 中共十一届三中全会的召开　　B. 中共十一届六中全会的召开
C. 中共十二届三中全会的召开　　D. 中共十二届六中全会的召开

5. 1981年,中共十一届六中全会通过了(　　)。
A. 《关于党的若干历史问题的决议》
B. 《关于建国以来党的若干历史问题的决议》
C. 《关于经济体制改革的决定》
D. 《关于科学技术体制改革的决定》

6. 中共十一届三中全会后,中国农村在经济体制改革中推行的制度是(　　)。
A. 个体经营制度　　　　　　　B. 互助合作制度
C. 家庭联产承包责任制度　　　D. 生产队为基础的集体经营制度

7. 邓小平在中共十二大上首次明确提出了(　　)。
A. 建设有中国特色社会主义
B. 建设富强民主文明的社会主义现代化国家
C. 党在社会主义初级阶段的基本路线
D. 党在社会主义初级阶段的基本纲领

8. 我国经济体制改革转向以城市为重点全面展开的标志是(　　)。
A. 《关于经济体制改革的决定》的实施
B. 《关于科学技术体制改革的决定》的实施
C. 《关于教育体制改革的决定》的实施
D. 《政治体制改革总体设想》的实施

9. 随着对外开放的进一步扩大,中共中央和国务院在1988年决定建立的经济特区是(　　)。
A. 深圳经济特区　　　　　B. 珠海经济特区
C. 厦门经济特区　　　　　D. 海南经济特区

10. 中国共产党第一次完整提出党在社会主义初级阶段基本路线的会议是(　　)。
A. 中共十二大　　　　　　B. 中共十三大
C. 中共十四大　　　　　　D. 中共十五大

11. 中共十三大明确将党在社会主义初级阶段的基本路线概括为(　　)。
   A. "一个中心、两个基本点"
   B. "四个坚持"
   C. 一手抓物质文明、一手抓精神文明
   D. 建设中国特色社会主义经济、政治和文化

12. 中国共产党顺利实现第二代中央领导集体向第三代中央领导集体过渡的会议是(　　)。
   A. 中共十一届三中全会　　　　B. 中共十二届三中全会
   C. 中共十三届四中全会　　　　D. 中共十四届四中全会

13. 随着对外开放的进一步扩大,中共中央和国务院在1990年作出的战略举措是(　　)。
   A. 建立厦门经济特区　　　　　B. 建立珠海经济特区
   C. 开发、开放海南经济特区　　D. 开发、开放上海浦东新区

14. 1997年召开的中共十五大明确提出了(　　)。
   A. 党在社会主义初级阶段的基本路线
   B. 党在社会主义初级阶段的基本纲领
   C. 建设中国特色社会主义的基本经验
   D. 建设中国特色社会主义的基本要求

15. 中国共产党将邓小平理论作为党的指导思想写入党章是在(　　)。
   A. 中共十二大　　　　　B. 中共十三大
   C. 中共十四大　　　　　D. 中共十五大

16. 1995年1月,江泽民发表了发展两岸关系、推进祖国和平统一八项主张的(　　)。
   A.《告台湾同胞书》
   B.《实现两岸和平统一的九项方针》
   C.《一个国家、两种制度》
   D.《为促进祖国统一大业的完成而继续奋斗》

17. 1998年,中共中央决定在县级以上党政领导班子、领导干部中深入开展(　　)。
   A. 讲学习、讲正气、讲政治的教育　　B. 讲政治、讲作风、讲文明的教育
   C. 讲学习、讲觉悟、讲作风的教育　　D. 讲思想、讲行为、讲素质的教育

18. 中国共产党将"三个代表"重要思想作为党的指导思想写入党章是在(　　)。
   A. 中共十四大　　　　　B. 中共十五大
   C. 中共十六大　　　　　D. 中共十七大

19. 2002年召开的中共十六大总结概括了( )。
    A. 党在社会主义初级阶段的基本路线
    B. 党在社会主义初级阶段的基本纲领
    C. 建设中国特色社会主义的基本经验
    D. 建设中国特色社会主义的理论体系

20. 中国共产党正式提出坚持以人为本、全面协调可持续的科学发展观的重要会议是( )。
    A. 中共十六届三中全会   B. 中共十六届四中全会
    C. 中共十六届五中全会   D. 中共十六届六中全会

21. 中国共产党明确提出构建社会主义和谐社会战略任务的重要会议是( )。
    A. 中共十六届三中全会   B. 中共十六届四中全会
    C. 中共十六届五中全会   D. 中共十六届六中全会

22. 中国共产党明确提出大力建设创新性国家任务的重要会议是( )。
    A. 中共十六届三中全会   B. 中共十六届四中全会
    C. 中共十六届五中全会   D. 中共十六届六中全会

23. 中共十八大上提出的"富强、民主、文明、和谐；自由、平等、公正、法治；爱国、敬业、诚信、友善"是( )。
    A. 社会主义价值观   B. 社会主义荣辱观
    C. 社会主义核心价值观   D. 社会主义共同理想

24. 中共十八大提出,我国到2020年的奋斗目标是( )。
    A. 全面建设小康社会   B. 全面建成小康社会
    C. 实现"四个现代化"   D. 基本实现现代化

25. 中共中央提出"四个全面"的战略布局是在( )。
    A. 中共十五大以来   B. 中共十五大以来
    C. 中共十七大以来   D. 中共十八大以来

26. 2001年12月,中国对外开放进入一个新阶段的标志是( )。
    A. 加入世界贸易组织   B. 成立中国(上海)自由贸易试验区
    C. 倡议建设丝绸之路经济带   D. 倡议建设21世纪海上丝绸之路

27. 2005年3月,十届全国人大三次会议高票通过的法律是( )。
    A.《香港特别行政区基本法》   B.《澳门特别行政区基本法》
    C.《国家安全法》   D.《反分裂国家法》

28. 2014年,中国主要农产品和工业品产量在世界上的排名是( )。
    A. 第一位   B. 第二位   C. 第三位   D. 第四位

(二) 多项选择题

1. 1979年3月,邓小平在中央理论工作务虚会上首次明确提出必须坚持(　　)。
   A. 社会主义道路　　　　　　　B. 人民民主专政
   C. 共产党的领导　　　　　　　D. 马克思列宁主义、毛泽东思想

2. 1979年4月,中共中央工作会议提出的针对国民经济的方针是(　　)。
   A. 调整　　　　B. 改革　　　　C. 整顿　　　　D. 提高

3. 中共十一届三中全会后对外开放开始起步,1980年中央决定设立(　　)。
   A. 深圳经济特区　　　　　　　B. 珠海经济特区
   C. 汕头经济特区　　　　　　　D. 厦门经济特区

4. 1980年1月,邓小平在《目前的形势和任务》中提出的中国人民长期奋斗的三件大事是(　　)。
   A. 推进体制改革　　　　　　　B. 维护世界和平
   C. 实现祖国统一　　　　　　　D. 加紧现代化建设

5. 1985年2月,中共中央和国务院决定开辟的沿海经济开放区是(　　)。
   A. 长江三角洲　　　　　　　　B. 珠江三角洲
   C. 闽南厦门泉州漳州地区　　　D. 沿渤海湾特区

6. 进入20世纪80年代,我国多层次、有重点、点面结合对外开放格局的构成包括(　　)。
   A. 经济特区　　　　　　　　　B. 沿海开放城市
   C. 沿海经济开放区　　　　　　D. 内地

7. 1987年召开的中共十三大明确提出了(　　)。
   A. 社会主义初级阶段理论
   B. 党在社会主义初级阶段的基本路线
   C. 社会主义现代化建设"三步走"战略
   D. 中国特色社会主义理论体系

8. 1990年,邓小平提出的中国社会主义农业改革和发展的"两个飞跃"是(　　)。
   A. 废除人民公社,实行家庭承包责任制
   B. 发展乡镇企业
   C. 实施科教兴农战略
   D. 发展集体经济

9. 1994年5月,江泽民在论述正确处理改革、发展、稳定的关系时指出(　　)。
   A. 发展是目的　　B. 改革是动力　　C. 改革是保障　　D. 稳定是前提

10. 20世纪90年代,我国在推进祖国统一大业方面取得的重大进展有( )。
    A. 恢复对香港行使主权   B. 恢复对澳门行使主权
    C. 大陆与台湾达成"九二共识" D. 海峡两岸实现"三通"
11. 20世纪90年代后期,我国改革开放和现代化建设经受的风险考验主要有( )。
    A. 1997年爆发的亚洲金融危机
    B. 1998年发生的历史上罕见的洪涝灾害
    C. 1999年北约袭击中国驻南斯拉夫使馆
    D. 1999年"法轮功"邪教组织非法聚众闹事
12. 1998年,中共中央决定在县级以上党政领导班子、领导干部中深入开展教育的内容是( )。
    A. 讲学习   B. 讲政治
    C. 讲正气   D. 讲文明
13. 2007年6月,胡锦涛在中央党校发表的讲话中指出,科学发展观的( )。
    A. 第一要义是发展   B. 核心是以人为本
    C. 基本要求全面协调可持续   D. 根本方法是统筹兼顾
14. 中共十六届五中全会提出,建设社会主义新农村的要求是生产发展和( )。
    A. 生活宽裕   B. 乡风文明
    C. 村容整洁   D. 管理民主
15. 2006年1月,胡锦涛在全国科学技术大会上指出,我国建设创新型国家的指导方针是( )。
    A. 自主创新   B. 重点跨越
    C. 支撑发展   D. 引领未来
16. 中共十七大报告明确指出( )。
    A. 以经济建设为中心是兴国之要
    B. 快速发展是强国之道
    C. 四项基本原则是立国之本
    D. 改革开放是强国之路
17. 中共十八大明确指出,建设中国特色社会主义的总任务是( )。
    A. 推进经济建设、政治建设、文化建设
    B. 推进社会建设、生态文明建设
    C. 实现社会主义现代化
    D. 实现中华民族伟大复兴

18. 中国经济发展进入新常态,包括( )。
    A. 从高速增长转为中高速增长
    B. 经济结构不断优化升级
    C. 从要素驱动、投资驱动转向创新驱动
    D. 经济规模持续扩大
19. 我国在改革开放新时期开始形成的基层民主自治体系的主要内容包括( )。
    A. 农村村民委员会　　　　　B. 城市居民委员会
    C. 学校学生代表大会　　　　D. 企业职工代表大会
20. 中共十八大以来,我国开展的具有新历史特点的重大实践包括( )。
    A. 主动适应和引领经济发展新常态
    B. 培育和践行社会主义核心价值观
    C. 努力实现党在新形势下的强军目标
    D. 推进中国特色大国外交

(三) 辨析题

1. 1978年关于真理标准问题的大讨论是一场思想解放运动。
2. 中共十一届三中全会是新中国成立以来党的历史上具有深远意义的伟大转折。
3. 改革开放是中国共产党在新的时代条件下带领人民进行的新的伟大革命。

(四) 简答题

1. 《关于建国以来党的若干历史问题的决议》及其意义。
2. 我国社会主义现代化建设的"三步走"发展战略。
3. 中共十一届三中全会以来取得的十大成就。
4. "四个全面"战略布局的内容及其意义。

(五) 论述题

1. 中共十一届三中全会的历史贡献和重大意义。
2. 中国特色社会主义是党和人民九十多年奋斗、创造、积累的根本成就的原因。
3. "中国梦"的提出及其意义。
4. 中国共产党成立以来所做的"三件大事"。

参考答案

（一）单项选择题

1. D 2. C 3. B 4. A 5. B 6. C 7. A 8. A 9. D 10. B
11. A 12. C 13. D 14. B 15. D 16. A 17. A 18. C 19. C 20. A
21. B 22. C 23. C 24. B 25. D 26. A 27. D 28. A

（二）多项选择题

1. ABCD 2. ABCD 3. ABCD 4. BCD 5. ABC 6. ABCD 7. ABC
8. AD 9. ABD 10. ABC 11. ABCD 12. ABC 13. ABCD 14. ABCD
15. ABCD 16. ACD 17. CD 18. ABC 19. ABD 20. ABCD

（三）辨析题

1. 正确。1978年5月，《光明日报》发表题为《实践是检验真理的唯一标准》的文章，在全国开始了关于真理标准问题的大讨论，冲破了"两个凡是"的思想束缚。这是一场马克思主义的思想解放运动，成为拨乱反正和改革开放的思想先导，为党重新确立实事求是的思想路线，纠正长期以来的"左"倾错误，实现历史性的转折作了思想理论准备。

2. 正确。中共十一届三中全会结束了粉碎"四人帮"后两年在徘徊中前进的局面，开始了中国共产党在思想、政治、组织等领域的全面拨乱反正，形成了以邓小平为核心的党的中央领导集体，揭开了社会主义改革开放的序幕，标志着中国从此进入了改革开放和社会主义现代化建设的历史新时期。

3. 正确。改革开放是党在新的时代条件下带领人民进行的新的伟大革命，目的就是要解放和发展社会生产力，实现国家现代化，让中国人民富裕起来，振兴伟大的中华民族；就是要推动我国社会主义制度自我完善和发展，赋予社会主义新的生机活力，建设和发展中国特色社会主义；就是要在引领当代中国发展进步中加强和改进党的建设，保持和发展党的先进性，确保党始终走在时代前列。

(四) 简答题

1. 1981年中共十一届六中全会通过的《关于建国以来党的若干历史问题的决议》,科学地评价了毛泽东和毛泽东思想的历史地位,从根本上否定了"文化大革命"的理论和实践,对新中国成立以来的重大历史事件作出了基本结论,并进一步指明了中国社会主义事业和党的工作继续前进的方向。这一决议的通过,标志着党和国家在指导思想上拨乱反正工作的胜利完成。

2. 中共十三大正式制定了社会主义现代化建设"三步走"的战略部署:第一步,实现国民生产总值比1980年翻一番,解决人民的温饱问题;第二步,到20世纪末,使国民生产总值再增长一倍,人民生活达到小康水平;第三步,到21世纪中叶,人均国民生产总值达到中等发达国家水平,人民生活比较富裕,基本实现现代化。

3. 一是综合国力和国际竞争力显著提高。二是人民生活总体上实现了由温饱到小康的历史性跨越。三是经济体制改革和对外开放取得重大进展。四是社会主义民主政治建设稳步推进。五是社会主义精神文明建设成效显著。六是民族政策和宗教政策得到全面贯彻。七是祖国统一大业取得重大进展。八是国防和军队建设迈出新步伐。九是积极开展全方位外交。十是党的建设新的伟大工程全面推进。

4. 中共十八大以来,以习近平总书记的中共中央提出了全面建成小康社会、全面深化改革、全面依法治国、全面从严治党的战略布局。其中,全面建成小康社会,是今后一个时期奋斗的战略目标;全面深化改革、全面依法治国、全面从严治党,是三大战略举措。"四个全面"战略布局是党坚持和发展中国特色社会主义的新实践新成果,是对党治国理政经验的科学总结和丰富发展,集中体现了时代和实践发展对党和国家工作的新要求,是实现中华民族伟大复兴的中国梦、续写中国特色社会主义新篇章的行动纲领。

(五) 论述题

1. 1978年12月召开的中共十一届三中全会,冲破了长期"左"的错误的严重束缚,彻底否定了"两个凡是"的错误方针,作出了把工作重点转移到社会主义现代化建设上来和实行改革开放的战略决策,重新确立了马克思主义的思想路线、政治路线和组织路线。全会恢复了党的民主集中制的优良传统,审查解决了历史上遗留的一批重大问题和一些重要领导人的功过是非问题。中共十一届三中全会是新中国成立以来党的历史上具有深远意义的伟大转折。它结束了粉碎"四人帮"后两年在徘徊中前进的局面,开始了在思想、政治、组织等领域的拨乱反正,形成了以邓小平为核心的党的中央领导集体,标志着中国进入了改革开放和社会主义现代化建设的历史新时期。

2. 中国特色社会主义是党的和人民九十多年奋斗、创造、积累的根本成就。改革开放以来中国取得一切成绩和进步的根本原因,归结起来就是:开辟了中国特色社会主义道路,形成了中国特色社会主义理论体系,确立了中国特色社会主义道路。

中国特色社会主义道路,就是在中国共产党的领导下,立足基本国情,以经济建设为中心,坚持四项基本原则,坚持改革开放,解放和发展社会生产力,建设社会主义市场经济、社会主义民主政治、社会主义先进文化、社会主义和谐社会、社会主义生态文明,促进人的全面发展,逐步实现人们共同富裕,建设富强民主文明和谐的社会主义现代化国家。

3. 中共十八大结束不久,习近平明确指出:实现中华民族伟大复兴,是中华民族近代以来最伟大的梦想。"中国梦的本质是国家富强、民族振兴、人民幸福。"它凝聚了几代中国人的夙愿,体现了中华民族和中国人的整体利益,是每一个中华儿女的共同期盼。

实现中国梦必须走中国道路,这就是中国特色社会主义道路;必须弘扬中国精神,这就是以爱国主义为核心的民族精神,以改革创新为核心的时代精神;必须凝聚中国力量,这就是中国各族人民团结的力量。实现伟大复兴是全民族的共同梦想,海内外全体中华儿女应同心协力共圆中国梦。实现全面建成小康社会目标是实现中华民族伟大复兴中国梦的关键一步。坚信中华民族伟大复兴的梦想一定能实现。

4. 中国共产党建立以来,在九十多年的时间里,它依靠和紧密团结全国各族人民,做了三件大事:进行新民主主义革命,推翻帝国主义、封建主义、官僚资本主义的反动统治,实现了民族独立和人们解放,建立了人民当家作主的新中国;进行社会主义革命,创造性地实现由新民主主义到社会主义的转变,确立了社会主义基本制度,在一穷二白的基础上建立了独立的比较完整的工业化体系和国民经济体系,使古老的中国以崭新的姿态屹立在世界的东方;进行改革开放和社会主义现代化建设开创、坚持、发展中国特色社会主义,综合国力与人民生活水平得到大幅提高,现代化建设取得举世瞩目的伟大成就。

延 伸 阅 读

（一）

紧紧围绕坚持和发展中国特色社会主义学习宣传贯彻党的十八大精神，我体会，应该从理论和实践的结合上把握好以下几个方面。

第一，深刻领会中国特色社会主义是党和人民长期实践取得的根本成就。中国特色社会主义是改革开放新时期开创的，也是建立在我们党长期奋斗基础上的，是由我们党的几代中央领导集体团结带领全党全国人民历经千辛万苦、付出各种代价、接力探索取得的。我们党紧紧依靠人民，从根本上改变了中国人民和中华民族的前途命运，不可逆转地结束了近代以后中国内忧外患、积贫积弱的悲惨命运，不可逆转地开启了中华民族不断发展壮大、走向伟大复兴的历史进军，使具有5 000多年文明历史的中华民族以崭新的姿态屹立于世界民族之林。

第二，深刻领会中国特色社会主义是由道路、理论体系、制度三位一体构成的。党的十八大阐明了中国特色社会主义道路、中国特色社会主义理论体系、中国特色社会主义制度的科学内涵及其相互联系，强调：中国特色社会主义道路是实现途径，中国特色社会主义理论体系是行动指南，中国特色社会主义制度是根本保障，三者统一于中国特色社会主义伟大实践。这是中国特色社会主义的最鲜明特色。

第三，深刻领会建设中国特色社会主义的总依据、总布局、总任务。党的十八大强调，建设中国特色社会主义，总依据是社会主义初级阶段，总布局是五位一体，总任务是实现社会主义现代化和中华民族伟大复兴。这"三个总"的概括，高屋建瓴，提纲挈领，言简意赅。深刻领会和把握这个新概括，有助于我们深刻领会和把握中国特色社会主义的真谛和要义。

第四，深刻领会夺取中国特色社会主义新胜利的基本要求。党的十八大提出了在新的历史条件下夺取中国特色社会主义新胜利必须牢牢把握的基本要求。这些基本要求是根据党的基本理论、基本路线、基本纲领、基本经验，深刻总结60多年来我国社会主义建设特别是中国特色社会主义建设实践提出的，是最本质的东西，是体现共产党执政规律、社会主义建设规律、人类社会发展规律的东西，表明我们党对中国特色社会主义规律的认识达到了新水平。

第五,深刻领会确保党始终成为中国特色社会主义事业的坚强领导核心。党的十八大强调,我们党担负着团结带领人民全面建成小康社会、推进社会主义现代化、实现中华民族伟大复兴的重任。党坚强有力,党同人民保持血肉联系,国家就繁荣稳定,人民就幸福安康。形势的发展、事业的开拓、人民的期待,都要求我们以改革创新精神全面推进党的建设新的伟大工程,全面提高党的建设科学化水平。治国必先治党,治党务必从严。为此,党的十八大提出了新形势下全面提高党的建设科学化水平的总要求和各项任务。全党要深刻学习领会、逐条贯彻落实。

——节选自习近平:《紧紧围绕坚持和发展中国特色社会主义学习宣传贯彻党的十八大精神(2012年11月17日)》,《人民日报》2012年11月19日。

(二)

下大气力破解制约如期全面建成小康社会的重点难点问题

第一,转方式,着力解决好发展质量和效益问题。发展是基础,经济不发展,一切都无从谈起。改革开放以来,我们靠聚精会神搞建设、一心一意谋发展,取得了骄人的成就。实现全面建成小康社会奋斗目标,仍然要把发展作为第一要务,努力使发展达到一个新水平。发展是硬道理的战略思想要坚定不移坚持,同时必须坚持科学发展,加大结构性改革力度,坚持以提高发展质量和效益为中心,实现更高质量、更有效率、更加公平、更可持续的发展。

第二,补短板,着力解决好发展不平衡问题。全面建成小康社会,强调的不仅是"小康",而且更重要的也是更难做到的是"全面"。"小康"讲的是发展水平,"全面"讲的是发展的平衡性、协调性、可持续性。如果到2020年我们在总量和速度上完成了目标,但发展不平衡、不协调、不可持续问题更加严重,短板更加突出,就算不上真正实现了目标,即使最后宣布实现了,也无法得到人民群众和国际社会认可。

第三,防风险,着力增强风险防控意识和能力。今后5年,可能是我国发展面临的各方面风险不断积累甚至集中显露的时期。我们面临的重大风险,既包括国内的经济、政治、意识形态、社会风险以及来自自然界的风险,也包括国际经济、政治、军事风险等。如果发生重大风险又扛不住,国家安全就可能面临重大威胁,全面建成小康社会进程就可能被迫中断。我们必须把防风险摆在突出位置,"图之于未萌,虑之于未有",力争不出现重大风险或在出现重大风险时扛得住、过得去。

——节选自习近平:《在党的十八届五中全会第二次全体会议上的讲话》,《求是》2016年第1期。

后 记

作为全国高校思想政治课理论课的一门主干课程,"中国近现代史纲要"围绕近代以来中国历史发展的主题和主线——完成民族独立、人民解放和实现国家富强、人民富裕两大历史任务,论述中华民族为实现伟大的民族复兴而接续奋斗的艰辛历程。课程的学习要求是:了解近代以来中国历史变化过程中所发生的一系列重大事件,把握近代以来中国历史演进的基本脉络和发展走向,认识近代以来中国人民在完成两大历史任务的斗争实践中所进行的历史选择。因此,这是一门内容丰富且理论性较强的课程。为了便于学生全面、准确、有效地掌握好该课程的主要内容和学习重点,同时在此基础上进一步拓展认识视野、提高思辨能力,我们根据最新全国统编教材、结合相关的教学要求,编写了这本由"内容提要——习题训练——参考答案——延伸阅读"四大板块构成的学习与辅导用书。我们衷心地期望本书能够成为学生参与课程学习的有用之材、成为学生考研复习准备的参考读物。

本书由上海大学马克思主义学院中国近现代史纲要教研部林自强、艾萍、丰箫、李坚、李晨、刘雅君、陈明华、李梁、姜虹等教师共同编写。

本书在编写过程中参考、引用了国内出版的相关教材与论著,在此表示衷心的感谢。

编 者
2016 年 7 月